AF154367

Jens Johler, *Die Stimmung der Welt*

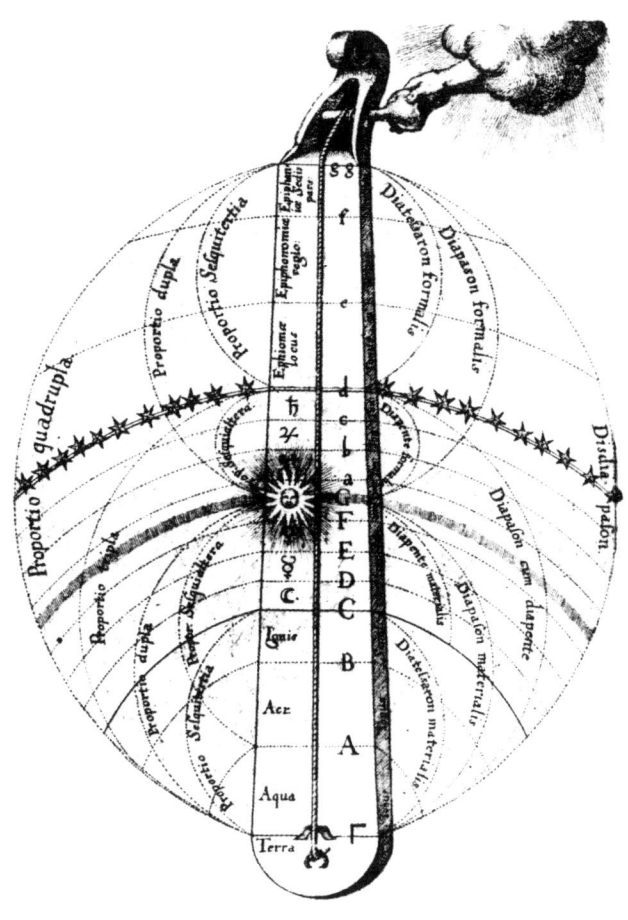

Celestial Monochord,
Robert Fludd 1618

Jens Johler

DIE STIMMUNG DER WELT

Roman

Nach einer Idee von
Johler & Burow

Alexander Verlag Berlin

8. Auflage

© für diese Ausgabe by Alexander Verlag Berlin 2013
Alexander Wewerka, Fredericiastr. 8, D-14050 Berlin
Alle Rechte vorbehalten, insbesondere das des öffentlichen Vortrags,
der Übertragung durch Rundfunk und Fernsehen sowie der Über-
setzung, auch einzelner Teile.
Zeichnungen der Quintenzirkel: Norbert W. Hinterberger
Gestaltung und Satz: Antje Wewerka
Druck: FINIDR s.r.o., Český Těšín
Printed in the Czech Republic (March) 2024
ISBN 978-3-89581-364-1

Inhalt

»Hätten ihn die Lebensumstände an einen
großen katholischen Hof oder in eine unabhängige
bürgerliche Stellung gebracht, und er hätte
eine solche Entwicklung sicherlich begrüßt, wäre
er unbedingt zum größten Opernkomponisten seiner
Zeit geworden.«

Nikolaus Harnoncourt

»Was Newton als Weltweiser war, war Sebastian
Bach als Tonkünstler.«

Christian Friedrich Daniel Schubart

März 1722

E R SCHLUG DIE AUGEN AUF und starrte auf die Balken an der Zimmerdecke. Der Mond warf ein bläulich-fahles Licht durchs Fenster.

Er wollte aufstehen, aus dem Bett heraus, ins Arbeitszimmer, in die Komponierstube, ein wenig Musik machen, irgendetwas spielen, um die Gespenster zu vertreiben, die ihn im Traum heimgesucht hatten, aber er konnte sich nicht rühren. Die Beine gehorchten nicht, die Arme nicht, nicht ein einziger Finger.

Was ist los mit mir?

Er spürte immer noch den Druck auf seiner Brust. Jemand hatte ihm im Traum einen Stiefel darauf gesetzt und ihn niedergedrückt. Es fühlte sich an, als presste der Stiefel ihn immer noch, die Brust war wie eingeschnürt, das Atmen fiel ihm schwer.

Ich kriege keine Luft.

Er lauschte auf ihren Atem neben sich, der gleichmäßig und ruhig ging. Beim Ausatmen gab sie einen leisen, pfeifenden Ton von sich, ein hohes Gis. Er wollte sie wecken und darum bitten, ihm beim Aufstehen zu helfen. Er öffnete den Mund, um zu sagen, hilf mir bitte, ich kann mich nicht bewegen, ich kriege keine Luft, aber er brachte keinen Ton heraus.

Er konnte nichts tun, gar nichts. Er konnte nur daliegen und die Balken anstarren.

Lieber Gott, mach, dass ich nicht gelähmt bin.

Er schloss die Augen und versuchte, sich wieder in den Traum zurückzuversetzen. Wer war es, der ihm den Stiefel auf die Brust gesetzt hatte? Und wie war es dazu gekommen? Sein Gefühl sagte ihm, irgendetwas sei in dem Traum passiert, das zu seiner Lähmung geführt hatte. Er hatte die Vorstellung, er müsse zurück und dafür sorgen, dass er einen anderen Verlauf nahm. Mit einem anderen Ausgang.

Nur von dieser Welt.

Erdmann hatte es nicht so gesagt, aber er hatte es gemeint.

Dein Werk ist nur von dieser Welt.

Er musste zurück.

Bilder aus seinem Traum stiegen in ihm hoch. Die Kutsche. Die Straße. Der Kanal. Er erinnerte sich jetzt an den Schrecken, der ihn ergriffen hatte, als die Kutsche zu sinken begann, immer weiter, immer tiefer, bis das Wasser über ihm zusammenschlug. Aber das Wasser drang nicht in die Kutsche ein, sie setzte ihren Weg ungehindert unter der Wasseroberfläche fort. Es war, als hätte er im Bauch eines Fisches gesessen wie Jona im Bauch des Wals.

Ich bin in die falsche Richtung gegangen, dachte er. Keine Offenbarung des Himmels auf Erden. Keine Jakobsleiter, die nach oben führt. Nur irdische Musik, die nichts anderes ist als eben dies. Ich habe versagt. Nein, schlimmer.

Der Druck auf seiner Brust nahm zu. Eine dunkle Gestalt stand auf einmal vor seinem Bett, kerzengerade, die rechte Hand zum Himmel gestreckt. Ein Prophet. Ein Messias. Ein Herrscher über die Stimmung der Welt. Die anderen, die um ihn herum standen, schauten verängstigt zu ihm auf, zu seinen feurigen Augen, auf seinen zum Himmel empor gereckten Arm.

Nur sie blickte nicht nach oben.

Bach folgte ihrem Blick, seine Augen wanderten vom schwarzen Rock des Propheten hinunter zu der ebenso schwarzen Hose und den ledernen Stiefeln. Aber nein. Da war nur ein Stiefel. Nur der rechte Fuß war bekleidet.

Ungläubig, voller Entsetzen, verharrte Bachs Blick auf dem linken Fuß.

1. Der Aufbruch

AM FÜNFZEHNTEN MÄRZ DES JAHRES 1700, kurz vor Sonnenaufgang, machte Bach sich auf den Weg. Johann Christoph begleitete ihn bis zum Stadttor und, da es immer noch nicht hell werden wollte, auch darüber hinaus. Als sie auf der Höhe des Berges anhielten, sahen sie, wie die Sonne ihre ersten Strahlen über den Saum des Waldes schickte.

Kommst du allein zurecht?

Bach antwortete nicht. Räuber und Zigeuner waren in diesem Wald zu Hause und warteten nur darauf, ihm den Ranzen und die Geige wegzunehmen. Sowie Johann Christoph ihn allein gelassen hätte, würden sie sich auf ihn stürzen.

Du zitterst ja. Ist dir kalt?

Ihm war nicht kalt, er zitterte nur. Er würde sofort losrennen, wenn sein Bruder gegangen wäre.

Also dann, Kleiner, Gott befohlen.

Bach erwiderte die Umarmung seines Bruders und rannte los.

Warte!

Johann Christoph zog ein gerolltes Papierbündel aus seinem Wams hervor. Fast hätte ich es vergessen, sagte er. Da, nimm. Jetzt gehört es dir.

Bach wich einen Schritt zurück und starrte auf das Bündel.

Soll ich es dir in den Ranzen stecken?

Bach wischte sich, während Johann Christoph den Ranzen aufschnürte und die Rolle darin verstaute, verstohlen eine Träne aus dem Augenwinkel.

Und immer fleißig sein, hörst du?

Er nickte.

Du sagst ja gar nichts. – Und dann, bevor er sich endgültig auf den Weg zurück nach Ohrdruf machte, sagte Johann

Christoph beiläufig, mehr gemurmelt als gesprochen: Hüte dich vor Hochmut, Kleiner. Du wirst uns einmal alle übertreffen.

Bach blickte dem Bruder verwundert nach. Johann Christoph war sein Lehrer gewesen, fünf Jahre lang, ein strenger Lehrer, der kaum je ein Lob über die Lippen gebracht hatte. Und nun dies? Und was war es, das der Bruder da gesagt hatte? Eine Prophezeiung, ein Wunsch, ein Auftrag, ein Befehl?

Gerade als Johann Christoph zwischen den Bäumen verschwunden war, stieg der weißglühende Feuerball am Horizont empor. In Bachs Innerem erklang ein strahlend reiner C-Dur-Akkord, der sich alsbald nach Harfenart in einzelne Töne auflöste. Bach pfiff, während er sich wieder in Bewegung setzte, das Arpeggio leise vor sich hin. Seine Bangigkeit war mit einem Mal verflogen. Er dachte an Lüneburg, an die Lateinschule, an den berühmten Georg Böhm, der dort die Orgel spielte, er dachte an das Notenmanuskript in seinem Ranzen und an die Worte des Bruders. Und während ihm erneut die Tränen in die Augen schossen, beschleunigte er seine Schritte, um rechtzeitig nach Gotha zu kommen, wo Georg Erdmann, sein Mitschüler, schon ungeduldig auf ihn wartete.

E RDMANN SASS AUF EINEM STEIN vor dem Rathaus und sprang auf, als er Bach erblickte. Er war zwei Jahre älter als Bach, dünner als er und einen Kopf größer. Auch er trug einen Ranzen auf dem Rücken. Statt der Geige hatte er eine Laute umgehängt.

Er habe in den letzten Wochen viel gelesen, sagte Erdmann, als sie die Stadtmauer hinter sich gelassen hatten, und habe nun seine Bestimmung gefunden. Er werde Philosoph werden, der größte, den es je gegeben habe. Er werde sich das gesamte Wissen seines Zeitalters aneignen, Naturphilosophie,

Moralphilosophie, Rechtsphilosophie, alles! Gerade habe er von einem Engländer gelesen, der sich Neuton nenne.

Bach horchte auf. Der Name gefiel ihm.

Dieser Neuton oder Newton, erklärte Erdmann weiter, sei ein überaus bedeutender Philosoph, manche behaupteten sogar, bedeutender als Leibniz, aber das müsse die Nachwelt entscheiden. Jedenfalls habe dieser Engländer eines Tages unter einem Apfelbaum gelegen und sei eingeschlafen. Und wie er da so friedlich vor sich hin geträumt habe, sei er auf einmal unsanft geweckt worden, und zwar von einem Apfel, der ihm direkt auf den Kopf gefallen sei. Er sei wütend und verärgert gewesen und habe seinen Zorn natürlich gegen jemanden richten wollen, aber gegen wen? Weit und breit war niemand zu sehen gewesen. Als der Engländer darüber eine Weile nachgedacht habe, sei ihm mit einem Male die Erleuchtung gekommen, wie alles zusammenhängt, das Fallen des Apfels zur Erde, die Bewegung der Erde um die Sonne, die Bewegung des Mondes um die Erde und überhaupt alle Bewegungen, die nicht von äußerer Stoßkraft herrührten. Es gäbe eben eine Kraft, die den Körpern innewohne oder auf geheimnisvolle Weise zwischen ihnen wirke, ohne dass die Körper sich direkt berührten. Und diese magische Kraft habe Newton Gravitation genannt, also Schwerkraft.

Bach war fasziniert. Er sprach das Wort leise vor sich hin, Gravitation, Gra-vi-ta-tion, das Wort faszinierte ihn ebenso wie der Gedanke, dass das Nahe und das Ferne, der Himmel und die Erde, der Mond und der Apfel, durch eine geheimnisvolle Kraft miteinander verbunden waren. Gra-vi-ta-tion – er probierte verschiedene Betonungen des Wortes aus, um seiner Bedeutung näher zu kommen, er dehnte die einzelnen Silben und erweiterte sie, er variierte Melodie und Rhythmus, und je ausgiebiger er das tat, desto mehr geriet er in den Sog des Wortes, stampfte mit den Füßen auf, klatschte in die Hände, schnippte mit den Fingern, bis er bemerkte, wie Erdmann irritiert zu ihm herüber schaute.

Gravitation, sagte er noch einmal nüchtern und machte eine entschuldigende Handbewegung.

Erdmann verstand das als Ermutigung und fing an über Johannes Kepler zu reden, einen Astronomen, der gewisse Gesetze über die Bewegung der Planeten aufgestellt hatte.

Bach lauschte, während er dem Freund mit einem Ohr zuhörte, auf den fernen Ruf eines Kuckucks und fragte sich, was es bedeutete, dass er mal eine kleine Terz, mal eine große hervorbrachte. Es klang nach Abschied und Verlust.

K URZ VOR EINBRUCH DER DUNKELHEIT erreichten sie Langensalza. Ein kleiner Junge, barfuß, in zerlumpter Kleidung, heftete sich an ihre Fersen. Er zeigte ihnen den hohen Turm der Marktkirche und erklärte ihnen stolz, dass die Postkutschen, die neuerdings hier Station machten, von Moskau bis nach Amsterdam fuhren. Als sie zum Haus von Erdmanns Onkel kamen, schenkten sie ihm einen Pfennig, und er rannte sofort davon, als müsste er das Geld vor ihnen in Sicherheit bringen.

Das Haus des Onkels sah grau und freudlos aus. Es war aus Holzbalken und Lehmziegeln gemauert, hatte kleine, schiefe Fenster und ein Dach aus grauen Ziegeln. Durch einen hohen Torbogen neben dem Haus sah man einen gepflasterten Hof und dahinter die Schmiede.

Erdmanns Onkel war der Hufschmied der Stadt. Er war ein kräftiger Mann mit einem mächtigen Schädel und traurigen Augen. Widerwillig wies er Bach und Erdmann einen Platz zum Schlafen an und rief sie zum Abendessen in die Küche.

Die Brotsuppe und das Kohlgericht mit Hirsebrei aßen sie schweigend. Es war, als herrschte in diesem Haus ein schwarzer Zauber, der alle Worte, alle Töne, alle Gedanken zum

Schweigen brachte. Bach spürte nur quälende Dumpfheit in seinem Kopf. Erdmann ging es offenbar ähnlich. Immerhin taute der Onkel etwas auf, nachdem er ein Glas Branntwein getrunken hatte, freilich ohne ihnen etwas davon anzubieten. Wer denn sein Vater sei, fragte er Bach.

Ambrosius Bach, Stadtpfeifer in Eisenach, antwortete er. Aber sein Vater lebe nicht mehr. Er sei vor fünf Jahren gestorben. Erst die Mutter, dann der Vater.

Seine Frau sei auch gestorben, sagte der Onkel. Vor einem halben Jahr.

Bach nickte. Er wusste es von Erdmann. Der Onkel hatte keine Kinder. Er war jetzt ganz allein.

Wenn er morgens mit dem Hammer auf das rotglühende Eisen schlage, sagte der Onkel, dann wisse er manchmal nicht, auf wen … der Herrgott möge ihm verzeihen.

Bach dachte daran, wie seine Mutter gestorben war. Er stand neben dem Bett, auf dem sie aufgebahrt war, und hatte den Eindruck, sie bewegte sich ganz leicht, sie atmete. Wach auf, hatte er geflüstert, wach auf. Er konnte nicht glauben, dass es nicht in ihrer Macht stand. Da war er neun. Ein paar Monate später starb der Vater. Sein Glück war noch, dass er nicht ins Waisenhaus kam, sondern zu seinem Bruder Johann Christoph, der damals schon Organist in Ohrdruf war.

Warum sie denn nicht weiter die Schule in Ohrdruf besuchten, fragte der Onkel.

Man habe ihnen den Freitisch gestrichen, erklärte Erdmann. In Lüneburg würden sie alles umsonst bekommen, Wohnen, Essen, Unterricht. Dafür müssten sie im Mettenchor mitsingen.

Was für ein Unsinn aber auch, sagte der Onkel. Es war unklar, ob er die Streichung des Freitisches in Ohrdruf meinte oder das Mitsingen im Mettenchor von Lüneburg.

Sie schliefen auf Strohsäcken in einer Kammer neben der

Küche. Bach dachte vor dem Einschlafen an die Zeit in Eisenach zurück. Was für ein Glück war es gewesen, den Vater zu begleiten, wenn er zum Abblasen der Turmstückchen vom Balkon des Rathauses antrat oder unter der Leitung des Kantors in der Georgenkirche spielte. Was für ein Glück, mit ihm hinauf zur Wartburg zu wandern, wo einst Luther Asyl gefunden hatte, und ihn davon sprechen zu hören, dass alle Wesen ihre eigene Melodie hatten, die Menschen, die Tiere, ja, auch die Pflanzen. Was für ein Glück war es gewesen, mit den Lehrlingen und Gesellen zu musizieren, die immer bereit waren, ihm ihre Kunst zu zeigen, auf der Geige, auf der Laute, auf der Trompete, am Clavichord. Und was für ein Glück, den Onkel Christoph auf der großen Orgel spielen zu hören, der die Gesetze der Harmonie so vollkommen beherrschte, dass er ohne Mühe fünf Stimmen zugleich nebeneinander herlaufen lassen konnte. Dass er auch eines Tages so würde spielen können wie der Onkel, das war von Anfang an sein größter Wunsch.

A M MORGEN erschütterten gewaltige Hammerschläge das Haus. Bach wähnte im Halbschlaf, sein eigener Kopf läge auf dem Amboss, und der nächste Schlag würde ihm den Schädel spalten. Er sprang von seinem Strohsack auf, streifte Hose und Wams über, schnallte den Ranzen um, warf die Geige über die Schulter und beeilte sich ins Freie zu kommen.

Erdmann war bereits reisefertig und erwartete ihn vor dem Haus. Pythagoras, sagte er.

Bach schaute ihn fragend an.

Schmiedehämmer, sagte Erdmann. Dadurch ist Pythagoras auf das Geheimnis der Harmonie gestoßen.

Ach ja, sagte Bach. Habe davon gehört.

Je weiter sie ins Land hinaus gingen, desto mehr Menschen kamen ihnen auf der Landstraße entgegen. Bauern, die auf

Eseln zu ihren Feldern ritten oder schwerfällige Ackergäule am Zügel führten. Zerlumpte Kinder, denen man nicht ansah, ob sie nur aufs Feld zur Arbeit wanderten oder Waisenkinder waren, die ihr Glück in der Welt suchten, bevor man sie aufgriff und ins Zuchthaus sperrte. Handwerkergesellen auf der Walz in der Tracht ihrer Berufe. Und immer wieder Bettler und Diebe, denen man eine Hand abgeschlagen hatte oder sogar Hand und Fuß. Einmal überholten sie einen Lahmen und einen Blinden. Der Blinde stützte den Lahmen, der Lahme führte den Blinden. Bach hätte ihnen gern ein Almosen gegeben, aber er hatte ja selbst kaum etwas. Hin und wieder wurden sie von herrschaftlichen Kutschen überholt und mussten aufpassen, dass die Kutscher ihnen nicht von oben herab die Peitsche über den Rücken knallten, nur so zum Spaß. Gelegentlich preschte ein einzelner Reiter im Galopp an ihnen vorbei und erwartete, dass sie rechtzeitig beiseite sprangen. Manchmal begegneten ihnen auch zwielichtige Gestalten, die begehrliche Blicke auf ihre Instrumente warfen, Bachs Geige und Erdmanns Laute. Wenn sie, was nicht nur einmal vorkam, nach dem Weg gefragt wurden, mussten sie zugeben, dass sie sich auch nicht auskannten. Immerhin hatte Erdmann eine Liste der Orte angefertigt, die sie auf ihrer Wanderung nach Lüneburg passieren mussten. Es war eine ziemlich lange Liste für eine ziemlich lange Wanderung.

2. Endlicher Rechtstag

AM SAMSTAG, GEGEN MITTAG, erreichten sie die Grenze zum Herzogtum Braunschweig-Lüneburg. Sie zeigten ihre Pässe und Begleitbriefe vor, das Schreiben ihres Kantors Elias Herda und die Einladung des Michaelisklosters in Lüneburg, und durften passieren. Auf beiden Seiten des Schlagbaums standen Kutschen und konnten nicht mehr weiter. Die Spurweite der Straßen, die nur aus zwei parallel verlaufenden gepflasterten Bändern bestanden, war in beiden Ländern verschieden. So hatten die Kutscher ordentlich damit zu tun, die Achsen auszuwechseln und die Spurweite zu verkleinern oder zu vergrößern, je nachdem, woher sie kamen und wohin sie wollten, während die Fahrgäste am Wegesrand standen und ihnen ungebetene Ratschläge gaben.

Erdmann und Bach stellten sich dazu, und Erdmann fing an, über die Zersplitterung Deutschlands in lauter winzige Fürstentümer zu räsonieren. Jeder ein kleiner Sonnenkönig! Jeder auf seiner eigenen Spur! Aber warten wir es ab! Am Ende dieses Saeculums wird Deutschland ebenso vereint sein wie England oder Frankreich! Dann wird es diesen Unsinn nicht mehr geben. Dann wird man neue Straßen bauen, die im ganzen Lande einheitlich sind, schnurgerade und im rechten Winkel zueinander, konstruiert nach den Gesetzen der Vernunft. Dafür lege er seine Hand ins Feuer!

Die herumstehenden Fahrgäste drehten sich misstrauisch nach den beiden Wanderburschen um. Wer waren die? Was hatten die hier zu suchen? Wie kamen die dazu, hier aufrührerische Reden zu halten?

Bach packte Erdmann am Ärmel seines rostfarbenen Rocks und zog ihn energisch mit sich fort.

A M NÄCHSTEN ABEND, knapp eine Woche, nachdem sie losgewandert waren, machte Bach den Vorschlag, ins Wirtshaus zu gehen und sich zur Feier des Tages einmal richtig satt zu essen, auf seine Kosten, er lade ein.

Du hast Geburtstag?, fragte Erdmann.

Einundzwanzigster März, sagte Bach. Bin jetzt fünfzehn. Obwohl ...

Es war nicht so ganz sicher, ob er jetzt wirklich fünfzehn war. Genau genommen fehlten noch elf Tage. Man hatte zu Beginn des Jahres den Kalender umgestellt, vom julianischen auf den gregorianischen, den es in den katholischen Landen schon seit hundert Jahren gab, und die Anpassung hatte erfordert, dass elf Tage aus dem Jahr herausgekürzt wurden. Auf den achtzehnten Februar folgte nicht der neunzehnte, sondern der erste März. Elf Tage einfach ausradiert, perdu! Man könnte darüber ins Grübeln kommen, sagte er, ob ich heute fünfzehn werde oder erst am ersten April.

Dann sollten wir am besten zweimal feiern, sagte Erdmann.

Das könnte dir so passen, sagte Bach.

Im Gasthaus Zur Linde waren noch Tische frei. Sie suchten sich einen Tisch im hinteren Teil des mit Kerzen und Öllampen erleuchteten Raumes, und Bach bestellte Hasenbraten und Wein.

Nach dem zweiten Glas erzählte er dem Freund von dem Notenmanuskript, das ihm der Bruder in den Ranzen gesteckt hatte. Es waren Abschriften von Noten, die der Bruder in einem verschlossenen Schrank aufbewahrt hatte. Noten von Pachelbel, Böhm, Buxtehude und auch von einigen italienischen Komponisten. Bach hatte die Stücke heimlich bei Mondschein kopiert, und als der Bruder dahinter kam, nahm er ihm die Kopien wieder weg und verschloss sie nun auch im Schrank.

Aber warum?, fragte Erdmann

Warum was?

Warum hat er sie dir weggenommen?

Weil er's verboten hatte, sagte Bach.

Und warum hatte er's verboten?

Weil sie kostbar sind. Er hat für die Kopien viel Geld bezahlt. Und je mehr es davon gibt, desto weniger sind sie wert.

Verstehe, sagte Erdmann. Aber immerhin bist du sein Bruder.

Ja freilich, sagte Bach, deswegen hat er sie mir ja auch zurückgegeben.

Unterdessen war der Wirt an ihren Tisch gekommen und hatte ihnen zwei weitere Becher Wein hingestellt.

Mit Verlaub, Herr Wirt, sagte Erdmann, die haben wir nicht bestellt.

Die sind von dem Tuchhändler dort, sagte der Wirt und wies mit dem Kopf auf einen gut gekleideten Gast. Er lässt fragen, ob die Herren eine Musik spielen können. Ein Lied zur Laute. Mit Begleitung der Fidel. Vielleicht auch mit Gesang?

Ein Lied? Nun ja, warum nicht? Sie hatten gut gespeist und einiges getrunken, aber nicht so viel, dass sie nicht hätten musizieren können. Und wer weiß, vielleicht würde der Wirt sie sogar umsonst übernachten lassen, wenn sie dafür sorgten, dass noch mehr Wein getrunken wurde. Sie packten ihre Instrumente aus und stellten sich in die Mitte des Raumes.

Die Lust hat mich bezwungen, sang Erdmann, *zu fahren in den Wald, wo durch der Vögel Zungen - die ganze Luft erschallt.* Bach sang die zweite Stimme dazu und fidelte melodische Figuren darum herum.

Die Gäste klatschten verhalten.

Erdmann zögerte nicht lange und spielte das zweite Lied:
Bist du des Goldschmieds Töchterlein
Bin ich des Bauren Sohn, ja Sohn
Der Beifall wurde stärker. Einige der Gäste hatten ein paar Zeilen mitgesungen. Die Stimmung steigerte sich, und bald

wollte man sie nicht mehr aufhören lassen. Immer neue Lied-
wünsche wurden ihnen zugerufen, und Erdmann kannte sie
alle: *Der Winter ist vergangen* oder *Es ging ein Mönch ins Ober-
land, mit einer Nonn' ward er bekannt,* was allerdings ein ziemlich schlüpfriges Lied war, Bach schämte sich regelrecht, als er
hörte, wie es hieß *Er führet sie an den Altor, da las er ihr den
Psalter vor* oder gleich darauf *Er führt sie für den Glockenstrang
und beutelt sie fünf Stunden lang,* nein, das ging entschieden
zu weit, zumal die Gäste johlten und ihre eigenen Schlüpfrigkeiten dazu grölten. Bach stimmte einen Zigeunertanz an,
den er auf einer Bauernhochzeit in der Nähe von Ohrdruf
aufgeschnappt hatte, mit atemberaubend schnellen Läufen
und rasch abwechselnden Staccato- und Legatopassagen, und
dazu stampfte er mit den Füßen auf die hölzernen Dielen.
Kaum hatten sie begonnen, schnappte sich einer der Gäste
die Kellnerin und tobte mit ihr so wild im Kreis herum, dass
man fürchten musste, alle beide würden alsbald von einem
Schwindel ergriffen und zu Boden stürzen, aber sie stürzten
nicht, sie fielen einander nur ausgelassen um den Hals, als
es zu Ende war, und lachten, und die anderen Gäste freuten
sich mit ihnen und klatschten in die Hände, und in den allgemeinen Lärm hinein rief der Tuchhändler: Da capo! Da
capo! Die nächste Runde geht auf mich!

K OST UND LOGIS seien umsonst, sagte der Wirt am nächsten Morgen, als er ihnen das Frühstück servierte, und
falls sie mal wieder vorbei kämen und zum Tanz aufspielen
wollten, seien sie jederzeit willkommen.

Der Tuchhändler kam an ihren Tisch und bot ihnen an, sie
in seiner Kutsche mitzunehmen. Er sei auf dem Weg nach
Wernigerode.

Erdmann warf einen Blick auf seine Liste und sagte, sie
nähmen das Angebot gerne an.

Nachdem sie einander eine Weile schweigend und vom Wein noch müde gegenüber gesessen hatten, begann der Tuchhändler ein Gespräch über den Endlichen Rechtstag, der morgen in Wernigerode stattfände. Den wolle er nicht verpassen. Die Hexe, die verbrannt werden solle, habe gestanden, dass sie in allen vier Anklagepunkten schuldig sei, Teufelsbund, Teufelsbuhlschaft, Teilnahme am Hexensabbat und Schadenzauber. Dieses Geständnis werde morgen öffentlich verlesen. Im Übrigen habe es des Geständnisses eigentlich gar nicht bedurft. Die Hexe habe nämlich flammend rote Haare, was ja für sich genommen schon verdächtig sei, und vor allem eine Warze in der linken Achselhöhle, die, wenn man hinein steche, weder schmerze noch blute. Das sei ein untrügliches Zeichen. Wem die Hexe denn geschadet habe, fragte Erdmann.

Darauf komme es gar nicht an, sagte der Händler. In der Landesordnung sei ausdrücklich festgelegt, dass eine Person, die mit dem Teufel ein Verbündnis eingegangen sei, mit dem Feuer vom Leben zum Tode gerichtet und gestraft werden solle, auch wenn sie mit ihrer Zauberei niemandem Schaden zugefügt habe. Aber da der junge Herr schon danach frage: Die Hexe habe das Vieh krank gezaubert, wovon einige Kühe sogar gestorben seien.

Ob die Hexe das von Anfang an gestanden habe, wollte Erdmann wissen, oder erst nach peinlicher Befragung.

Nun, sagte der Tuchhändler, es habe, nachdem die Hexe angezeigt worden war, zunächst ein Amtmann in Wernigerode inquiriert und den Fall alsdann vor das Gericht gebracht, und das habe entschieden, dass Anklage erhoben werden solle, was auch vom Grafen abgezeichnet worden sei. Daraufhin sei die Hexe verhaftet, in den Turm geworfen, vollständig entkleidet, depiliert und zunächst gütlich befragt worden. Sie habe aber so hartnäckig geleugnet, dass man ihr die Instrumente gezeigt habe, Daumenschrauben, Streckbank, Beinschrauben und so fort, immer noch vergeblich. Schließlich habe das Spruchkollegium auf peinliche Befragung entschieden, und daraufhin sei es sehr bald zur Urgicht gekommen, also zum Geständnis, und diese Urgicht werde morgen öffentlich verlesen. Das wolle er sich natürlich nicht entgehen lassen. Besonders, was die Hexe in Bezug auf die Teufelsbuhlschaft gestanden habe. Da könne man vielleicht noch etwas lernen, fügte er hinzu, ohne zu bemerken, wie Erdmann die Miene verzog. Aber, fuhr er fort, auch was die Hexen bei ihren Zusammenkünften am Hexensabbat auf dem Blocksberg so alles trieben, wolle er unbedingt erfahren. Und natürlich auch, wie sie es anstellten, auf dem Besen durch die Lüfte zu reiten. Das Fliegen sei ja ein alter Traum der Menschheit. Ob die jungen Herren dem Endlichen Rechtstage auch beiwohnen wollten?

Bach sah Erdmann fragend an. Erdmann schüttelte den Kopf.

Aber wieso?, rief der Händler verständnislos aus. So etwas lasse man sich doch nicht entgehen. Hatte nicht auch Martin Luther gepredigt, dass man die Zauberinnen nicht am Leben lassen dürfe? Dass sie Milch, Butter und alles aus einem Hause stehlen und geheimnisvolle Krankheiten im menschlichen Knie erzeugen könnten, wovon der Körper verzehrt werde? Dass sie Tränke und Beschwörungen verabreichten, um Hass hervorzurufen, Liebe, Unwetter, alle Verwüstungen im Haus und auf dem Acker, und dass sie sogar über eine Entfernung von einer Meile und mehr mit ihren Zauberpfeilen Hinkende machten, die niemand heilen könne?

Mit Verlaub, sagte Erdmann, Luther hin – Luther her: diese ganze Hexenverbrennerei sei doch ein ausgemachter Unfug. Er halte absolut nichts davon. Er sei nicht einmal davon überzeugt, dass es überhaupt so etwas wie Hexen gäbe. Das seien doch Hirngespinste! Man habe zum Beispiel die Mutter von Johann Kepler angeklagt, eine Hexe zu sein, nur weil man geglaubt habe, sie in seinem Roman über die Reise zum Mond wiedererkennen zu müssen. Jahre seines Lebens habe dieser große Mann damit zugebracht, seine Mutter zu verteidigen. Dann endlich habe man sie freigelassen, aber da sei sie bereits in einem erbärmlichen Zustand gewesen. Ein Jahr darauf sei sie an Entkräftung gestorben. Das müsse man sich mal vorstellen! Die Mutter von Johann Kepler!

Dieser Kepler sei ihm nicht bekannt, sagte der Händler.

Dann sei ihm vermutlich auch Christian Thomasius nicht bekannt?

Er kenne einen Christian Sartorius, sagte der Händler, den meine er wohl nicht?

Nein, sagte Erdmann, er meine den Magister Thomasius von der Universität in Halle. Der habe unwiderleglich bewiesen, dass jegliche Art von peinlicher Befragung nicht nur unmenschlich, sondern auch nutzlos sei. Wer gefoltert werde, gestehe alles, was seine Peiniger in ihn hineinfragten, die Wahrheit komme dabei nicht ans Licht. So sei es zum Beispiel vorgekommen, dass man für einen Raubüberfall auf eine Postkutsche sieben Männer gehängt habe; alle sieben hätten auf dem Streckbett die Tat gestanden, obwohl, wie sich später herausgestellt habe, nur vier Räuber an dem Überfall beteiligt waren. Aber es seien nicht nur drei zuviel gehängt worden, sondern sieben. Die richtigen vier habe man nämlich bei einem weiteren Raubüberfall in flagranti erwischt. Und natürlich auch gehängt. Da waren es schon elf.

Nun ja, bemerkte der Tuchhändler gleichgültig, wahrscheinlich war es um die anderen auch nicht schade.

IN WERNIGERODE waren die Vorbereitungen für das Spektakel in vollem Gange. Händler aus Nah und Fern bauten ihre Stände auf. Eine hölzerne Tribüne für die Ratsherren und angereisten Notabeln wurde gezimmert. Der Scheiterhaufen war auch schon errichtet, obwohl der Endliche Rechtstag erst für morgen angesetzt war.

Der Tuchhändler konnte seine fiebrige Erwartung kaum verbergen. Auch Bach war für einen Augenblick versucht, sich davon anstecken zu lassen. Erdmann drängte darauf, so schnell wie möglich aus Wernigerode herauszukommen. Er habe eine Verabredung in Wolfenbüttel, sagte er.

Eine Verabredung? Mit wem?

Nun ja, sagte Erdmann ausweichend. Mit einer hochgestellten Persönlichkeit.

Potz Tausend, sagte Bach. Wohl gar mit dem Fürsten?

Mit einem Geistesfürsten, sagte Erdmann schließlich. Mit einem Philosophen.

Da bin ich aber gespannt, sagte Bach.

3. Der Philosoph

S CHON DER GANG DURCH DAS DAMMTOR über den riesigen Schlossplatz sowie der Anblick des gewaltigen Schlosses, das alle anderen Häuser am Platz überragte, flößte ihnen Respekt ein. Und nun nicht weniger die stattliche Erscheinung des Philosophen, der sie in der Bibliothek empfing! Er trug eine wallende Perücke mit einer Fülle schwarzer Locken, einen prächtigen Rock nach französischer Mode, seidene Strümpfe und silberne Schnallen auf den Schuhen. Erdmann erstarrte vor Ehrfurcht. Bach fühlte sich unbehaglich. Er war versucht, einen Kratzfuß vor dem hohen Herrn zu machen und konnte sich gerade noch beherrschen.

Als der Philosoph ihnen die Räume der berühmten Bibliothek zeigte, kam Bach aus dem Staunen nicht mehr heraus. So viele Bücher, tausende! Und alle edel eingebunden in hellbraunes Kalbsleder mit goldnen Gravuren, eines wie das andere! Bis zur gewaltig hochgezogenen Decke des Raumes reichten die Regale, vollgestellt mit naturphilosophischen, moralphilosophischen und theologischen Werken.

Er sei gerade dabei, die Bibliothek auf ein neues System umzustellen, sagte der Philosoph. Bisher habe man die Bücher nach ihrem mehr oder weniger willkürlichen Standort in den Regalen katalogisiert. Nun aber wolle er ein neues Ordnungssystem einrichten, alphabetisch, nach den Namen der Verfasser, von A wie Aristoteles bis Z wie Zwingli. Das sei praktischer. Man finde die Bücher schneller und spare Zeit. Überhaupt sei ja das Zeitalter, in dem sie sich befänden, ein Zeitalter der Neuordnung und der umwälzenden Erfindungen. Ob sie schon von seiner Rechenmaschine gehört hätten?

Erdmann nickte.

Bach schüttelte den Kopf.

Hier, sagte der Philosoph, und wandte sich zu einem Tisch, auf dem ein länglicher Gegenstand von einem Tuch verdeckt war. Mit einer behänden Bewegung zog er das Tuch beiseite und gab den Blick auf eine golden funkelnde Maschine frei, die verwirrende Details aufwies: Bach erkannte an der Oberseite des Apparats die Zahlen 0, 1, 2, 3, 4, 5, 6, 7, 8, 9. Sie waren kreisförmig um einen verstellbaren Zeiger in der Mitte angeordnet. Acht solche Zahlenkreise schmückten die Oberseite und waren mit weiteren acht senkrecht dazu stehenden Zahlenscheiben verbunden, die offenbar durch eine große Kurbel bewegt werden konnten.

Der Bratenwender, sagte der Philosoph scherzhaft und betätigte die Kurbel. *Le Tournebroche.*

Bach und Erdmann blickten verwirrt und fasziniert auf diesen rätselhaften Apparat.

Der Philosoph konnte seine Genugtuung kaum verbergen. Dies, sagte er voll Stolz, sei eine Erfindung, die die Welt verändern werde. Schluss mit der stupiden Rechnerei. Addition, Subtraktion, Multiplikation, Division – kein Problem mehr. Zehnmal so schnell, als wenn Sie es allein mit Ihrem Kopf machen.

Und wie, fragte Bach zweifelnd, funktioniert das?

Schauen Sie hier, sagte der Philosoph, und bedeutete den beiden näher zu kommen. Das Wichtigste ist die Staffelwalze. Die Zähne verschiedener Länge sind verschiebbar und somit können alle Stellen des Summanden ins Resultatwerk übertragen werden.

Bach kratzte sich am Kopf.

Leibniz lachte amüsiert. Mit dieser Maschine, meine Herren, rief er aus, werden wir in nicht allzu weiter Ferne alles berechnen und in Formeln darstellen können.

Alles?, fragte Bach erstaunt. Mit dieser Maschine?

Natürlich nicht mit diesem noch sehr unvollkommenen

Exemplar, sagte der Philosoph, aber mit den Prinzipien, auf denen sie beruht. Er sei, nebenbei bemerkt, gerade dabei, eine ganz andere Art von Rechenmaschine zu erfinden. Ob sich die Herren vorstellen könnten, was für eine?

Erdmann gab seiner Ratlosigkeit mit einem schwer berechenbaren Seufzer Ausdruck.

Nun, sagte der Philosoph in vertraulichem Ton, es werde eine Rechenmaschine für Worte sein. Jawohl, sie hätten richtig gehört, für Worte und Sätze, für den Diskurs! Dafür müsse man allerdings zuerst die Worte, Sätze und ihre Beziehung zueinander in eine rechenhafte Form bringen. Er nenne das die Universal-Charakteristik. Man könne ja, wie den Herren Scholaren nur allzu gut bekannt sei, aus den vierundzwanzig Elementen des Alphabets sämtliche Wörter konstruieren. Richtig?

Erdmann nickte.

Bach enthielt sich der Äußerung.

Nun, fuhr Leibniz fort, auf eine ähnliche Weise, wie man die Worte auf vierundzwanzig einfache Elemente zurückführen könne, werde er alle Gedanken auf ihre Grundbegriffe zurückführen. Diese elementaren Grundbegriffe werde er mit je einem Symbol oder einer Zahl bezeichnen – und schon könne man alle Gedanken ebensogut auf diese Weise ausdrücken. Unsere Sprache wäre dann so exakt und unfehlbar wie die Mathematik.

Faszinierend! – Bach hatte es nicht sagen wollen, es entfuhr ihm. Er hatte eine Idee, traute sich aber nicht sie auszusprechen. Sie hing damit zusammen, dass die Zahl vierundzwanzig auch in der Musik eine Rolle spielte. Es gab zwölf Töne und damit zwölf Tonarten, und wenn man Dur und Moll auseinanderhielt, dann kam man auch auf vierundzwanzig.

Ja, faszinierend, nicht wahr?, sagte der Philosoph. Wenn wir in Zukunft über eine Sache miteinander streiten, dann werden wir nicht mehr endlos debattieren und uns am Ende gar noch die Köpfe einschlagen, sondern einfach nur sagen: Calculemus! Rechnen wir!

Aber, sagte Bach und traute sich nun doch, könnte man so eine Maschine nicht auch für die Musik konstruieren? Zum Beispiel eine Maschine für den Kontrapunkt: Man gibt ein Thema ein, und der Rest wird einfach ausgerechnet. Kontrapunkt, doppelter Kontrapunkt, dreifacher Kontrapunkt, vierfacher Kontrapunkt, ganze Noten gegen ganze, ganze Noten gegen halbe, ganze Noten gegen viertel und so weiter?

Der Philosoph blickte mit offenem Mund von Bach zu Erdmann, von Erdmann zu Bach. Aber das ist ja …, begann er.

Bach hob entschuldigend die Hände. Er habe vermutlich etwas ganz Dummes gesagt, und er wolle sich dafür …

Aber nein!, rief der Philosoph aus. Das ist phantastisch! Das werde ich Leibniz sofort – er hüstelte, zupfte ein Spitzentaschentüchlein aus dem weiten Ärmel seines Rocks und hielt es sich vor den Mund – *das werde ich, Leibniz,* begann en den Satz noch einmal mit veränderter Betonung, sofort der Sozietät der Wissenschaften in Berlin vorschlagen, sobald wir sie gegründet haben. Im Juli ist es soweit. Vielleicht werden wir sogar eine Preisfrage ausrufen: Vorschläge zur Konstruktion einer Maschine, die zu einem gegebenen Thema jede mögliche Kontrapunktvariation errechnet!– Ausgezeichnet! Wie war noch mal der Name?

Bach.

Ausgezeichnet, Bach! Zumal wir ja nicht umsonst die Musik als das Rechnen der Seele bezeichnet haben. Das passt! Potz Tausend, das passt hervorragend!

Bach hätte froh sein können, aber er schämte sich für das Lob. Er machte eine entschuldigende Geste in Richtung Erdmann, aber der nickte ihm nur anerkennend zu.

Leider, sagte der Geheime Justitien-Rath mit bedauernder

Miene und zog ein Ding heraus, von dem er, wie es schien, die Zeit ablesen konnte, sei seine Zeit sehr knapp bemessen. Er werde die beiden Herren jetzt zum Ausgang begleiten und dann Gott befohlen.

Als sie ins Freie traten, mussten sie ihre Augen mit den Händen gegen das blendende Licht abschirmen. Erst als sie sich halbwegs daran gewöhnt hatten, sahen sie im Gegenlicht einen in Goldbrokat gekleideten Herrn die Freitreppe hinaufsteigen. War es der Fürst? Bach bemerkte, wie der Philosoph sich erschrocken abwandte und Anstalten machte, sich davonzustehlen.

Reinerding!, rief der Fürst hinter ihm her.

Reinerding? Der so Angesprochene blieb stehen.

Wir hätten Ihn doch ums Haar für Leibnizen gehalten, sagte der Fürst lachend, so täuschend ähnlich hat Er sich herausgeputzt.

Der andere war mit einem Male heftig errötet und stammelte nun irgendetwas Unverständliches daher, von Kalenderirrtum und Leibniz habe die Scholaren nicht enttäuschen wollen und ihn gebeten, statt seiner und so weiter, und während er noch fortfuhr Erklärungen von sich zu geben, verschwand er an der Seite des Fürsten im großen Bauch der Bibliothek.

4. Lateinschule

Was hast du nur immer mit diesem Böhm, fragte Erdmann, als sie auf dem Weg von Bienenbüttel nach Lüneburg waren.

Dasselbe, was du mit Leibniz hattest, sagte Bach, bevor er uns diesen Streich mit seinem Sekretär gespielt hat.

Du willst sagen, er ist der größte Musiker unserer Zeit?

Der größte?, sagte Bach und wiegte den Kopf hin und her. Wer weiß das schon? Mein Bruder hatte einige Stücke von ihm in seinem Schrank. Tanzsuiten in der französischen Manier, Präludien, Ouvertüren.

Und die sind so besonders?

Sie haben so ein eigenartiges …

Ein eigenartiges – was?

Ich weiß nicht. Vielleicht gibt es dafür kein Wort. Aber sieh – das muss es sein.

In der Ferne erblickten sie die Stadtmauer und drei Kirchtürme, und sie beschleunigten noch einmal ihre Schritte, so dass sie schon bald am Stadttor von Lüneburg ihre Papiere vorzeigen konnten.

SIE WURDEN BEREITS DRINGEND ERWARTET. Kaum hatten sie den gepflasterten Hof des Michaelisklosters betreten, nahm sich ein Schüler ihrer an, auch ein Freischüler, wie sie zu Recht vermuteten. Er hatte flammend rotes Haar, Sommersprossen, eine Stupsnase und aufgeworfene Lippen. Er heiße Waldemar, sagte er. Sie seien wohl die Neuen aus Thüringen?

Ja, die seien sie.

Dann bringe er sie gleich zum Rektor. Und wenn er ihnen einen Rat geben dürfe, dann den, laut und vernehmlich zu sprechen, der Herr Büsche sei schon sechzig Jahre alt und reichlich schwerhörig. Er wolle es aber nicht wahrhaben, deswegen halte er es für Böswilligkeit, wenn man sich ihm nicht verständlich mache, und prügele gleich drauflos.

Der Rektor saß hinter einem mächtigen Schreibtisch, sein Gesicht war gerötet und ein wenig aufgequollen, sein schwarzer Rock glänzte speckig und seine gepuderte Perücke sah aus, als wäre sie seit Jahren nicht mehr durchgekämmt worden. Wo sie denn so lange gesteckt hätten, fragte er mit rauer Stimme.

Es sei ein weiter Weg gewesen, brüllte Erdmann.

Warum er denn so brülle, fragte der Rektor. Er sei doch nicht schwerhörig.

Er bitte um Verzeihung, sagte Erdmann etwas leiser.

Wie bitte?, fragte der Rektor mit drohender Miene.

Erdmann zog den Kopf ein.

Sie seien geschlagene zwei Wochen zu Fuß unterwegs gewesen, sagte Bach in, wie er hoffte, angemessener Lautstärke. Sie brächten Grüße von Elias Herda, ihrem Kantor in Ohrdruf.

Ach ja, der Elias, sagte der Rektor, da danke er. Und nun werde der junge Mann hier, unser Waldemarius, sie zum Kantor Braun bringen, der übrigens der Quartus der Schule sei, die Nummer vier und derjenige, der die Quarta unterrichte. Aber das betreffe sie ja nicht, sie kämen ja auch hier wieder in die Prima. Waldemarius, den er hiermit zu ihrem Cicerone ernenne, werde ihnen auch die Schlafsäle zeigen, das Refektorium, die Klassenräume und morgen, wenn sie wollten, auch noch die Stadt – Sandviertel, Sülzviertel, Marktviertel und Wasserviertel. Den Kalkfelsen hätten sie wohl schon gesehen?

Gewiss, sagte Bach.

Wie bitte?, fragte der Direktor und hob die Hand, als ob er Schläge androhen wollte, legte sie aber nur ans Ohr.

Den Kalkfelsen hätten sie gesehen, sagte Bach mit vernehmlicher Stimme. Er sei sehr beeindruckend.

DER KANTOR AUGUST BRAUN war ein hagerer Mensch um die Fünfzig. Seine Perücke lag neben ihm auf dem Tisch, als sie hereinkamen, und er machte sich auch nicht die Mühe, sie aufzusetzen. Seinen spitzen Schädel zierte ein Kranz aus dünnen grauen Haaren. Er ließ erst Erdmann, dann Bach etwas vorsingen und nickte erfreut, als er Bachs Knabensopran vernahm. Er stellte ihnen einige Fragen nach ihren Instrumenten und gab ihnen Noten für die Chorprobe am nächsten Tag. Sie sollten schon mal üben. Mariä Verkündigung hätten sie ja nun verpasst, sagte er vorwurfsvoll, aber am nächsten Sonntag, Judica, seien sie im Mettenchor dabei. Für den Samstag vor Palmarum habe er sie auch zum Mitwirken im großen Chor eingeplant, und am Karfreitag für die Passion. Ob sie noch Fragen hätten?

Bach und Erdmann schüttelten die Köpfe.

Nun also, dann immer voran. Unser Waldemar hier, mit dem sie sich ja offenbar schon angefreundet hätten, werde ihnen alles Weitere erklären. Er sei übrigens auch ein guter Sänger, obwohl er nicht aus Thüringen komme.

Waldemar zwinkerte ihnen verschwörerisch zu, als könne er in Wirklichkeit gar nicht singen, sondern tue nur so als ob.

Bevor er ihnen die Schlafsäle zeigte, warnte er sie in gedämpftem Ton vor den jungen Herren des Collegium illustre, die ebenfalls im inneren Hof ihre Schlafsäle hatten. Mit denen käme es immer mal wieder zu einer *bagarre*.

Was das sei, fragte Bach.

Eine Schlägerei.

Nein, das Collegium illustre.

Ach das, sagte Waldemar mit einer wegwerfenden Geste.

Nun?

Die Ritterschule. Manche bezeichneten sie auch als Ritterakademie, aber nüchtern betrachtet sei sie eine Lateinschule wie ihre auch, nur eben für Adlige, damit die hohen Herren unter sich seien. Die lernten da allerdings auch Dinge, die der normale Sterbliche nicht benötige, Heraldik, höfischer Tanz, Tranchieren, Komplimentieren, Antichambrieren und solche Sachen. Die jungen Herren bildeten sich wer weiß was darauf ein.

Wie viele ihrer seien?, fragte Bach.

Fünfzehn.

Und Freischüler?

Ebenso viele.

Dann könnte man doch mal einen Wettstreit veranstalten, sagte Bach. Natürlich nicht im Antichambrieren, aber vielleicht ...

Im Philosophieren, schlug Erdmann vor.

Oder im Singen, sagte Bach, das können wir ganz sicher besser als die.

Zu einem Sängerwettstreit kam es nicht, er wäre auch sinnlos gewesen. Sie sangen oft zusammen mit den Ritterschülern, und niemand hätte bestritten, dass die Chorschüler musikalischer waren. Die adligen Herren kümmerte das nicht besonders. Sie schauten auf die Freischüler wie auf arme Vögel, denen das Trällern eben angeboren war und die es auch nötig hatten. Der einzige von ihnen, dem sie im Laufe der Zeit ein wenig Respekt entgegenbrachten, war Erdmann, weil er so gut reden konnte, und weil es ihm Vergnügen bereitete, sich der höfischen Umgangsformen zu bedienen. Er habe es sich überlegt, sagte er nach einer Weile, er wolle doch nicht Philosoph werden, sondern Diplomat.

Bach wunderte sich darüber. Nicht so sehr, weil Erdmann nun auf einmal etwas anderes wollte als noch vor wenigen Wochen, sondern vor allem, weil er überhaupt eine solche Entscheidung treffen konnte. Für ihn, Bach, gab es so eine Frage nicht. Dass er Musiker werden würde, stand von Anfang an fest. Er kam aus einer Musikerfamilie, also, was gab es da zu überlegen? Die Frage war allenfalls: Was für einer? Stadtpfeifer wie sein Vater? Organist wie sein Onkel oder sein Bruder? Kantor wie Elias Herda? Oder Kapellmeister an irgendeinem Hof? Und noch eine Frage stellte er sich manchmal vor dem Einschlafen: Mit wem würde er sich einmal messen dürfen? Mit den Größten seiner Zunft wie Reincken oder Buxtehude, Corelli oder Lully?

I N DER SCHULE HERRSCHTE ein strenges Reglement. Jede Kleinigkeit war geplant, und jede Abweichung wurde strengstens geahndet – jedenfalls wenn man ein Freischüler war.

Aber während Erdmann sich insgeheim gegen die Unnatur des Reglements auflehnte, nahm Bach die strenge Erziehung ergeben an.

Er stand um fünf Uhr morgens mit den anderen auf, wusch sich, kämmte sich, zog sich an und ging, sobald das erste Viertel schlug, zum gemeinsamen Gebet auf die Knie, an Ort und Stelle, wo er sich gerade befand, ob nun auf Steinfußboden oder auf gescheuerten Dielen. Während der Speisung hörte er dem Kapitel aus der Bibel zu, das gerade vorgelesen wurde und enthielt sich dabei allen Geschwätzes und Mutwillens, gerade so wie die Ordnung der Schule es befahl. Auch hielt er seine Kleider, Schuhe, Strümpfe und das Weißzeug reinlich und kehrte, wenn er an der Reihe war, die Kammern aus. Während des Unterrichts passte er auf, schrieb mit und behielt so viel er konnte, was ihm wenig Mühe bereitete, da er ein gutes Gedächtnis hatte.

D IE FÄCHER, in denen sie unterrichtet wurden, waren Latein und Griechisch, Religion und Logik, Geschichte und Geographie, Mathematik, Physik und deutsche Dichtung. Für Mathematik hatte Bach schon in Eisenach und Ohrdruf einen besonderen Sinn gehabt, und darin konnte er auch hier wieder glänzen. Bereits in der ersten Woche bekam er Gelegenheit, den Satz des Pythagoras zu beweisen, und als der Lehrer ihn fragte, was er denn sonst noch über Pythagoras wisse, gab er zur Antwort, dieser sei einer der großen Weisen des Altertums und nicht zuletzt dafür berühmt, dass er die mathematischen Proportionen der Tonwelt gefunden habe.

Ob er denn auch wisse, wie Pythagoras zu seiner Entdeckung gekommen sei, fragte der Lehrer.

Aber ja, antwortete Bach mit einem kurzen Blick zu Erdmann. Er sei in Gedanken versunken an einer Schmiede vorbeigegangen, in der mehrere Gesellen auf einem Amboss Eisen schlugen, und auf einmal sei ihm aufgefallen, dass sie dabei harmonische Klänge erzeugten, Quart, Quint und Oktave. Verwundert sei er in die Schmiede eingetreten und habe nach der Ursache für diese Vielfalt gesucht, und schließlich habe er herausgefunden, dass die harmonischen Proportionen der Töne ganzzahlige Verhältnisse seien. Er habe das dann am Monochord demonstriert, das die Griechen Kanón genannt hätten.

Was man sich unter einem Monochord vorzustellen habe, fragte der Lehrer, weil einige Schüler fragende Gesichter machten.

Nun, sagte Bach, das sei ein Brett oder besser ein Resonanzkörper, auf den man eine einzige Saite gespannt habe, von beispielsweise vier Ellen Länge. Wenn man diese Saite anschlage, dann höre man einen Ton, den man den Grundton nennen könne. Unterteile man die Saite durch Verschieben eines hölzernen Steges in zwei gleich große Hälften und schlage nun die halbe Saite an, dann erklinge die Oktave. Daher das Verhältnis: Ganze Saite zu halber Saite oder 2:1. Teile man zwei Drittel der Saite ab und schlage das längere Stück an, so erhalte man die Quinte. Die Quinte habe daher das Verhältnis: Drei Drittel zu Zweidrittel, also 3:2. Die Quart wiederum sei durch das Verhältnis 4:3 bestimmt, die große Terz durch das Verhältnis

5:4 und so weiter. Und wie schon gesagt: alle harmonischen Intervalle seien durch ganzzahlige Verhältnisse bestimmt.

Ausgezeichnet, sagte der Lehrer, dann wisse er vermutlich auch, was das pythagoreische Komma ist?

Oh ja, sagte Bach eifrig, ohne zu bemerken, dass die Blicke der anderen inzwischen neidisch auf ihn gerichtet waren.

Nun?, fragte der Lehrer.

Ein Komma, sagte Bach, sei ja wörtlich aus dem Griechischen übersetzt ein *Abschnitt*, und in diesem Falle – also, ganz leicht sei es nicht, das zu erklären, ob er zur Tafel gehen und eine Zeichnung machen dürfe?

Bitte, sagte der Lehrer.

Bach stand von seiner Bank auf und ging an die Tafel. Es verhalte sich folgendermaßen, sagte er zur Klasse gewandt. Wenn man die Quinten auf einem Instrument rein stimme, also im genauen Verhältnis 3:2, und so von Quinte zu Quinte höher gehe, von C zu G, von G zu D, von D zu A und so weiter, dann komme man nach genau zwölf Schritten wieder zum C, nur sieben Oktaven höher. Dies nenne man den Quintenzirkel.

Er kehrte der Klasse den Rücken zu und zeichnete den Quintenkreis auf die Tafel:

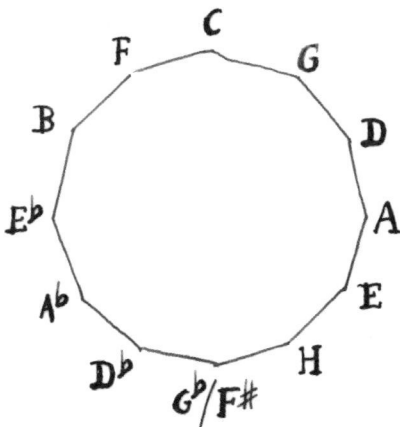

Da sah man es. Es begann mit C und endete mit C, nur sieben Oktaven höher. Das war eine einfache Sache.

Und wo ist nun das pythagoreische Komma?, fragte der Lehrer.

Ja, sagte Bach, jetzt kommt das Problem: Stimmt man nämlich die Oktaven rein, also von C nach C' und so weiter, dann ergibt sich am Ende ein anderer Ton als bei der reinen Quintenstimmung.

Wieso?, fragte der Lehrer. Wie kommt's?

Tja, sagte Bach. Das sei ein bisher von aller Wissenschaft ungelöstes Problem. Tatsache sei nur: Zwölf rein gestimmte Quinten ergeben einen anderen Ton als sieben rein gestimmte Oktaven. Bach wandte sich wieder der Tafel zu, wischte oben am C ein Stück vom Kreidekreis fort und setzte einen kleinen Zacken hinein. Dann zeichnete er einen Pfeil, der genau auf diesen Zacken zeigte und sagte: Da. Hier kann man es sehen. Der Quintenzirkel schließt sich nicht. Anfang und Ende passen nicht zusammen. Da hat uns Gott ein Rätsel aufgegeben.

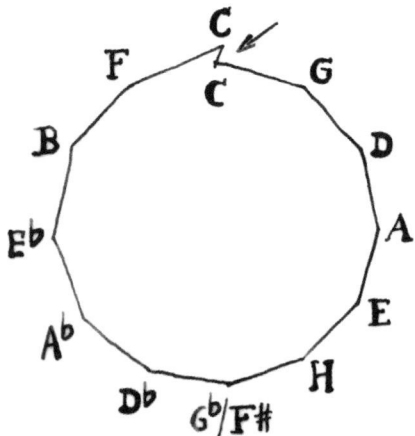

Danke, Bach, sagte der Lehrer, das war eine ausgezeichnete Lektion.

Bach legte das Stück Kreide hin und ging zurück an seinen Platz.

Aber, fragte der Apothekersohn, nachdem der Lehrer ihm das Wort erteilt hatte, was folgt daraus?

Was daraus folgt, sagte Bach, ist, dass man auf der Orgel oder auf dem Clavichord nicht in allen Tonarten spielen kann. Wenn das Instrument in C gestimmt ist, dann kommt man gerade noch bis E-Dur, danach heult der Wolf.

Da heult der Wolf war der Ausdruck der Musiker dafür, dass eine Quinte so verstimmt war, dass sie nur noch jämmerlich klang. Man nannte sie die Wolfsquinte.

Na schön, sagte der Apothekersohn, und was bedeutet das jetzt alles?

Es bedeutet vor allem, warf Erdmann in dem überheblichen Ton ein, den er sich von den Ritterschülern abgelauscht hatte, dass die Welt höchst unvollkommen eingerichtet ist.

Unvollkommen?, fragte der Lehrer und verschränkte die Arme vor der Brust.

Nun, sagte Erdmann und stand auf, die Welt sei ja tatsächlich alles andere als vollkommen! Jedenfalls sei sie verbesserungsbedürftig, darüber seien sich die fortschrittlichen Gelehrten einig.

Gott hat die Welt also unvollkommen geschaffen?, fragte der Lehrer mit lauerndem Unterton. So hat Er es doch gemeint, nicht wahr, Erdmann? Gott hat also bei der Erschaffung der Welt –, ja was, Erdmann? Helfe Er mir. Gehudelt? Geschlampt?

Nun ja ...

Bach sah, wie sich Schweißperlen auf Erdmanns Oberlippe bildeten.

Wir haben es, sagte Erdmann zögernd, doch gerade von

Bach gehört: Da passt etwas nicht zusammen. Es ist nicht, wie es sein sollte. Stimmt man die Oktaven rein, landet man auf einem anderen Ton, als wenn man die Quinten rein stimmt. In einer vollkommenen Welt gäbe es diese Differenz nicht. In einer vollkommenen Welt wäre der Quintenzirkel geschlossen.

Er verschränkte nun auch die Arme vor der Brust. Da standen sie einander gegenüber, Lehrer und Schüler, beide mit verschränkten Armen.

Dann hat Euer Hochwohlgeboren also vor, sagte der Lehrer ironisch und faltete seine Arme wieder auseinander, Gottes Schöpfung zu verbessern, nicht wahr? Sie ist Ihm nicht gut genug, Er weiß es besser und wird es uns zeigen, Er wird es GOTT zeigen, nicht wahr? Antwort!

Bach hätte Erdmann gern geholfen, aber wie? Erdmann war sein Freund. Er bewunderte seinen Mut. Er bewunderte seinen Scharfsinn. Aber war es erlaubt, sich zum Richter über die Schöpfung aufzuschwingen?

Aus Erdmanns Gesicht war jetzt alle Farbe gewichen. Auf seiner Stirn perlte kalter Schweiß.

Er könne jetzt nicht darauf antworten, sagte Erdmann ausweichend. Er müsse darüber nachdenken.

Nun, wohlan denn, Erdmann, sagte der Lehrer lächelnd, dann hat Er jetzt drei Tage Zeit, darüber nachzudenken, wie Er Gottes Werk verbessern kann. Drei Tage Karzer – raus mit Ihm!

Aufrecht, mit hochgezogenen Schultern, steifem Schritt und starrem Blick stakste Erdmann zur Tür und machte sich auf den Weg in den Karzer.

5. Der Löw von Eisenach

W AS BACH AM MEISTEN VERMISSTE, war das Orgelspiel. Die Orgel der Michaeliskirche war in einem erbärmlichen Zustand. Was nützten zweiunddreißig Register, wenn nur fünfundzwanzig davon funktionierten? Es gab zwar noch eine kleine Orgel, aber die war reichlich verstimmt. Es tat seinen Ohren weh, sie während des Gottesdienstes zu hören, besonders wenn er, was vorkam, den Organisten vertrat. Wenn Schule und Chor ihm die Zeit dazu ließen, pilgerte er ans andere Ende der Stadt, in die Johanniskirche am Marktplatz, wo der große Georg Böhm die Orgel spielte. So einen Meister hatte er noch nie gehört. Der übertraf an Virtuosität und Ausdruckskraft sogar noch den Onkel Christoph in Eisenach.

Tage- und wochenlang träumte Bach davon, ein Schüler dieses Meisters zu werden, aber da er ihn so sehr verehrte, brachte er es nicht über sich, ihn zu fragen. Einmal ging er, nachdem Böhm seinen letzten Akkord gespielt hatte, mit bis zum Hals klopfendem Herzen auf ihn zu, fest entschlossen, ihn anzusprechen, aber als der Pastor dazwischentrat und ein paar Worte mit dem Organisten wechselte, verließ ihn der Mut wieder. Mit hochrotem Kopf schlich er sich aus der Kirche heraus, überquerte den Marktplatz und floh durch das Sandviertel zur Schule zurück.

S TATT ZU BÖHM GING ER ZU LÖW. Johann Jacob Löwe, der sich aus irgendeinem Grunde der *Löw von Eisenach* nannte, spielte in St. Nicolai die Orgel. Bach wartete nach dem Gottesdienst auf ihn und sah zu, wie er mit unsicheren Schritten von der Empore herunterstieg, gestützt auf den Kalkanten, der die steile Treppe vor ihm her ging. Er trug einen schwarzen Rock, schwarze Hosen und auf dem Kopf eine struppige Perücke. Sein Greisengesicht war wie aus Holz geschnitzt, die Augen farblos, von einem milchigen Schleier bedeckt. War er blind?

Was gibt's?, fragte er, nachdem er den Bälgetreter verabschiedet hatte.

Das tiefe A, sagte Bach und ärgerte sich über sich selbst. Er hatte alles andere sagen wollen, nur das nicht.

Weiß schon, weiß schon, brummte der Löw. Dem E geht es nicht besser. Auch das G ist zu tief.

Und das F in der dritten Oktave, fügte Bach hinzu.

Kann man nichts machen, sagte der Löw.

Man könnte vielleicht ein wenig Sand in die Pfeifen füllen, schlug Bach in respektvollem Ton vor. Mit der gebotenen Behutsamkeit, versteht sich.

Nein, sagte der Löw. Das Gefüge gerät dann durcheinander. Besser, alles ist ein wenig falsch als einige Töne vollkommen rein. Die stechen dann nur umso deutlicher hervor. Wenn das alles war, dann Gott befohlen.

Bach schwieg, blieb aber stehen.

Was noch?, fragte der Löw mit einem Anflug von Neugier. Raus damit! Muss fort, zum Essen. Die Haushälterin reißt mir den Kopf ab, wenn ich zu spät komme.

Ich bitte untertänigst ...

Nun?

... um Unterricht.

Bei wem?

Beim Löw von Eisenach.

Bei mir? Warum?

Weil ich mich nicht getraut habe, Böhm zu fragen.

Weil ich den Wunsch habe, mich in meinem Spiel zu vervollkommnen, sagte er laut und fügte hinzu: Zu Gottes Ehre.

Der Löw schaute ihn prüfend an. Gebe keinen Unterricht

mehr, sagte er schließlich. Bin zu alt. Kann Stümperei nicht mehr ertragen.

Bin kein Stümper, sagte Bach. Könnte es beweisen, wenn der Kalkant noch da wäre.

Das war die große Schwäche der Orgel. Ohne die Luft, die der Bälgetreter mit seinen Füßen in sie hineinpumpte, blieb sie stumm. Im Übrigen, fügte Bach hinzu, komme ich aus Eisenach.

Aus Eisenach?

Bin dort geboren.

Bin nicht dort geboren, sagte der Löw mit Bedauern in der Stimme. Mein Vater ja, ich nicht. – Wie ist Sein Name?

Jetzt habe ich ihn, dachte Bach. Seine Familie hatte einen guten Namen, weit über Thüringen hinaus.

Johann Sebastian Bach, sprudelte es aus ihm heraus, Sohn des Ambrosius Bach, Stadtpfeifer zu Eisenach, Neffe des Johann Christoph Bach, Organist in Eisenach, Bruder des Johann Christoph Bach, Organist in Ohrdruf, Bruder des Johann Jakob Bach … Weiter kam er nicht. Er sah, wie der Löw sich mit der Hand an einem der Pfeiler festhielt, die das Kirchenschiff stützten, sah, wie er sich mit der anderen Hand das Hemd aufriss und sein Herz massierte, und hörte, wie er nach Luft rang, wobei er einen tiefen, von hohen Obertönen begleiteten Laut von sich gab. Er überlegte, ob er hinzu springen und ihm helfen sollte, aber aus irgendeinem Grunde scheute er davor zurück.

Bach, flüsterte der Löw mit kaum vernehmlicher Stimme. Bach?

Bach nickte. Ja, Bach.

Bach?, fragte der Löw noch einmal mit schwacher Stimme. Und dann, auf einmal, ging ein Ruck durch die rabenschwarz gekleidete Gestalt. Johann Jacob Löwe löste sich von dem Pfeiler, der ihn und die Kirche stützte, streckte die knochigen

Hände gen Himmel, schüttelte sie und brüllte: Bach! Bach! Bach! Überall in Sachsen, überall in Thüringen, wo man auch hinschaut, Johann Stadtpfeifer und Johann Kantor, Johann Kapellmeister und Johann Organist, Johann dieser und Johann jener, alle Posten vergeben, alle besetzt von Bach, Bach, Bach! Und Er hat die Dreistigkeit, mich, den Löw von Eisenach, hier in meiner Kirche aufzusuchen und um Unterricht zu bitten?! Hinaus mit Ihm! Hinaus! Und der Teufel sei mit Ihm, Johann Wieauchimmer Bach!

D ER TEUFEL SEI MIT IHM. Es war etwas Eigenartiges an solchen Flüchen. Man mochte demjenigen, der sie ausstieß, magische Kräfte zuschreiben oder nicht, eine Beunruhigung blieb. Bach haderte mit sich wie nie zuvor in seinem Leben. Aber wenn Erdmann ihn fragte, was mit ihm los sei, sagte er, es sei nichts oder er wisse es nicht. Er habe einfach die schwarze Galle. Das hielt er drei Wochen durch, dann konnte er nicht mehr und fing an zu reden.

Erdmann, dem die drei Tage im Karzer eine Lektion in Demut erteilt hatten, hörte sich alles geduldig an und verzichtete auf jeglichen Spott, als er das Wort ergriff. An die Kraft des Fluches glaube er nicht, sagte er, er glaube nicht mal an den Teufel. Die Existenz Gottes wolle er nicht vollkommen in Abrede stellen, aber den Teufel halte er für ein Fabelwesen. Gott wiederum, wenn es ihn gäbe, habe sein Werk bereits getan und wirke nur noch durch die Gesetze seiner Schöpfung, zum Beispiel durch die Gravitation. Ergo: Bach könne froh sein, dass der Löw von Eisenach nicht sein Lehrer geworden sei. Wer so denke und handele wie der, der könne doch kein Vorbild sein.

Bach fand das im Grunde auch.

Warum er denn nicht zu Böhm ginge und ihn um Unterricht bäte?

Nein, sagte Bach. Das sei unmöglich. Er habe schon vorher

nicht den Mut dazu gehabt, und jetzt, wo sogar der Löw ihn abgelehnt habe, erst recht nicht.

Warum?

Er könne das nicht erklären, sagte Bach. Das sei eben so.

Nun gut, sagte Erdmann resignierend, dann wolle er nicht weiter insistieren.

Geklärt war damit nichts, höchstens, dass Bach sich fragte, ob es den Teufel nun gäbe oder nicht. Immerhin hatte der Doktor Luther auf der Wartburg ein Tintenfass gegen den Teufel geschleudert, hatte ihn allerdings nicht getroffen.

Drei Tage nach ihrem Gespräch kam Erdmann auf Bach zu und sagte, sie würden jetzt einen Spaziergang machen.

Jetzt nicht, sagte Bach. Er müsse noch lernen.

Doch jetzt, sagte Erdmann. Er bestehe darauf.

Und wohin?

Er wolle sich gern das Schloss ansehen, sagte Erdmann.

Das könne er doch auch allein, sagte Bach.

Nun komm schon, sagte Erdmann. *Allez!*

Sie verließen das Schulgebäude, gingen an der Liebfrauenkirche vorbei und kamen zum Schloss. Der Fürst hatte es gerade erst bauen lassen, als Nebenresidenz. Erdmann machte ein paar Bemerkungen zu dem Bau, den er zu klobig und zu wenig elegant fand, und ging dann weiter.

Bach ging in Gedanken versunken neben ihm her. Gerade war ihm die Frage gekommen, ob es möglich wäre, eine sechsstimmige Fuge zu spielen. Und wenn ja, ob man auch eine siebenstimmige spielen könne oder eine achtstimmige. Wo war die Grenze?

Sie kamen ins Wasserviertel, in dem die Schiffsleute wohnten und in ihren Gastwirtschaften lärmten. Es roch nach Fisch und sauren Gurken. Ob Bach schon gehört habe, dass Russland mit dem osmanischen Reich Frieden geschlossen habe, fragte Erdmann.

Ja, sagte Bach, er habe davon gehört.

Ob er sich vorstellen könne, was das bedeute?

Frieden sei Frieden, sagte Bach. Er bedeute die Abwesenheit von Krieg.

Falsch, sagte Erdmann. Er bedeutet Vorbereitung auf den nächsten. Der Zar habe den Frieden mit den Osmanen doch nur geschlossen, um einen Krieg gegen die Schweden zu beginnen. Übrigens sei er ein Bewunderer des Zaren. Der werde aus Russland ein modernes Reich machen.

Bach blieb auf einmal stehen und sah Erdmann misstrauisch an.

Was ist?, sagte Erdmann. Komm weiter.

Nein, sagte Bach. Wenn Erdmann das vorhabe, was er vermute, dann werde er nicht einen Schritt weitergehen. Um keinen Preis der Welt.

Er solle sich nicht so anstellen, sagte Erdmann. Sie seien verabredet.

Verabredet? Ein ganzer Schwarm Hummeln summte auf einmal in Bachs Bauch herum. Verabredet! Mit wem denn wohl! Erdmann hatte ihn in die Falle gelockt, aber noch war sie nicht zugeschnappt. Noch nicht!

Wenn er sich jetzt bitte wieder in Bewegung setzen wolle, sagte Erdmann.

Nein, sagte Bach, auf keinen Fall. Sein Herz klopfte wie verrückt. Seine Knie waren wachsweich. Widerstrebend ließ er sich von Erdmann vorwärts ziehen, Schritt für Schritt, auf die St. Johanniskirche zu. Als sie kurz darauf dem Meister gegenüber standen, brachte er kein Wort heraus.

Georg Böhm hatte ein breites Gesicht mit vollen Lippen, einer etwas stumpfen Nase und gütigen Augen, aus denen er Bach erwartungsvoll anschaute. Sein volles graues Haar fiel ihm weit über die Ohren. Er kommt also aus Ohrdruf?, fragte er.

Bach nickte.

Da seien sie ja Landsleute. Er stamme nämlich aus Hohenkirchen, ganz in der Nähe von Ohrdruf. Den Herrn Bruder kenne er auch, Johann Christoph, wenn auch nur dem Namen nach. Aber genug der Vorrede, der Bälgetreter sei auf seinem Posten, es könne losgehen.

Was er denn spielen solle, fragte Bach.

Was immer er wolle, sagte Böhm. Vielleicht eine eigene Komposition? Oder etwas von Pachelbel? Sein Bruder habe doch bei Pachelbel gelernt.

Mit zitternden Knien stieg Bach die Treppen zur Empore hinauf und setzte sich auf die Bank. Er zog die nötigen Register, atmete tief durch und begann mit einem Capriccio von Pachelbel. Er fügte ein paar harmonische Variationen ein, ließ die Orgel anschwellen und wieder leise werden, ganz leise, bevor er sie erneut mit allem Leben füllte.

Hm, machte Böhm, als der letzte Ton verklungen war.

Ich wusste es, dachte Bach. Ich bin ihm nicht gut genug.

Hat Er auch eine eigene Komposition?, fragte Böhm. Einen Choral vielleicht, oder eine Sonata?

Er habe vor einiger Zeit eine Toccata komponiert, sagte Bach, die könne er spielen.

Er begann mit drei oktavierten Rufen, ließ einen verminderten Septakkord folgen und jagte dann mit parallel geführten Händen schnelle, virtuose Figuren über die Manuale. Er war noch nicht zufrieden mit der Toccata, noch lange nicht, er würde sie wieder und wieder spielen, sie immer noch weiter vervollkommnen, aber das, was er spielte, war das, was er jetzt konnte, mehr war im Augenblick nicht drin.

Eine Fuge, sagte Böhm, sollte sich daran anschließen.

Ich könnte eine von Pachelbel spielen, sagte Bach.

Nein, nein, sagte Böhm. Eine Fuge mit dem Thema der Toccata. Dreistimmig vielleicht?

Die müsste ich improvisieren, sagte Bach.

Na, dann los.

Bach wählte aus der Toccata eine kurze Tonfolge aus, die ihm als Thema für die Fuge geeignet schien, und begann mit der Improvisation. Er war unsicher, wagte sich nur zögernd auf das Meer der Möglichkeiten hinaus und blieb in einem engen harmonischen Rahmen. Mit einem Male spürte er, wie Böhm hinter ihm stand. Wenig später schob Böhm einige Register hinein und veränderte dadurch den Klang, so dass alles, was Bach jetzt spielte, zarter klang, inniger, fast flüsternd. Nach einer Weile zog Böhm die Register wieder heraus, und der Klang der Orgel wurde wieder voller. Bachs Finger erinnerten sich an die schnellen Läufe, die sie in der Toccata gespielt hatten, und übertrugen sie jetzt auf die Fuge.

Nur weiter, hörte er Böhms dunkle Stimme hinter sich. Alles wird gut.

Bachs Herz schlug mit einem Male so heftig, dass Hände und Füße ihm kaum mehr gehorchen wollten. So unsicher er gerade noch gewesen war, jetzt gab es keinen Zweifel mehr daran, dass der große Georg Böhm ihn als seinen Schüler annehmen würde.

6. Die drei Musiken

ALLES WIRD GUT, hatte Böhm gesagt, und am Anfang schien es auch so.

Bach lernte und spielte mit Böhm alles, was die große Orgel in der St. Johanniskirche hergab. Ein ums andere Mal versetzte er den Meister in Staunen, weil er eine so rasche Auffassungsgabe hatte. Er konnte durchaus anspruchsvolle Stücke aus dem Gedächtnis nachspielen, wenn er sie nur ein einziges Mal gehört hatte, er improvisierte mit einem untrüglichen Gespür für harmonische Verbindungen, er legte ohne Zweifel eine hohe Virtuosität an den Tag. Aber je mehr Zeit ins Land ging und je öfter sie miteinander musizierten, desto stiller wurde Böhm, desto verhaltener wurde sein Lob. Oft schaute er Bach nur von der Seite an und sagte: Gut, gut, auch das beherrscht Er ja mal wieder aus dem Effeff, oder: Daran gibt es gewiss nichts auszusetzen, oder: Was soll ich Ihm noch beibringen, Er kann ja alles! Und obwohl Bach darüber hätte glücklich sein dürfen, war er alles andere als froh. Was ist es, fragte er endlich, was mache ich falsch?

Nichts, sagte Böhm. Alles ist richtig, alles perfekt.

Aber?

Habe noch nie einen so gelehrigen Schüler gehabt.

Aber?

Nun ja, räumte Böhm schließlich ein, nachdem Bach wieder und wieder nachgefragt hatte. Etwas fehlt.

Was ist es?, fragte Bach erschrocken. Was?

Weiß nicht, sagte Böhm mit Bedauern, ja sogar, wie es Bach schien, mit einem Anflug von Verzweiflung. Wenn ich es wüsste, würde ich es sagen.

An diesem Tag spürte Bach, wie sich eine dunkle Wolke über ihn legte. Er versuchte sie zu ignorieren, indem er sich mit doppeltem Eifer auf seine Schularbeiten konzentrierte, auf die Rhetorikübungen und die mathematischen Aufgaben, die lateinische Grammatik und die griechischen Vokabeln, er nutzte die knappe freie Zeit, um Noten italienischer oder französischer Komponisten zu kopieren, die er sich in der Bibliothek auslieh, aber die schwarze Wolke ließ sich nicht vertreiben. Was ist es, fragte er sich immer wieder. Was ist dieses geheimnisvolle Etwas, das mir fehlt? Was kann es sein?

Nachts lag er wach und zergrübelte sich den Kopf darüber, und wenn er einschlief, dann nur, um aus düsteren Träumen aufzuschrecken. Einmal träumte ihm, er würde auf einem Familienfest spielen, vor allen Verwandten, und während er spielte, verließen alle den Raum, einer nach dem anderen, bis er am Ende ganz allein war. Weinend wachte er auf.

Wann immer er zu Böhm kam, bekniete er ihn, ihm die Wahrheit zu sagen, und wenn es noch so weh täte, aber Böhm schüttelte nur den Kopf. Wusste er es nicht? Oder wollte er, dass Bach von selbst darauf kam?

Es war in dieser Zeit, dass Bach in den Stimmbruch kam. Auch das noch. Von einem Tag auf den anderen war es aus mit seinem Knabensopran. Es war im Grunde keine Überraschung, es traf jeden früher oder später, und es war auch längst überfällig gewesen. Erdmann hatte schon gespottet, Bach sei womöglich ein Kastrat, weil er mit seinen sechzehn Jahren noch die hohen Lagen singen konnte, aber nun war es aus damit, nun kiekste und krächzte er, dass Gott erbarm'. Er konnte sich selbst nicht ausstehen, wenn er den Mund aufmachte, er wurde einsilbig und spröde, verhielt sich unleidlich zu den anderen Schülern und mied ihre Gesellschaft. Sie ahmten sein Gekiekse und Gekrächze nach, was ihnen nicht schwer fiel, da sie es ja selbst schon am eigenen Leibe erfahren hatten, und machten ihn zum Ziel ihrer Streiche. Sie legten ihm Käfer oder Schnaken ins Bett, einmal sogar eine Blindschleiche, vor der er sich ekelte, aber das alles war nichts im Vergleich zu seiner Verzweiflung darüber, dass seinem Spiel etwas fehlte, etwas, von dem nicht einmal sein Lehrer sagen konnte, was es war.

Vielleicht, sagte Böhm eines Tages mehr zu sich selbst als zu ihm, vielleicht hat Er noch nicht genug ... Er hielt inne und blätterte wie abwesend in einem Notenstapel. Sie hielten den Unterricht an diesem Tag nicht in der Kirche ab, sondern in Böhms Backsteinhaus in der Papenstraße.

Nicht genug – was? Gelernt? Geübt?

Böhm zögerte noch einen Moment und sagte dann: Gelebt.

Bach glaubte für einen Augenblick, er hätte sich verhört. Was sollte das heißen: nicht genug gelebt? Er hatte sechzehn Jahre gelebt, mehr konnte er nicht bieten. Es war also eine Frage des Alters?

Vielleicht ist gelebt nicht das richtige Wort, sagte Böhm. Ich hätte vielleicht sagen sollen: erfahren. Oder: gelitten. Er stand auf, ging zu einem Bild, das an der Wand hinter dem Cembalo hing, und rückte es zurecht. Es war ein Porträt des Hamburger Organisten Adam Reincken, der Böhms Lehrer gewesen war.

Nicht genug gelitten? Bach hatte Mühe, seine Empörung zu beherrschen. Er hatte seinen Lieblingsbruder verloren, als er sechs war! Er hatte seine Mutter verloren, als er neun war. Er hatte seinen Vater verloren, als er zehn war. Er hatte seine Heimat verloren, seine Freunde, sein ganzes Leben. Ja, gut, er war nicht ins Waisenhaus gesteckt worden, das nicht. Sein Bruder Johann Christoph hatte ihn aufgenommen und ihm das Orgelspiel beigebracht. Und ja, er hatte den Freitisch hier in Lüneburg bekommen, er war einer der besten Schüler, es ging ihm gut, er konnte sich nicht beklagen, und er beklagte sich auch nicht –, aber warum sollte ihn das daran hindern, ein vollkommener Musicus zu werden? Was sollte er denn machen? Hungern? Sich kasteien? Sich eine Geißel besorgen und als Flagellant durch die Gegend ziehen?

Nicht genug gelitten!

Mit einem unterdrückten Wutschrei sprang er auf und rannte davon, hinaus aus dem Haus, an der Ilmenau entlang, zum Stintmarkt, wo er für einen Augenblick stehenblieb und mit tränenblinden Augen dem Treiben der Fischer zusah, bevor er sich erneut in Gang setzte und den Weg zum Marktplatz und der Michaelisschule einschlug.

Nicht genug gelebt!

Er brauchte drei Tage und drei Nächte, um einzusehen, dass den Meister keine Schuld traf. Er hatte nur die Wahrheit gesagt. Es gab etwas, das man auch mit noch so viel Fleiß nicht erlernen konnte. Wenn Böhm spielte, dann war es ja nicht seine virtuose Technik, die Bach am meisten anrührte und faszinierte. Nein, da war noch etwas anderes, schwer zu Benennendes: Als würde bei seinem Spiel noch mehr mitschwingen als nur die Töne und Obertöne der Pfeifen, als hätte sich irgendwo – aber wo? – noch ein verborgener Resonanzraum aufgetan.

Er habe nachgedacht, sagte Böhm, als Bach am vierten Tag wieder die drei Stufen zum Eingang von Böhms Haus hinaufgestiegen war.

Bach blickte ihn erwartungsvoll an.

Setz dich, sagte Böhm. Ich will dir von drei weisen Männern erzählen. Sie bilden zusammen ein Dreigestirn und haben uns Kenntnis von einem wunderbaren Dreiklang gegeben, dem Dreiklang der Musik des Himmels, der Musik der Herzen und der Musik der Instrumente: musica mundana, musica humana und musica instrumentalis. Bist du bereit?

Ja, sagte Bach. Ich bin bereit.

Der Erste war Pythagoras, der große Weltweise des griechischen Altertums, Mathematiker, Philosoph, Begründer einer religiösen Gemeinschaft und Urvater all unserer musikalischen Erkenntnis. Er hat nicht nur die mathematischen Proportionen der Akkorde entdeckt, sondern auch ihre Beziehung zu der Harmonie des Himmels.

Die Harmonie des Himmels? Bach erinnerte sich daran, wie Erdmann ihm von Isaac Newton und dem Gesetz der Gravitation erzählt hatte, und an die plötzliche Begeisterung, die ihn damals ergriffen hatte. Gravitation herrschte am Himmel wie auf Erden – und so war es auch mit den Gesetzen der Harmonie?

Genauso ist es, sagte Böhm. Pythagoras hatte die Erleuchtung, dass die harmonischen Beziehungen, die er am Monochord studiert hatte, auch am Himmel zu finden wären. In der Sphärenharmonie. Er fand heraus, dass der Kosmos singt.

Der Kosmos singt, wiederholte Bach.

Und Pythagoras war auch, so wird berichtet, als einziger Sterblicher imstande, diese Musik zu hören.

Böhm hielt inne, ging zum Cembalo und spielte mit der rechten Hand eine merkwürdige, vor allem aus reinen Quinten bestehende Tonfolge. Mit der Linken fügte er nur hin und wieder einen einzelnen tiefen Ton hinzu wie einen Pulsschlag oder eine ferne Trommel, die durch die immer gleiche Wiederholung näher zu kommen schien und mehr und mehr den Puls des Zuhörers bestimmte, ihn im innersten Herzen anrührte und ihn in einen anderen Seelenzustand versetzte. Beinahe schien es Bach, als wäre er auch in eine andere Zeit versetzt, in ein anderes Jahrhundert, und als wäre auch er jetzt imstande zu hören, wie der Kosmos singt. Schließlich ließ Böhm die fremdartige Melodie verklingen, indem er ein hohes G dreimal kurz hintereinander anschlug und, nach einer Pause, noch ein viertes Mal.

Bach fragte nicht danach, woher diese Melodie kam. War sie von Pythagoras überliefert? Aber wie wäre das möglich?

Notenschrift gab es erst seit ein paar hundert Jahren. Niemand wusste, wie die Musik zur Zeit des Pythagoras geklungen hatte.

Und die anderen beiden Männer des Dreigestirns?, fragte Bach, nachdem sie beide eine Weile geschwiegen hatten.

Der zweite, antwortete Böhm, war ein römischer Patrizier namens Boethius. Er lebte tausend Jahre später als Pythagoras, also um fünfhundert nach der Geburt unseres Herrn. Boethius verfasste ein philosophisches Werk mit dem Titel *De institutione musica*, und das Entscheidende darin war die Entdeckung der drei Musiken, von denen ich schon gesprochen habe: musica mundana, musica humana und musica instrumentalis. Pythagoras hatte den Zusammenhang der Musik der Instrumente mit der Sphärenmusik erkannt. Boethius fügte die dritte Dimension hinzu: die Musik des Geistes und der Seele, die musica humana. Auf allen drei Ebenen sollte Harmonie herrschen, im Himmel wie auf Erden, auf unseren Instrumenten wie in unserer Seele, und nicht nur in unserer Seele, sondern auch in allen menschlichen Einrichtungen wie Kirche und Staat, Familie und Beruf. Und das, Bach, das ist die Aufgabe des wahren Musicus: Dass er die Harmonie der Instrumente in Einklang bringe mit der Harmonie des Geistes und der Seele, auf dass die Harmonie des Geistes und der Seele in Einklang gerate mit der Harmonie des Kosmos. Musica instrumentalis, musica humana und musica mundana: Alles werde Eins. Denn wo die Einheit ist, da ist Gott.

Während seiner Rede war der Meister in gemessenen Schritten auf und ab gegangen. Jetzt blieb er stehen.

Bach erwartete, dass er sich nun auch wieder ans Cembalo setzen würde, um eine Melodie zu improvisieren, eine Nachahmung der Sphärenharmonie vielleicht, etwas Seltsames, Unirdisches, Fremdartiges wie vorhin. Aber Böhm stand nur da, als wäre er mit einem Zauberstab berührt worden und für immer in dieser Haltung erstarrt: Mit seitlich geneigtem

Kopf, die Augen ganz nach rechts oben gerichtet, die rechte Hand in halber Höhe mit leicht gestrecktem Zeigefinger gehalten, als lausche er und zeige zugleich auf die Klänge, denen er lauschte.

Bach rührte sich ebenfalls nicht, aus Respekt und Hochachtung vor seinem Lehrer. Er saß geduldig da und wartete, nur dass nach einer Weile allerlei Stellen an seinem Körper anfingen zu jucken, so dass er sich hätte kratzen mögen, seine Nase, sein Knie, sein Kopf. Er war versucht sich zu räuspern oder eine Entschuldigung zu murmeln, traute sich aber nicht. Endlich ging ein kleiner Ruck durch Böhm, er sah erstaunt zu Bach herüber und herrschte ihn ärgerlich an: Er ist ja noch da. Was will Er denn noch? Die Stunde ist beendet! Mach Er, dass er zurück in die Schule komme. Fort!

Auf dem Heimweg, am Abend, in der Nacht und an den folgenden Tagen grübelte Bach unaufhörlich darüber nach, wer der Dritte im Bunde sein könnte. Pythagoras – Boethius – und? Er hatte eine Ahnung, aber er war nicht sicher. Er überlegte, ob er mit Erdmann darüber sprechen sollte, aber er wollte die Worte von Böhm, die ihn zutiefst berührt hatten, vorerst für sich behalten und in seinem Geist und seiner Seele weiter wirken lassen, ohne gleich darüber zu philosophieren. Umso ungeduldiger aber sehnte er die nächste Stunde herbei.

Was ihm das Warten etwas leichter machte, war, dass er zweimal in den nächsten Tagen von Thomas de la Selle, dem Tanzmeister der Adligen, um Aushilfe gebeten wurde. Er durfte oder musste die Tänze der Ritterschüler am Cembalo begleiten, das Menuett und die Sarabande, die Allemande und die Gigue, die Chaconne und die Passacaglia. Und Meister Thomas de la Selle, ein Schüler des großen Lully, war zufrieden mit Bachs Spiel, lobte ihn und zählte ihm am Ende ein kleines Salär in die Hand.

Endlich rückte die nächste Stunde bei Böhm heran. Sie fand diesmal wieder in der Johanniskirche statt. Nachdem sie eine Weile an der Orgel gesessen und sich mit Choralfantasien beschäftigt hatten, hielt Bach es nicht mehr aus.

Wer war der Dritte?, fragte er.

Der Dritte?

Pythagoras – Boethius – und?

Ach ja, sagte Böhm mit einem schalkhaften Lächeln, du willst den ganzen Dreiklang. Nun denn: Tausend Jahre trennten Pythagoras und Boethius, und doch waren sie verwandte Seelen. Und wieder tausend trennen Boethius und Johann Kepler.

Der also, dachte Bach.

Der kaiserliche Mathematiker, Astronom und Astrologe hatte, so erfuhr Bach von seinem Lehrer, in seinen fünf Büchern über die Weltharmonik, den *Beweis* dafür erbracht, dass am Himmel dieselben Harmonien herrschten wie auf Erden. Den Beweis, dass es all die Proportionen, die wir auf unseren Instrumenten kennen, auch dort oben gab, als Beziehung der Planeten und ihrer Bahnen zueinander. Pythagoras habe es erschaut, sagte Böhm, Boethius habe es gewünscht, aber Kepler habe es *berechnet*. Hier, sagte er und holte ein Buch herbei, das aufgeschlagen auf einer Bank lag, hier, wiederholte er und las:

Vollkommene Harmonien finden sich also folgende: Zwischen den konvergenten Bewegungen von Saturn und Jupiter die Oktav. Zwischen den konvergenten Bewegungen von Jupiter und Mars die Doppeloktav mit der Mollterz. Zwischen den konvergenten Bewegungen von Mars und Erde die Quint.

Ich will jetzt nicht im Einzelnen darauf eingehen, in welcher Weise Kepler diese Harmonien des Himmels errechnet hat, sagte Böhm, während er das Buch wieder an seinen Platz zurücklegte, Tatsache aber ist: er hat sie gesucht – und gefunden! Es ging ihm um dasselbe, um das es schon zweitausend Jahre zuvor Pythagoras und tausend Jahre zuvor Boethius gegangen war: Harmonie dort oben am Himmel, Harmonie hier unten auf der Erde – in unseren Instrumenten und in unseren Herzen. Mit anderen Worten: Um die Harmonie der Welt.

Er ließ die Worte im Raum verklingen, setzte sich an die Orgel, gab dem Bälgetreter das Zeichen und schlug einen mächtigen C-Dur Akkord an, löste ihn auf und jagte ihn einmal durch alle Oktaven hindurch, bevor er eine furiose Improvisation auf allen drei Manualen begann, als wären sie die Sinnbilder der musica instrumentalis, musica humana und musica mundana. Die tiefen Töne dröhnten mit archaischer Wucht, in den mittleren Lagen stürzten die Melodien und Figuren ineinander, harmonierten auf den betonten Taktteilen und liefen dann wieder auseinander, und die hohen und höchsten Passagen schraubten sich auf einer Jakobsleiter der Töne und der Obertöne hinauf in den Himmel, bis hinein in die Unendlichkeit. Das war es, was die Musik vermochte, das war es, was mit Musik gemeint war. Nicht irgendeine lustige Bierfiedelei, auch nicht ein noch so fingerfertiges Virtuosentum, kein Saltoschlagen, Feuerschlucken und Seiltanzen wie auf dem Jahrmarkt – oder doch, auch das gehörte dazu, ja, auch das, das alles auch, aber das war es nicht, worauf es letztlich ankam. Worauf es ankam, war die Harmonie der Welt.

7. Adam Reincken

HAMBURG!
Noch niemals hatte Bach so mächtige Befestigungswälle gesehen. Kein Wunder, dass die Stadt den dreißig Jahre während Krieg fast unbeschadet überstanden hatte. Die Freiheit und der Reichtum der Hanseaten wurden damals wie heute durch dieses gewaltige Bollwerk geschützt. Der Preis dafür war allerdings, dass das Gedränge in der Stadt immer größer wurde.

Es war beklemmend. Bach hatte, kaum waren sie aus der Kutsche ausgestiegen, mit Schwindelgefühlen zu kämpfen. Die Stadt drehte sich, der Boden schwankte, sein Herz raste. Er wäre am liebsten gleich wieder umgekehrt, aber Böhm hatte versprochen, mit ihm zu Adam Reincken zu gehen, dem weithin berühmten Organisten der Katharinenkirche.

Sie gingen durch die von Menschen überbordenden Gassen der Stadt, die zwischen zwei Flüssen lag und von einer Fülle von Kanälen durchzogen war, die man hier Fleete nannte. Böhm schritt voran, Bach hinterher. Er trug seinen Ranzen auf dem Rücken und des Meisters schwere Reisetasche abwechselnd in der rechten und der linken Hand. Die Bürgersteige waren an einigen Stellen noch mit Holzbohlen ausgelegt, teilweise morsch, man musste aufpassen, wo man hintrat. Und dabei gab es verwirrend viel zu sehen! Ratsherren, die in gepflegter Kleidung vorbei ritten und leutselig nach allen Seiten grüßten. Junge Frauenzimmer in züchtig hochgeschlossenen Kleidern, die Augen gesenkt, aber aus den Augenwinkeln herausfordernde Blicke werfend. Kaufleute, die in ihren Kutschen zur Börse fuhren. Edle Damen, die sich in Sänften zum Schneider oder Parfumeur tragen ließen. Aber auch Lastträger, Handwerker, einfache Arbeiter und viel armes Volk in abgerissener Kleidung, das sich einer Sprache bediente, die Bach nicht verstand. Überhaupt herrschte hier ein Sprachen- und Stimmengewirr, das ihn beängstigte. Das war nicht das normale Durcheinander, das er von den Wochenmärkten in Eisenach, Ohrdruf oder Lüneburg kannte, das war ein Gemisch aus Englisch, Französisch, Italienisch, Holländisch und sogar Russisch. Wo war hier der Grundton, wo das harmonische Zentrum?

Der Grundton in dieser Stadt heißt Geld, sagte Böhm. Pfennige, Groschen, Gulden, Taler, Dukaten, Louis d'or – da sei der Hamburger nicht wählerisch. Man nenne die Herren hier auch Pfeffersäcke, weil sie mit Pfeffer handelten und dafür gepfefferte Preise nähmen, aber sie handelten natürlich nicht nur mit Gewürzen, sondern mit allem, was sich kaufen und verkaufen lasse. Die größte Sünde in dieser Stadt aber sei es, arm zu sein.

Vor dem prächtigen Rathaus, das mit seinen sieben mächtigen Doppelfenstern und seinem hohen Turm zu den stolzesten Gebäuden der Stadt gehörte, stand an einer groben steinernen Säule hinter einem eisernen Gitter eine Frau am Pranger. Auf dem geschorenen Kopf trug sie einen Strohkranz zum Zeichen dafür, dass sie Ehebruch begangen hatte. Bach fragte sich, was Erdmann dazu sagen würde. Vermutlich, dass es eine Schande sei, jemanden an den Pranger zu stellen, und dass es so etwas in hundert Jahren nicht mehr geben werde.

Hinter dem Rathaus lag die Börse, danach kam eine Brücke, die über ein Fleet führte, und gleich darauf standen sie vor St. Katharinen. Bach wollte gleich hinein und sich die berühmte Orgel mit den vier Manualen anschauen, aber Böhm ließ es nicht zu.

Stattdessen führte er ihn in einen Straßenabschnitt, den man Zippelhaus nannte, weil hier der große Gemüsespeicher stand. Auch hier war das Gedränge groß. Bach sah das Treiben wie durch einen Schleier hindurch. Er war gar nicht hier. Er träumte das alles nur. Sein Magen geriet in Unordnung. Das Gewusel und Gewimmel machte ihn ganz krank. Aber es amüsierte ihn auch wieder, dass die Hamburger *Zippel* für Zwiebel sagten, was für ein komisches Wort! In Gedanken formte er Phantasiewörter wie Zippelorganist oder Zippeloboist und hatte noch sein heimliches Vergnügen daran – Zippelfagottist! –, als sie wenig später die Treppen zu ihrem Quartier hinaufstiegen. Zwei Zimmer, gemietet für drei Tage, in einer Wohnung, die einer Sängerin gehörte. Statt der Sängerin öffnete ihnen eine alte, bucklige Nachbarin die Tür. Madame Petersen sei nicht da, sagte sie, sie habe Probe. Die Herren kämen wohl auf Empfehlung des Herrn Reincken?

So ist es, sagte Böhm.

Na, dann man tau.

Am nächsten Tag wurden sie von Reincken empfangen. Er war eine stattliche Erscheinung, hochgewachsen, kräftig, wohlgenährt, gekleidet in einen roten Kimono aus gefütterter Seide, der um die Taille von einer Kordel zusammengehalten wurde. Seine dunklen Augen über der mächtigen Nase blickten ernst, melancholisch und auch ein wenig misstrauisch, wie es schien. Mit allen Wassern gewaschen, dachte Bach, aber das war ein ganz und gar unpassender Gedanke, der ihm vermutlich nur deswegen in den Sinn kam, weil der Meister gerade seine großangelegte Choralfantasie *An Wasserflüssen Babylon* spielte. Und wie er sie spielte! Der ganze Mann vibrierte förmlich vor Lebendigkeit, so wie er da an der Orgel saß, mit den Händen über die vier Manuale wirbelte und mit den Füßen auf dem Pedal die Basstöne hervortanzte! Ja, man musste es einen Tanz nennen, was er da vollführte. Zumal er mit einer ungewöhnlichen Technik das Pedal traktierte, nicht nur mit den Spitzen beider Füße, sondern mit einem Wechsel von Absatz und Spitze, bei welchem der linke Fuß sich auf die tiefere Oktave der Pedalklaviatur beschränkte und der rechte auf die höhere. So etwas hatte Bach noch nie gesehen, weder in Eisenach, noch in Ohrdruf, auch nicht in Lüneburg bei Böhm.

Und nun Er, sagte Reincken, als er den Schlussakkord gespielt und mit einer gewissen Andacht hatte nachhallen lassen.

Nein, sagte Bach, ich kann nicht. Jetzt nicht mehr.

Will Er mich blamieren, fragte Böhm streng.

Der spielt nur den Schüchternen, sagte Reincken, während er seine Augen auf Bach gerichtet hielt. Lasst ihn nur erst auf meiner Bank sitzen, dann zeigt er es uns.

Und so kam es. Kaum hatte er die Register für eine Toccata in G-Dur gezogen und auf der Orgelbank Platz genommen, war alle Kleinmütigkeit verflogen. Er war, während er spielte, noch mehr begeistert von der Orgel als zuvor beim bloßen Zuhören. Die Schönheit und Verschiedenheit des Klanges dieser Rohrwerke war außerordentlich. Eine ähnlich gute und vernehmliche Ansprache bis ins tiefste C hatte er noch nie erlebt, auch nicht bei Onkel Johann Christoph in Eisenach. Und die Posaune im Pedal! Kein Wunder, dass Reincken eine solche Lust hatte, darauf zu tanzen.

Als er am Ende Böhm lächeln und in Reinckens Augen einen Anflug von Erstaunen sah, wagte er es sogar, eine eigene Improvisation über *An Wasserflüssen Babylon* zu spielen, nicht um Reincken zu übertreffen, das wäre auch vollkommen unmöglich gewesen, sondern um ihm zu huldigen. Dass er bereits in Lüneburg eine Abschrift von Reinckens Choralfantasie angefertigt und oft genug darüber improvisiert hatte, brauchte er ja nicht zu verraten.

Es herrschte Schweigen, als er fertig war. Bach drehte sich um, sah in die Gesichter der beiden alten Meister, und seine Mutlosigkeit kehrte zurück. Was bedeutete dieses Schweigen? Er blickte hinüber zu Böhm.

Böhm nickte ihm beruhigend zu. Nur, warum sagte Reincken nichts?

Reincken räusperte sich zweimal und sagte dann leise, wie zu sich selbst: Er muss zu Buxtehude.

Warum?, wollte Bach fragen. Aber er brachte kein Wort über die Lippen. Buxtehude war der größte aller norddeutschen Organisten und Komponisten, eine Legende. Warum musste er dahin? Was meinte Reincken damit?

Aber da Bach ihn nicht fragte, bekam er auch keine Antwort. Was hält Er von der Oper?, fragte Reincken stattdessen.

Weiß nicht, sagte Bach zögernd. Er war nie in einer Oper gewesen. In Eisenach gab es so etwas nicht. In Ohrdruf auch nicht. Nicht mal in Lüneburg. Er wusste von Böhm, dass Reincken zum Direktorium der Hamburger Oper gehörte.

Heute Abend wird Er sie kennen lernen, sagte Reincken. In meiner Loge ist noch Platz.

8. Die krumme Operen Schlange

Was für ein riesiges Theater! Zweitausend Personen passten in den Zuschauerraum, eine ganze Kleinstadt war hier versammelt an diesem Nachmittag! Bach war heilfroh, dass er einen Platz in Reinckens Loge hatte und nicht im Parkett sitzen musste, inmitten des Geschiebes und Gedränges, Gelächters und Geschnatters. Die Damen und Herren in den Logen hatten sich festlich geschmückt, mit edlen Stoffen und teuren Perücken, sie tranken Wein oder Likör, und die Damen fächerten sich mit geübten Bewegungen Luft zu. Es war heiß und stickig in dem von tausend Kerzen und Öllampen erleuchteten Saal, es roch nach einem Gemisch aus Parfüm, Puder, brennendem Wachs und körperlichen Ausdünstungen, und dort unten im Parkett waren auch längst nicht alle so edel gekleidet wie in den Logen. Wenn es nur nach der Kleidung gegangen wäre, hätte Bach auch eher ins Parkett gehört. Man begrüßte sich lautstark über die Reihen hinweg, die Herren versuchten, einander mit Bonmots und Scherzen zu übertreffen, und die Damen belohnten ihren Eifer mit Gelächter und Gekreisch. Bach war froh, als endlich die Lichter im Saal gelöscht wurden, der Lärm sich halbwegs beruhigte und hinter der Bühne mit einem Stock oder Hammer dreimal auf den Boden geklopft wurde.

Das Orchester spielte eine Toccata, es kehrte Ruhe ein, und Bach konnte kaum stillsitzen vor Aufregung und Erwartung. Der Vorhang wurde zurückgezogen, und nun sah man in schöner Illumination eine mit vielen bemalten Prospekten gestaltete Wald- und Wiesenlandschaft von endloser Weite, in der Nymphen und Hirten anmutig lagerten, plauderten oder sich tänzerisch hin und her bewegten. Kaum war das allgemeine Ah und Oh abgeklungen, begann es von Neuem, als auf einem mit Blumen geschmücktem Thron eine Königin vom Himmel herabschwebte, und diese Himmelskönigin war niemand anders als Frau Musica, die nun mit ihrer Arie begann.

Es war die Tragödie des Orpheus, des Sängers, der die Menschen, die Tiere, die Pflanzen, ja sogar die Steine mit seinem Gesang zu rühren vermochte. Es war die Geschichte von Orpheus und Eurydike.

Die Musik und das dramatische Geschehen zogen Bach sofort in ihren Bann. Er teilte das Glück von Orpheus über seine bevorstehende Hochzeit mit Eurydike, er war von Schmerz zerrissen, als er erfuhr, dass Eurydike von einer Schlange gebissen und gestorben war, er hoffte und bangte mit dem Sänger, als dieser hinunter in den Hades kam, um Eurydike heraufzuholen, und er verzweifelte, als Eurydike wieder in den Hades zurück musste, weil Orpheus sich nach ihr umgedreht hatte.

Immer wieder schüttelte er den Kopf vor Staunen und Verwunderung darüber, wie hier mit allen Mitteln der verschiedensten Künste die Zuschauer in den Bann gezogen wurden. Die Bühnenmalerei, die Mechanik – Orpheus und Eurydike schienen aus der täuschend echt gebauten Höhle gleichsam heraufzuschweben und gebrauchten ihre Füße erst, als sie die Höhle verließen! – die Poesie, die Musik und auch die Schauspielkunst wirkten hier einträchtig die Natur nachahmend zusammen. Die Zinken, Posaunen und das Regal ahmten die Unterwelt nach und ließen sich immer vernehmen, wenn auf Unheil und Tod angespielt wurde; die Streicher, Flöten und vor allem die Harfe stellten die Oberwelt vor, und wenn Orpheus die Szene beherrschte, dann erklangen herzergreifend die Violinen.

Am meisten aber rührte Bach die Eurydike. Sie entfachte eine so heftige Sehnsucht in ihm, dass es ihm die Brust zusammenzog. Wie ist mir?, dachte er. Wie geschieht mir? Ist es Eurydike, nach der ich mich sehne? Kann ich mich nicht damit abfinden, dass sie tot ist, und entbrenne deswegen für sie? Fühle ich mit Orpheus mit, weil er ein Musicus ist wie ich? Oder ist es gar nicht Eurydike, die eine so schmerzliche Sehnsucht in mir erzeugt, sondern die Sängerin? Ich weiß nur eines: Dass ich sie niemals vergessen werde, niemals. Beinahe sehne ich mich danach zu sterben, damit ich dorthin komme, wo sie schon ist. Warum nur muss dieser Orpheus sich nach ihr umdrehen? Weiß er denn nicht, dass sie ihm folgt? Hat er denn kein Vertrauen? Ach!

NACH DER VORSTELLUNG gingen sie in ein Kaffeehaus, Böhm, Reincken und er, ganz in der Nähe vom Gänsemarkt. Auch das war neu für ihn. Es wurde Kaffee getrunken, ein bitteres, galliges Getränk, das mit reichlich Zucker gesüßt einen eigenartigen Geschmacksakkord ergab, im ersten Augenblick dissonant, nach dem zweiten oder dritten Schluck beinahe harmonisch. Man musste allerdings klares Wasser dazu trinken, sonst rebellierte der Magen. Es hieß, dieses Getränk sei imstande, einen Mann nächtelang wach zu halten, es rege den Geist an und – so wurde hinter vorgehaltener Hand geflüstert – nicht nur den Geist. Manche verteufelten das Getränk deswegen, andere lobten es und sprachen es beinahe heilig. Bach fand es aufregend.

Geraucht wurde ebenfalls. Dichte Tobackschwaden lagen in der Luft, auch Reincken rauchte. Böhm dagegen verzichtete auf den Toback und hielt sich an Likör.

Man saß an einem langen Tisch und disputierte. Es gab auch kleinere Tische, an denen nur zwei, drei oder vier Personen saßen, aber hier waren es zwölf, die übrigens recht unterschiedlich gekleidet waren, sehr elegant und edel die einen, im schlichten Bürgerrock die anderen. Das sei das Besondere in den großen Städten, sagte Böhm, dass sich die

Stände mischten. In die Oper käme hier jeder hinein, der das Eintrittsgeld bezahlt habe, ganz anders als bei Hofe, wo nur der geladene Gast Zutritt habe, und ähnlich sei es im Kaffeehaus. Hier gelte jeder gleich, ob Adliger oder Bürgersmann, und wichtiger als sein Stand und seine Herkunft sei, was er zu erzählen habe. Hier sei ein Ort, an dem auch Fremde einander begegneten, freimütig miteinander ins Gespräch kämen und einander mitteilten, was sie von der Welt erfahren hatten.

An diesem Abend und in dieser Runde war naturgemäß die Oper das Thema. Die Aufführung wurde von einigen scharf kritisiert, von anderen hoch gelobt, aber bald drehte sich das Für und Wider nicht nur um die Aufführung an diesem Tag, sondern um die Oper schlechthin. Besonders ein in einen schwarzen Gehrock gekleideter Herr mit strenger weißer Perücke legte sich mit schneidender Stimme für die Schließung der Oper ins Zeug. Es sei ein Skandal, rief er immer wieder, wobei er mit dem Zeigefinger seiner rechten Hand wie mit einem Stilett in die Luft stach, die Oper hätte niemals gegründet werden dürfen! Sie verderbe die Jugend. Und nicht nur die! Sie verderbe das Musikleben der Stadt.

Joachim Gerstenbüttel, sagte Böhm leise zu Bach, der Johanneumskantor und Musikdirektor der Stadt.

Sie verderbe das gesamte Musikleben allhier, indem sie die Preise für die Musiker verderbe, fuhr Gerstenbüttel fort. Inzwischen seien Sänger und Instrumentalisten für eine gute Kirchenmusik kaum noch zu finden, weil alle von der Oper beschäftigt würden! Aber auch abgesehen von der Bezahlung – wie könne man denn einen Sänger in der Kirche singen lassen, der anderntags als heidnischer Gott auf der Opernbühne stehe! Heute sänge er zur Ehre Gottes, morgen im Dienste eines gottlosen Vergnügens. Das komme doch einer Verhöhnung des Gottesdienstes gleich! Es sei ja sogar schon soweit gekommen, dass in St. Jacobi ein Frauenzimmer von der Empore gesungen habe!

Was für eine empörende Empore, rief jemand, und alle lachten.

Ja, lacht nur!, rief der Johanneumskantor und stach mit seinem Zeigefinger in die Richtung des Witzboldes, ich sehe schon, ich bin umzingelt von Operisten! Die Ehre Gottes gilt nichts mehr in dieser Stadt, selbst von der Kanzel herab wird schon *der krummen Operen Schlange* gehuldigt! Die Sucht nach den französischen und italienischen Welteitelkeiten verdrängt die Liebe zu unserem Herrn Jesus Christus! Alle haben nur noch juckende Ohren nach der Oper. Als hättet Ihr alle miteinander nichts eiliger, als heute noch zur Hölle zu fahren!

Ein gewaltiges Stimmengebraus mit lauten Schmähungen erhob sich, worunter sich nur zaghaft zustimmende Äußerungen mischten. Gerstenbüttel verstummte, machte eine hilflose Geste, setzte sich und schaute verbittert in die Runde.

Bach überlegte, ob er nicht aufstehen und etwas zu seiner Ehrenrettung sagen sollte, er konnte zwar verstehen, dass man juckende Ohren nach der Oper bekam, und sogar juckende Augen, aber es war doch ein Unterschied, ob man ernste und gottesfürchtige Musik spielte oder bloß unterhaltende und den Menschen gefällige, und über diesen Unterschied hätte er gern ein öffentliches Wort gesprochen. Vielleicht hätte er zwischen den Parteien vermitteln können, so dass wieder Harmonie einkehren konnte in die lärmende Runde. Er stand auf, wollte mit klarer Stimme *Meine Herren!* rufen, *meine Herren, auf ein Wort,* aber als er den Mund öffnen wollte, spürte er nur, wie er einen hochroten Kopf bekam.

Meine Herren, auf ein Wort!

Aus dem Gewirr der Stimmen stach klar, hell und strahlend diejenige eines jungen Mannes hervor, der sich zugleich mit Bach erhoben hatte.

Bach nutzte die Gunst des Augenblicks und setzte sich schnell wieder hin. Niemand schien ihn beachtet zu haben, auch Böhm und Reincken nicht. Alle schauten auf den jungen Mann. Er war kaum älter als Bach, hatte ein breites Gesicht mit einer geraden Nase und einem hübsch geschwungenen Mund, der ständig zu lächeln schien. Seinen Kopf umrahmte eine wallende, weiße Lockenperücke, und um den Hals gebunden trug er nach französischer Mode ein elegantes Seidentuch.

Bach verstand nicht alles, was der junge Mann sagte. Der Gegenstand seiner Rede war ihm fremd. Was sollte es bedeuten, dass Musik galant sein müsse? Galant? Das war etwas für die Herrensöhne von der Ritterakademie. Deren Ideal war, wie er von Erdmann wusste, der *galant-homme*, gelehrsam, von gutem Geschmack und versiert in allen höfischen Künsten. Aber was sollte dieses Wort in einer freien Bürgerstadt wie Hamburg?

Der junge Mann hatte allerdings, wie er sagte, nicht höfische Galanterie im Sinn, er forderte vielmehr ein neues Verständnis von galanter Lebensart und eben auch galanter Musik. Galant in seinem Sinne hieß gebildet und umsichtig, offen und verständnisvoll, klug und sogar wahrhaftig. Galant war, wie er auch sagte, der Natur gemäß. Ja, sagte er und lächelte feinsinnig, galant ist es, wenn das Innere und das Äußere übereinstimmen.

Vor allen Dingen bei den Frauenzimmern!, rief ein Witzbold dazwischen.

Und ebenso, fuhr der junge Mann unbeirrt fort, muss auch die Musik sein. Es reicht nicht, wenn Melodie und Harmonie recht ausgeführt sind, ein Drittes muss hinzu kommen, nämlich das gewisse Etwas, das *je ne sais quoi*, und genau das ist es, was ich meine, wenn ich davon spreche, dass Musik galant sein müsse!

Es gab ordentlichen Beifall für diese kleine Rede, vielleicht nicht nur des Inhalts wegen, sondern auch, weil der junge Mann die Regeln der Rhetorik so gut beherrschte.

Bach hingegen fühlte sich getroffen. Das *je ne sais quoi*, war es das, was Böhm an seinem Spiel vermisst hatte? Er warf einen Blick hinüber zu seinem Lehrer, der an seinem Likör nippte und nicht besonders beeindruckt dreinschaute. Nein, dachte er dann, dieses *je ne sais quoi* war etwas anderes als die Harmonie der Welt, um die es Böhm ging. Das galante Etwas war, der Ausdruck schoss ihm durch den Kopf, *nur von dieser Welt.*

Noch in den Beifall der anderen hinein erhob sich jetzt drohend wieder der Johanneumskantor und donnerte ein fürchterliches Nein! über die Köpfe hinweg. Nein, Mattheson! wiederholte er etwas leiser, nicht das *je ne sais quoi* ist das Dritte, sondern die Ehrfurcht vor Gott, unserem Herrn, und seiner Schöpfung! Denkt daran, wenn Eure Stunde geschlagen hat! Denkt daran, wenn der Teufel kommt, um Eure Seelen zu holen!

Und damit verließ er – am ganzen Leibe bebend – das Kaffeehaus.

9. Die Muse

AM NACHMITTAG des folgenden Tages, nachdem er einige Stunden auf der großen Orgel mit den vier Manualen gespielt hatte, ging Bach am Zippelhaus vorbei in das Wohnquartier, das Adam Reincken ihnen besorgt hatte. Erschöpft, aber auch beglückt, stieg er die Treppen hoch und betätigte den Türklopfer, einen Schlangenkopf aus Eisen.

Nach einer kleinen Weile wurde die Tür geöffnet, und Bach erstarrte.

Er sah die graublauen Augen und den leicht geöffneten Mund. Er sah das blonde, gelockte Haar und die Strähnen, die über die Schläfen fielen. Er sah die schlanke Figur in einem engen Leinenkleid, über dem sie ein türkisfarbenes Tuch trug. Er sah den erwartungsvollen Ausdruck in ihrem Gesicht. Er wollte etwas sagen, aber was? Wenn es ihm doch gelänge, für einen Augenblick galant zu sein, nur für einen einzigen Augenblick!

Nu-hun?, fragte eine sanfte, über alles liebreizende Stimme.

Bitte um Vergebung, brachte Bach heraus.

Wofür denn wohl?

Er hatte keine Ahnung wofür. Oder doch, Ahnungen hatte er eine ganze Menge, er ahnte die Harfe, die Streicher und die Flöten der Oberwelt, aber auch die Zinken, Posaunen und das Regal der Unterwelt, er ahnte einen ganzen Kosmos voll Musik, und wenn er jetzt den Mut dazu gehabt hätte, dann würde er wenigstens galant – singen. Aber er blieb stumm.

Nu-hun?, fragte sie erneut.

Wie war es möglich, dass ein menschliches Wesen so viel Ausdruck, so viel Melodie in zwei kleine Silben hineinlegen konnte? Er würde sich das merken. Er würde auch versuchen, die Worte in Musik aufzulösen. Er würde daran arbeiten, sein Leben lang.

Was ist Er so stumm?

Bin mit Böhm, stammelte er endlich, von Reincken, das kleine Zimmer, die Kammer dort.

Und Sein Name?

Er nannte ihn. Sie nannte auch den ihren. Aber für ihn trug sie schon einen anderen Namen.

Als er über die Schwelle trat, löste seine Lähmung sich ein wenig. Es gelang ihm sogar, auf ihre Fragen zu antworten. Ja, er sei aus Lüneburg gekommen. Ja, er sei ein Schüler von Böhm. Ja, er sei gestern in der Oper gewesen. Oh ja, er habe sie gesehen und gehört. Wie bitte? Am Clavichord? Ja, natürlich, aber bitte sehr, wenn sie es wünsche. – Jetzt gleich?

Sie führte ihn in ein großes Zimmer, spärlich möbliert; ein von rot gemusterten Vorhängen eingefriedetes Himmelbett, eine bemalte Truhe, ein orientalischer Teppich, ein ovaler Tisch, zwei Stühle, ein Notenständer, an die Wand gelehnt eine Laute, darüber hängend ein Scherenschnitt – und dort das Clavichord!

Er brauchte sich nur auf den Schemel zu setzen und seine Hände in die Nähe der Tasten zu bringen, schon war er wie verwandelt.

Sie gab ihm die Noten, die er vom Blatt spielte, was keine Kunst war, und sie sang dazu. Und wie sie sang! Wer wusste schon, wie es im Paradies zuging, aber viel anders konnte es nicht sein. Er sah dieses ätherische Wesen, er hörte ihren sanften Sopran, der ihn schon gestern mit Sehnsucht erfüllt hatte, und hätte jubeln mögen vor Glück, dass er hier sitzen und diese Stimme begleiten durfte.

Genug, sagte sie auf einmal.

Nein, dachte er, niemals genug.

Er ist ein wackerer Kerl, sagte sie.

Und ich? Was soll ich jetzt sagen?

Mir ist das Kleid zu eng, sagte sie. Mag Er mir dabei helfen, es aufzuknöpfen?

Sie kehrte ihm den Rücken zu und schaute ihn mit ihren blaugrauen Augen über die linke Schulter an. Er stand vom Schemel auf, und seine Knie fingen an zu zittern. Er trat an sie heran, roch den Duft – was war es? Veilchen? Flieder? Rosen? Vergissmeinnicht? – und nestelte an ihren Knöpfen herum. Er hatte so etwas noch nie gemacht. Er fragte sich, ob es Sünde sei. Aber wenn ihr doch das Kleid zu eng war?

Oh ja, sagte sie, nachdem er es endlich geschafft hatte, den ersten Knopf zu öffnen, jetzt wird mir leichter.

Es ist also genug?, fragte er und trat einen Schritt zurück.

Nein, nein, sagte sie schnell, mach' Er nur weiter.

Er machte weiter. Und während ihr Kleid zu Boden fiel, spürte er, wie ihm selbst zu eng wurde in seiner Kleidung. Es war Herbst, der Sommer war eigentlich schon vorbei, aber hier, in dieser Wohnung, staute sich die Hitze.

Wie gefällt Ihm mein Parfüm?, fragte sie.

Gut, sagte er und fasste sich ein Herz: Rosenduft?

Ja, sagte sie, Er hat eine gute Nase. Aber es ist noch etwas anderes darin, hier, sie zeigte auf ihren schlanken, weißen Hals, Er muss ganz nah herankommen, um es zu erkennen. Und wenn Er es errät ...

Sie zog seinen Kopf zu sich heran. Seine Nase und auch – er konnte es nicht vermeiden – sein Mund berührten erst ihre blonden Haare, dann ihren Hals. Ihm war danach in Ohnmacht zu fallen, aber das kam nicht in Frage, das war ganz sicher nicht galant.

Nu-hun? Wieder diese Melodie. Er würde einmal eine Folge von Variationen darüber komponieren, eine Arie, dreißig Variationen, dann noch einmal die Arie.

Was riecht Er?, fragte sie leise.

Nichts, wollte er sagen, hütete aber seine Zunge.

Er legte Mund und Nase noch einmal an ihren Hals. Und dann, mit einem Male, fiel es ihm ein. Haut, flüsterte er.

War das galant? Nein, vielleicht nicht. Wahrscheinlich war es viel zu unverblümt. Galant wäre es gewesen, wenn er das Thema variiert oder eine neue, süße, eingängige Melodie dazu erfunden hätte.

Aber ob es nun galant war oder nicht, es war auf jeden Fall die richtige Antwort.

10. Circe

ER WERDE EINE OPER KOMPONIEREN, sagte Bach zu Erdmann, als er aus Hamburg zurück war, etwas Galantes. Womit er aber nichts Unmoralisches oder Zweideutiges meine, sondern galant im Sinne des galant-homme, also gelehrt, gebildet und mit dem gewissen *je ne sais quoi*. Oder, um es anders auszudrücken: So, dass das Innere mit dem Äußeren übereinstimme, also der Natur gemäß.

Erdmann blickte ihn von oben herab an, er konnte nicht anders, er war immer noch einen Kopf größer als Bach, obwohl dieser inzwischen auch gewachsen war. Ob er denn schon ein dramatisches Gedicht dafür habe?

Das sei es eben, sagte Bach. Daran fehle es.

Es entstand eine Pause, in der jeder seinen eigenen Gedanken nachhing, bis auf einmal, wie von unsichtbarer Hand gelenkt, ein Ruck durch beide hindurchging.

Wie wär's –, fragten sie unisono, bevor sie innehielten und verstummten.

Du zuerst, sagte Erdmann.

Nein, du zuerst, sagte Bach. Du bist der Ältere.

Nun denn, begann Erdmann, wie wäre es, wenn ich die Verse schriebe. Ich habe dergleichen zwar noch nie gemacht, aber es sollte doch mit dem Teufel zugehen, wenn ich das nicht hinkriegte.

Das sei genau das, was er sich erhofft habe, sagte Bach begeistert. Er sei ganz sicher, dass Erdmann diese Aufgabe hervorragend bewältigen werde.

Was für ein Stoff dem Herrn Komponisten denn so vorschwebe, fragte Erdmann.

Etwas Mythologisches, sagte Bach. In deutscher Sprache.

An der Oper am Gänsemarkt werde deutsch gesungen, nicht italienisch.

Und weiter?

Eine Partie für eine Sängerin. Sopran.

Ob Sopran oder nicht, das gehe ihn nichts an, sagte Erdmann, er sei ja nur der Opern-Poet. Und weiter?

Etwas Galantes. Mit dem gewissen *je ne sais quoi*.

Va bene, sagte Erdmann, vermutlich, weil das Italienische die Heimatsprache der Oper war, er werde sich die Sache durch den Kopf gehen lassen.

DREI TAGE SPÄTER KAM ER mit hochrotem Kopf zu Bach und sagte, er habe eine Idee. Etwas Mythologisches, genau wie Bach es gefordert habe, etwas auch vom Stoff her schon Galantes.

Dieser Erdmann, dachte Bach, erstaunlich. Erst Philosoph, dann Diplomat, dann Opern-Poet. Gespannt schaute er seinen Freund an.

Was er vorschlage, fuhr Erdmann fort, handele von einem listigen Helden auf der Rückkehr von einer großen Schlacht. Auf seinem Heimweg habe er allerlei Irrfahrten zu erleiden.

Odysseus?

So ist es, sagte Erdmann. Und die Episode, die er für eine Oper vorschlage, sei die von Odysseus und Circe.

Nein, sagte Bach entschieden. Das ist frivol.

Durchaus nicht, widersprach Erdmann. Es gehe doch letztlich um die Heimkehr des Helden zu seiner Gattin.

Aber Circe verwandelt die Männer in Schweine, sagte Bach mit angewidertem Gesicht.

Nicht alle, widersprach Erdmann. Aber lass mich doch erstmal den Stoff entwickeln, darf ich?

Bach machte noch einige abwehrende Gesten und Bemerkungen, spürte aber bereits, dass der Stoff ihm gefiel. Sophie

Agneta Petersen, seine Geliebte, würde die Circe singen. Und er würde sich, während er die Oper komponierte, in den Odysseus hineinversetzen. Den Mann, der, an den Mast seines Schiffes gebunden, den Gesang der Sirenen vernommen hatte!

Also, begann Erdmann, es fängt damit an, dass Odysseus und seine Gefährten auf der Insel Aiaia ankommen.

Ah ja?

Ja. – Mit anderen Worten, es beginnt mit dem Seemannschor.

Es beginnt mit der Ouvertüre, sagte Bach, und fing an eine Melodie zu improvisieren, die dann in eine zweite überging, bis Erdmann ihn mit einer energischen Handbewegung stoppte.

Pardon, sagte Bach.

Also gut, sagte Erdmann, erst die Ouvertüre, dann der Chor der Seeleute. Das Schiff wird an Land gezogen, und dann singt Odysseus, Tenor oder Bass …

Tenor, sagte Bach.

Bitte, mich nicht immer zu unterbrechen, sagte Erdmann. Also: Odysseus klagt darüber, dass er noch immer nicht die Heimat Ithaka erreicht habe, wo seine Gemahlin Penelope und sein Sohn Telemachos auf ihn warten. Während der Chor erneut singt, steigt Odysseus auf einen Berg, sieht in der Ferne Rauch aufsteigen, und gleich darauf werden einige Gefährten ausgesucht, die die Insel erkunden sollen.

Wenn ich mich recht erinnere, sagte Bach, dann musste darüber das Los entscheiden.

Das sind Feinheiten, sagte Erdmann. Jedenfalls machen die Gefährten sich auf den Weg, finden ein steinernes Haus und hören eine betörende Stimme.

Eine Arie, sagte Bach. Circe! Das gefällt mir.

Während die Männer verzückt lauschen, fuhr Erdmann fort, nähern sich ihnen Bergwölfe und Löwen in vollkommen friedlicher Manier. Die Insel scheint ein wahres Paradies zu sein. Und wirklich:

Dies ist das Paradies auf Erden,
hier sollt ihr alle glücklich werden,

singt Circe und bewirtet die Männer mit einer köstlichen Speise, in die sie jedoch zauberische Kräuter hineingemischt hat. Kaum haben die Männer die Speise verzehrt, berührt die schöne Nymphe sie mit einer Gerte und verwandelt sie in Schweine.

Wusst' ich's doch, sagte Bach mit angewidertem Gesicht. Kann man sie nicht wenigstens in Wölfe verwandeln oder in Berglöwen?

Nein, sagte Erdmann kategorisch, wir halten uns an Homer. Übrigens wird einer der Männer, Eurylochos, nicht verwandelt, weil er klugerweise nicht mit den anderen ins Haus geht. Er schleicht sich zurück zu Odysseus und überbringt ihm die schreckliche Nachricht. Soviel zum ersten Akt.

Phantastisch!, rief Bach aus. Weiter! Wie geht es weiter?

Nun ja, sagte Erdmann ausweichend, den zweiten und dritten Akt müsse er erst noch genauer imaginieren. Fest stehe aber, dass es Odysseus mit Hilfe des Götterboten Hermes gelinge, die Gefährten zu befreien und seinerseits die Nymphe Circe zu becircen …

D IE ARBEIT AN DER OPER BEFLÜGELTE BACH. Motive und Melodien jagten durch sein Hirn. Im Unterricht konnte er sich kaum noch konzentrieren. Unablässig kritzelte er Entwürfe auf Papierreste, die er gesammelt und aufgehoben hatte. Nachts träumte er davon, wie sein Werk von einem begeisterten Publikum gefeiert wurde.

Opernkomponist, daran gab es keinen Zweifel, war seine

Zukunft! Wie würden die Bachs, die in Sachsen oder Thüringen ihr Leben als Stadtpfeifer oder als Organisten im schlecht bezahlten Kirchendienst fristeten, ihn um seine Freiheit und um seinen Ruhm beneiden!

Er sehnte sich danach, wieder nach Hamburg zu kommen, um seine künftige Circe in die Arme zu schließen. Er hätte gern täglich mit ihr gesprochen, aber wie? Er hatte nicht einmal ein Bildnis von ihr, eine Miniatur oder einen Scherenschnitt. Er hatte nichts als seine Erinnerung.

Und er hatte viel zu tun. Die Lateinschule forderte ihr Recht, der Chor nicht weniger, das Orgelspiel mit seinem Lehrer Böhm durfte er auch nicht vernachlässigen, und immer öfter musste er einspringen, wenn die Ritterschüler sich im höfischen Tanz übten und der Ballettmeister wieder einen Cembalisten benötigte. Auch Erdmann lieferte nicht wie gewünscht. Ein ums andere Mal brachte er Entschuldigungen vor, weil er die Arien, Rezitative und Chorpartien noch nicht gedichtet hatte. Bach versuchte selbst ein paar Szenen zu schreiben, aber alle Versuche scheiterten kläglich. Die Töne gelangen ihm, die Worte nicht.

Immerhin konnte er es sich im Sommer erlauben, mit der Kutsche nach Hamburg zu reisen, um, wie er dem Herrn Direktor ins Ohr gebrüllt hatte, seinen Vetter Johann Ernst aus Arnstadt zu besuchen, der für ein halbes Jahr nach Hamburg gegangen war, *um das Orgelwerk besser zu excolieren*, wie er geschrieben hatte. Bach übernachtete bei ihm in seiner Studentenbude in der Nähe des Baumhauses und eilte schon am nächsten Morgen zum Dovenfleet, um die Geliebte wiederzusehen.

Im Treppenhaus hing ein Geruch von gebratenem Fisch. Bach stieg die Treppe hinauf und sah, wie die Tür der Nachbarin sich eben öffnete und gleich wieder schloss. Er atmete einige Male tief durch, um seiner Aufregung Herr zu werden, bevor er den Türklopfer betätigte. Wenn sie jetzt öffnete, würde sie ihm in die Arme fliegen? Würde sie sich vielleicht sogar gleich wieder das Kleid aufknöpfen lassen?

Er hörte Schritte wie von nackten Füßen. Gleich darauf öffnete sich die Tür einen Spalt weit, und Bach hörte, wie jemand erschrocken nach Luft schnappte. Die Tür öffnete sich weiter, und jetzt sah er sie: Ihre Haare waren aufgelöst, ihr Gesicht leicht gerötet, sie trug ein weißes Kleid, das eher ein Unterkleid sein mochte, die Füße waren tatsächlich nackt. Sie gab ihm einen flüchtigen Kuss auf die Wange, blickte verstohlen hinter sich und flüsterte gehetzt etwas von Man darf Ihn hier nicht sehen, Er muss fort, nur fort, Er bringt mich in die größten Kalamitäten, und dann noch einmal: Er muss fort!

Kaum hatte sie diese Worte hervorgestoßen, hörte er eine hässliche Baritonstimme im Hintergrund Sophie? rufen und Wo bleibst du denn? und Wer ist denn da?, woraufhin sie antwortete Niemand, und ihm die Tür vor der Nase zuwarf.

Bach stand wie betäubt.

Die Nachbarin öffnete ihre Tür und fing an, etwas zu flüstern. Er verstand ihre Sprache nicht und wollte auch nichts hören. Er lief die Treppe hinunter und floh aus dem Haus.

Während er wie in einem bösen Traum gefangen am Zippelhaus und an der Katharinenkirche vorbei taumelte und in die Straße mit dem Namen *Grimm* einbog, jagten die widersprüchlichsten Gedanken durch seinen Kopf. Wer war dieser Mann? Ihr Vater? Ein Onkel? Ein Galan? War sie eine von jenen Opern-Frauenzimmern, von denen man in den Romanen las? Und wieso hatte sie ihn *Niemand* genannt, ausgerechnet Niemand, wie der listige Odysseus sich genannt hatte, als er vom einäugigen Polyphem nach seinem Namen gefragt wurde? War das ein verstecktes Zeichen gewesen? Eine verschlüsselte Botschaft? Aber sie wusste doch noch gar nicht, dass er eine Oper schrieb!

Am Abend, als er mit Johann Ernst im Wirtshaus saß und, umgeben von lärmenden Studenten mit ihren Federhüten, Spitzenkrägen und bestickten Röcken, Rotwein trank, gelang es ihm nur mit äußerster Mühe, seine Verwirrung zu verbergen und sein Geheimnis zu wahren.

Warum bist du so niedergeschlagen, fragte Johann Ernst immer wieder. Ist dir eine Laus über die Leber gelaufen?

Nein, sagte Bach. Keine Laus.

Am nächsten Morgen stieg er in die Postkutsche und fuhr nach Lüneburg zurück.

11. Auf die Affekte kommt's an

ER VERSUCHTE, Hamburg, die Oper und Sophie Agneta Petersen zu vergessen, aber es gelang ihm nicht. Im Gegenteil. Je mehr er versuchte, nicht an sie zu denken, desto mehr dachte er an sie. Aber so schwer ihn die Kränkung auch ankam, so sehr beflügelte sie seine Inspiration. Die Enttäuschung schlug um in Arbeitswut, und da er schon in dieser Stimmung war, nutzte er sie dazu aus, die Arie des Odysseus zu komponieren, der von Eurylochos erfährt, wie Circe die Gefährten in Schweine verwandelt hat. Odysseus ist wütend auf Circe – aber am Ende gelingt es ihm doch, sie für sich zu gewinnen! Hermes hilft ihm, Hermes, der Götterbote, und das Schwert, das er ihm gibt. Bachs Hermes hieß Georg Erdmann, und sein Schwert war die Musik. Er war fest entschlossen, die Niederlage in einen Triumph zu verwandeln! Die Oper, sein erstes großes Werk, würde alle in Erstaunen versetzen. Und damit würde er Sophie Agneta Petersen am Ende doch noch gewinnen!

Er fuhr noch einige Male nach Hamburg in diesem Jahr, machte aber keinen Versuch mehr, die Geliebte wiederzusehen. Oder doch – aber nur in der Oper, wo er neben Reincken in der Loge saß und vor Sehnsucht verging, wenn seine Eurydike, nunmehr in anderen Rollen, ihren betörenden Sopran erklingen ließ. Begierig sog Bach alles auf, was er über die Oper lernen konnte. Reincken erklärte ihm den Unterschied zwischen der französischen Art der Ouvertüre, die anfangs immer etwas Feierliches hatte, weil sie den Auftritt des Königs begleitete, und der italienischen, die stets mit raschem Tempo begann, und die man Concerto nannte; er verriet ihm auch die Bedeutung der Stimmen, für welche Rollen man einen Bass einsetzte und für welche einen Tenor oder einen Bariton, eine Altstimme oder einen Sopran. Und Bach wurde nicht müde, den Meister nach diesem und jenem zu fragen, zum Beispiel über die Gestaltung der Chöre und ob man nicht sogar einmal eine Chorfuge versuchen könne – Eine Chorfuge? In der Oper? Da sei Gott vor, sagte Reincken – und natürlich wollte er alles über die Instrumente wissen, die man einsetzen konnte, vom Cembalo über die Geigen bis zu den Oboen und dem Fagott.

Er fragt einem ja Löcher in den Bauch, sagte Reincken, gerade so, als ob er selbst vorhabe, eine Oper zu komponieren.

Bach zuckte mit den Achseln und sagte nichts. Als Reincken ihn ein anderes Mal ganz direkt danach fragte, ob er nicht eine Oper komponieren wolle, schüttelte er den Kopf und versicherte, sein Ziel sei es, Organist in einer großen Kirche zu werden, geradeso wie der Meister selbst.

Schön, schön, sagte Reincken, aber wenn er heute noch einmal anfangen könnte, dann würde er sehr wohl Opern komponieren. Er sei jetzt ein alter Mann, da wechsle man nicht mehr das Metier, aber wenn er so jung wäre wie Er, Bach? Es habe zwar den Anschein, als diente die Oper bloß der Unterhaltung und dem Genuss. Aber keine Kunst habe so das Zeug, den Menschen bei seinen Affekten zu packen. Und auf die Affekte, Bach, merke Er sich das, auf die Affekte kommt's an!

ER WOLLE ALLES ÜBER DIE AFFEKTE LERNEN, sagte Bach zu Erdmann, als er wieder in Lüneburg war. Er wisse natürlich längst, dass die Musik die Fähigkeit habe, Leidenschaften und Affekte aller Art nicht nur darzustellen, sondern auch im Herzen der Zuhörer hervorzurufen, aber er würde gern alles darüber wissen. Zum Beispiel über die Frage, auf welche Weise und durch welche Kraft die Musik in unserer Seele diese oder jene Leidenschaften hervorrufe. Wie ist das möglich?

Nun, sagte Erdmann, der Philosoph René Descartes hat schon vor Jahrzehnten herausgefunden, auf welche Weise die Musik unsere Seele affiziert. Es ist ganz einfach: Ein Ton oder eine Tonfolge versetzt die Luft in Schwingungen. Die Luft stößt an das Trommelfell, das wiederum drei kleine Knöchelchen in Bewegung setzt. Diese sind mit feinen und allerfeinsten Nerven verbunden, die in die Zirbeldrüse führen, und die Zirbeldrüse ist, wie jedermann weiß, der Sitz unserer Seele. In der Seele aber, also in der Zirbeldrüse, läuft alles zusammen: Die Botschaften und Gebote des Verstandes ebenso wie die Lebensgeister, die vom Herzen her mit dem Blut zum Gehirn aufsteigen. In der Zirbeldrüse werden die Lebensgeister durch den Verstand beeinflusst, kehren so verändert zum Körper zurück und setzen die Muskeln in Bewegung. So ist auf wunderbare Weise alles mit allem verbunden, der Körper mit dem Gehirn, der Verstand mit der Seele, und eben auch die Musik mit den Lebensgeistern, welche wiederum die Ursache unserer Leidenschaften sind.

Das heißt also, sagte Bach, während sie durch die Straße Am Berge gingen und ins Sandviertel einbogen, dass wir Musiker mit unseren Instrumenten die Seele der Menschen gleichsam *mechanicé* beeinflussen können?

So ist es, sagte Erdmann. Musik hat eine magische Kraft, Bach, ihr Musiker seid Magier der Seele.

VON ERDMANN WUSSTE BACH JETZT, dass die Musik auf ganz natürliche oder physikalische Weise imstande war, die Seele zu affizieren. Aber mit welch magischen Mitteln sie diesen oder jenen Affekt im Zuhörer hervorrufen konnte, das erfuhr er noch am selben Tage von Georg Böhm. Einen ganzen Strauß von Mitteln hätte der Musiker zur Verfügung, sagte Böhm, einen ganzen Zauberkasten, aber er bitte darum, das Wort nicht falsch zu verstehen.

Schon die Wahl der Tonart habe ihre Wirkung. C-Dur zum Beispiel sei eine strahlende und kecke Tonart, in der man seiner Freude ihren Lauf lasse, c-Moll nun sei überaus lieblich, dabei aber auch traurig, mit der Gefahr, ein wenig einschläfernd zu wirken. D-Dur sei von Natur aus scharf und eigensinnig, geeignet, lärmende, lustige und kriegerische Sachen zu komponieren, d-Moll hingegen habe etwas Devotes und Ruhiges, sei aber auch zur Andacht wohl geeignet. Und so weiter.

Nicht weniger Einfluss auf die Affekte habe die Wahl des Rhythmus'. Das dreiteilige Zeitmaß, also der Dreiviertel- oder Sechsachteltakt, habe grundsätzlich etwas Stürmisches und Leidenschaftliches, das zweiteilige dagegen sei ruhiger, friedlicher, gelassener, wobei das Tempo freilich auch eine gewichtige Rolle spiele: Das langsame und getragene Tempo habe etwas Feierliches, Trauriges, Besinnliches, das schnelle etwas Lustiges, Tänzerisches, Heiteres. Von größter Bedeutung für die Affektwirkung einer Musik aber seien die Intervalle: große Proportionen, die der Oktave nahe lägen, erweiterten die Lebensgeister und machten das Gemüt fröhlich; kleine Proportionen hingegen zögen die Lebensgeister zusammen und erregten traurige Affekte. Am Traurigsten wirke naturgemäß das kleinste Intervall, der Halbton, und am Allertraurigsten sei der so genannte *passus duriusculus*, die chromatische Abwärtsbewegung als Ausdruck des größten Schmerzes und der tiefsten Trauer. Damit aber wären sie bei der Figurenlehre angelangt, und die sei ein weites Feld.

Was er unter einer musikalischen Figur verstehe, fragte Bach gleich zu Beginn der nächsten Stunde.

Eine Figur, erklärte Böhm, sei eine bestimmte musikalische Wendung, ähnlich den Redensarten, Ausrufen oder Floskeln in der Wortsprache, weswegen man in neuerer Zeit auch immer häufiger von *Klangrede* spreche.

Böhm hatte sich sogar einen ganzen Katalog mit über achtzig Figuren angelegt, und wenn er Bach einen Rat geben dürfe, sagte er, dann den, sich einen eigenen Katalog zusammenzustellen, er werde ihn sein Leben lang brauchen.

So kam es, dass Bach sich eine Sammlung von Blättern anlegte, auf denen er in seiner feinen, ordentlichen Schrift Tabellen zeichnete. Auf die eine Seite schrieb er Wörter wie Anabasis, Aposiopesis, Circulatio oder Tirata und auf die andere in Worten und oft auch in Noten, die Erläuterungen dazu. Eine *Anabasis* zum Beispiel war eine stufenweise ansteigende Melodiebewegung in gemäßigtem Tempo zur Darstellung von etwas Gutem, Erfreulichem; eine *Aposiopesis* war eine Pause, die dem musikalischen Moment große Bedeutung verlieh, zum Ausdruck des Todes und der Ewigkeit; eine *Circulatio* war eine um einen Ton kreisende Melodiebewegung, die etwas Rundes bezeichnete, eine Krone oder aber auch die Erde in ihrer Diesseitigkeit; und eine *Tirata* war eine auf- oder abwärts laufende Tonleiter in schnellem Tempo zur Darstellung des Werfens, eines Schwerthiebes oder auch des Blitzes. Und das waren nur vier von mehr als achtzig. Bach lernte sie alle, mit großem Eifer. Und was er davon gebrauchen konnte, verwendete er für seine Oper, die er dem Lehrer gegenüber aber mit keinem Sterbenswörtchen erwähnte.

Z U OSTERN DES JAHRES 1702 beendeten sie die Schule. Damit endeten auch Freitisch und Logis. Zumindest für Erdmann. Bach bekam eine Ausnahmegenehmigung für zwei Wochen. Solange durfte er noch bleiben.

Einen Tag bevor Erdmann sich verabschiedete, überreichte er Bach den fertigen Text. Ein Abschiedsgeschenk, sagte er. Bach könne damit machen, was er wolle. Er könne sogar seinen eigenen Namen darüber setzen, wenn er wolle, er selbst habe keine Ambitionen mehr als Opern-Poet.

Niemals werde er sich mit fremden Federn schmücken, sagte Bach.

Nun denn, sagte Erdmann, dann möge er bitte ein Pseudonym verwenden. Georgios Gaiandros.

Bach versprach's.

Er gehe jetzt übrigens nach Halle, sagte Erdmann, und werde bei Christian Thomasius das Jus studieren. Ob Bach nicht mitkommen wolle?

Nein, sagte Bach, er gehe nach Hamburg und werde Opernkomponist.

Erdmann umarmte ihn zum Abschied, küsste ihn und versprach, ihm hin und wieder Briefe zu schreiben.

Bach erwiderte die Umarmung und versprach dasselbe.

Dann standen sie eine Weile unschlüssig voreinander herum und umarmten einander schließlich noch einmal.

Wie er denn nach Halle komme, fragte Bach. Zu Fuß?

Nein, sagte Erdmann. Der Prinz wolle auch nach Halle und nehme ihn in seiner Kutsche mit.

Der Prinz war ein Ritterschüler, mit dem Erdmann sich schon eine Weile näher angefreundet hatte. Vielleicht auch wegen dieser Freundschaft hatte er nicht ganz so zielstrebig am Operntext gearbeitet, wie Bach es sich gewünscht hatte. Aber nun war er ja fertig geworden.

Na dann, sagte Bach.

Ja, sagte Erdmann. Also …

Sie umarmten einander ein drittes Mal, und damit war es genug.

Erdmann reiste ab, und Bach komponierte die Oper zu Ende wie im Rausch. Die Ouvertüre schrieb er zuletzt.

12. Ich will dir mein Herze schenken

ES WAR AUCH DIESMAL WIEDER VERWIRREND, in diese große Stadt zu kommen. Wie viele Einwohner mochte sie in ihren Mauern beherbergen? Hunderttausend? Sie konnte sich, so hieß es, sogar mit London messen, mit Paris! Und sie war frei. Kein Fürst regierte hier, kein König. Auch nicht der dänische, dem allerdings die Stadt Altona vor den Toren Hamburgs untertan war. Diese Freiheit, diese Selbstständigkeit, gepaart mit dem Reichtum, den der große Hafen und die weit gespannten Handelsbeziehungen mit sich brachten, gaben den Hamburger Bürgern ein Selbstbewusstsein, das ihnen an allen Blicken, Gesten und Worten anzumerken war. Bach kam sich hier immer ein wenig klein und rückständig vor, als sähe ihm jedermann an, dass er nur aus Eisenach und Ohrdruf stammte. Doch diesmal fühlte er sich gehoben wie noch nie!

Es war Nachmittag. Die Uhr der Katharinenkirche zeigte kurz nach vier. Bach ging an der Kirche vorbei und drückte sich ein wenig an die Häuser heran, weil er fürchtete, Reincken könne gerade aus der Kirche kommen. Als er am Zippelhaus vorbei ging, roch er den Zwiebelduft. Er wechselte die Straßenseite. Das Wasser im Dovenfleet stank faulig von all dem Unrat, den man dort hineinwarf.

Die Tür zu dem Haus mit dem Flaschenhalsgiebel, in dem Sophie Agneta Petersen wohnte, war nicht verschlossen. Ein gutes Zeichen, dachte er. Er musste sich Mühe geben, nicht wieder die Treppen hinauf zu stürmen. Aber nein, diesmal nicht. Alles war anders, jetzt, wo er eine Oper komponiert hatte. Er war nicht mehr der einfältige Bursche, der so erstaunlich gut das Clavichord traktierte. Er war ein Komponist. Er hatte ein Werk. Er hatte etwas geschaffen, das der Rede wert war. Es war wie ein Schatz, den er seiner hohen Herrin zu Füßen legen würde. Oder das Haupt des Drachen.

Sie öffnete die Tür, sie selbst, und sah ihn wieder mit erstaunten Augen an, doch diesmal ohne unterdrückten Schrei. Komm rein, sagte sie, wie geht es dir? Was macht die Schule, was macht die Musik?

Ich habe etwas komponiert, sagte er. Für dich.

Es lief immer alles anders, als man es sich vorgenommen hatte. Er hatte noch ein Weilchen damit hinterm Berg halten wollen, um zu sehen, wie sie sich zu ihm verhielt.

Etwas komponie-ert?, fragte sie in ihrem singenden Tonfall, für mi-hich?

Er hörte ihr an, dass das nichts Besonderes war. Vermutlich hatten ihr schon viele ein Gedicht oder eine Arie gewidmet.

Eine Oper, stieß er hervor, um sich von den Vielen ein wenig abzuheben. Ich habe sie im Ranzen.

Eine Oper?, sagte sie nun doch überrascht. (Ach, diese Stimme!) – Wirklich?

Odysseus und Circe. Drei Akte. Alles komplett.

Odysseus und Circe!, rief sie aus und lachte entzückt. Das ist ja al-ler-liebst! Und die Circe ist am Ende gar ein Sopran?

Versteht sich, sagte er. Ich habe sie ja für dich geschrieben.

Und nun kam es doch so, wie er es sich ersehnt hatte. Sie wollte unbedingt eine Arie probieren. Er zog die Noten aus dem Ranzen, gab sie ihr und setzte sich ans Clavichord. Sie sang vom Blatt, ohne Fehler. Sie war eine betörende Circe! Er spielte das Clavichord, hörte ihr zu und schmolz dahin. Es war die Schlussarie:

Ich will dir mein Herze schenken
Ruderst du auch jetzt schon heim
Ich will immer an dich denken!
Ist dir auch mein Reich zu klein

Ei, so sollst du mir allein
Mehr als Welt und Himmel sein

Es ist schön, hauchte sie, es gefällt mir. Soll ich es Keiser zeigen?

Reinhard Keiser war der Kapellmeister am Gänsemarkt. Er schrieb und komponierte auch selbst. Wenn sie die Oper zu Keiser brachte und sagte, sie wolle die Circe singen, dann war es so gut wie sicher, dass es zur Aufführung kam. Die Verse waren in deutscher Sprache, und die Musik war unübertrefflich.

Ja, sagte er, zeig es Keiser. Wollen wir noch eine andere Arie spielen?

Nein, sagte sie, ich bin erschöpft. Lass uns ein wenig ruhen. Hilfst du mir mit meinem Kleid?

AM TAG DARAUF WANDELTE ER WIE AUF WOLKEN. Es regnete fast ununterbrochen, aber was machte das schon. Er trieb sich am Hafen herum und sah den Schauerleuten zu, er sah die fremdartigen Menschen, braune, gelbe, schwarze Gestalten mit dunklen Augen und harten Gesichtern, er hörte ihre Gesänge, die fremd und eigenartig klangen und sich um die Gesetze der Harmonik nicht zu kümmern schienen, und er roch die Speisen, die sie auf den Schiffen kochten. Er kam am Pesthof vorbei und vermeinte die Schreie der Kranken, Verrückten und Gequälten zu hören, er ging an der Elbe und an der Alster spazieren, beobachtete die Schuten, wie sie in den Schleusen auf Weiterfahrt warteten, und sah, wie die Kähne an den Speichern entladen wurden, mit Seilwinden, die das kostbare Gut, verschnürt in Kisten und Ballen, nach oben zogen: Kaffee, Tee, Gewürze, Tuch oder was immer es sonst war, das man aus fernen Ländern hierher verschifft hatte, um es teuer weiterzuverkaufen. Vor einem der Speicher beobachtete er einen kleinen Mann mit knochigem Gesicht und kräftiger

Nase, der mit weit ausladenden Bewegungen das Auf und Ab der Seile dirigierte, wobei er mit schneidender Stimme Befehle rief wie trekken! trekken! oder sachting! sachting! oder op! op! oder daal! daal! Seltsam war nur, dass die Bewegung der Kisten und Ballen den Befehlen vorausging, statt ihnen zu folgen.

Am Abend ging Bach ins Kaffeehaus, zahlte ein paar Pfennige Eintritt, bestellte einen Kaffee und setzte sich an einen kleinen Tisch, auf dem der *Hamburger Relations-Courir* lag, eine Zeitung in der allerlei wichtige oder kuriose Begebenheiten aus aller Welt abgedruckt waren. Die Schweden, so war zu lesen, marschierten auf Warschau zu. In England regierte seit dem 19. März Queen Anne. Die Truppen der Preußen, der Niederlande und Kurhannovers belagerten das von den Franzosen gehaltene Kaiserwerth. In England war erstmals eine Tageszeitung erschienen, *The Daily Courant*.

Aus dem hinteren Raum hörte Bach Töne von verschiedenen Musikinstrumenten, die gerade gestimmt wurden. Violine, Flöte, Cello. Er legte die Zeitung beiseite und ging hinüber in den Raum. Ein paar junge Leute saßen da und debattierten miteinander, während andere noch immer ihre Instrumente stimmten.

Ob er ein wenig mitspielen dürfe, fragte er, weil er gehört hatte, dass das hier der Brauch war. Jeder durfte mitspielen, wenn er nur sein Instrument beherrschte.

Was er denn spiele, fragte ihn ein schlanker, fast knochendürrer junger Mann, mit blonder Perücke, besticktem Rock von grünlicher Farbe, spitzer Nase und vom Toback gebräunten Zähnen. Er war nicht nur dem Aussehen nach ein Engländer, sein Akzent ließ keinen Zweifel zu.

Klavier, sagte Bach, womit, wie jeder wusste, alle Arten von Tasteninstrumenten gemeint waren, Orgel, Cembalo, Clavichord, Regal. Er spiele aber auch Geige, fügte Bach hinzu, nur habe er seine Geige nicht dabei.

Lass ihn ans Cembalo, sagte ein ziemlich dicker Kerl, der selbst schon eine Geige unterm Arm trug. Dann können wir anfangen.

Der Engländer machte eine einladende Handbewegung, Bach ging hinüber zum Instrument, schlug ein paar Tasten an und versuchte herauszufinden, wie es gestimmt war. Für Tonarten mit bis zu drei Kreuzen reichte es immerhin.

Capriccio in F-Dur, sagte der Engländer. Ich gebe das Thema vor. Er hielt jetzt eine Flöte in der Hand und intonierte ein einfaches Thema.

Avanti. Let's go.

Sie begannen zu spielen. Bach hatte keine Mühe den Generalbass zu der Melodie zu spielen, also das harmonische Gerüst, das die Stimmen der anderen Instrumente stützte. Es war eine hübsche Improvisation, die sie zustande brachten, nichts Aufregendes, aber annehmbar. Bach kannte diese Art des lockeren Zusammenspiels von den jährlichen Familienzusammenkünften, wenn all die vielen Verwandten, die ihr Brot in Sachsen oder Thüringen als Organisten, Stadtpfeifer, Kantoren oder Kapellmeister verdienten, sich trafen, um einander musizierend zu versichern, dass die Bachs immer zusammenhalten.

Jetzt eine Phantasie, rief der Engländer, als sie das Stück beendet hatten, und gab erneut das Thema vor. Und leise zu Bach gewandt: *Well done.*

Sie spielten ein Stück nach dem anderen, auch der Geiger und der Cellist schlugen jetzt Themen vor, und schließlich wagte auch Bach, ein Stück vorzuschlagen, eine Fuge in a-Moll, die er in Lüneburg komponiert hatte. Er spielte das Thema, nannte ihnen die Akkordfolge, bat darum, mit einem Präludium beginnen zu dürfen und legte los.

Als er ihre anerkennenden Mienen sah, machte sein Herz einen Satz nach oben. Es war eine wahre Lust, hier in dieser ungezwungenen Atmosphäre mit den Studenten, oder was sie nun waren, zu musizieren, einfach so. Inzwischen waren auch andere Gäste des Kaffeehauses in den Raum gekommen und hörten aufmerksam zu.

Nach dem Präludium begann Bach mit der Fuge, und als er das Thema beendet hatte und es zu variieren begann, folgte der Engländer mit der Flöte nach, dann das Cello, dann die Geige, sie folgten der ersten Stimme, die man auch den Dux nannte, und jagten hinter ihr her, auch Bach spielte jetzt noch eine weitere Stimme, sie alle jagten den Dux, und er floh vor ihnen, ganz wie es der Bedeutung des Wortes Fuge entsprach: Flucht.

Am Ende, als die Flucht gelungen war, klatschten die Gäste in die Hände, und die Musiker lachten und freuten sich, ob nun wegen des Beifalls oder weil sie so harmoniert hatten, das eine schloss das andere ja nicht aus, und der Engländer rief ein ums andere Mal: *What a wonderful session! What a wonderful jam!*

Sie wollten ein festes collegium musicum gründen, sagte der Engländer am Tag darauf. Sie würden Konzerte geben und Eintritt dafür verlangen. In London sei so etwas schon seit längerem der Brauch. Ob Bach sich vorstellen könne, bei ihnen mitzumachen?

Es fügte sich alles zusammen. Er würde Opern komponieren, im Collegium musicum spielen, eine Sängerin heiraten und seinen Ruhm genießen.

Drei Tage musste er warten.

Am vierten sollte er die Sängerin wiedersehen.

Ihn beschlich ein banges Gefühl, als er die Stufen zu Sophie Agneta Petersen hochstieg. Er hatte in den letzten Tagen nicht eine Sekunde an diese Möglichkeit gedacht, aber jetzt, auf einmal, schoss es ihm durch den Kopf: Wenn Keiser meine Oper ablehnt, was dann?

Aber nein, beruhigte er sich dann wieder, warum sollte er sie ablehnen, es ist doch alles stimmig und gut. Die Verse sind sogar sehr gut, und sage mir einer etwas gegen die Musik, ich weiß doch, was ich kann! Gleich darauf aber, schon auf dem nächsten Treppenabsatz, beschlich ihn erneut der Zweifel – es war nicht gerade eine Jakobsleiter, die er hinaufstieg.

Oben angekommen, klopfte er mit dem Schlangenkopf und wartete.

Nichts.

Er klopfte noch einmal.

Er hörte Schritte, dann wurde die Kette losgemacht. Erwartung, Bangigkeit, Vorfreude, Angst stritten miteinander in seiner Brust.

Sophie Agneta war zum Ausgehen angezogen, sie hatte einen Mantel umgelegt und einen Regenschirm dabei. Warum kommst du erst jetzt?, sagte sie, ich muss gleich fort.

Ich kann dich begleiten, sagte er.

Nein, nein, ich werde erwartet. Hast du die Kutsche vor der Tür nicht gesehen?

Er hatte sie gesehen, nur nicht beachtet.

Ach ja, sagte sie. Sie ging ein paar Schritte in den Flur hinein und nahm das verschnürte Manuskript von der Kommode. Hier, da hast du es wieder. Keiser hat es geprüft. Es ist nichts für ihn, sagt er. Er hat ja selbst schon eine Circe komponiert. Wozu also noch eine? Zumal die Verse nichts taugen. Zu gekünstelt, sagt er. Und dann die Musik. Zu spröde, zu nüchtern, zu trocken. Musik muss singen, sagt er, besonders in der Oper. Diese hier singt nicht. Bis auf die letzte Arie, die ist schön.

Aber ... Seine Stimme versagte. Er hatte nicht die Kraft, etwas zu sagen, und schon gar nicht den Mut zu fragen, ob er sie wiedersehen dürfe. Es war vorbei. Für immer.

Ich muss fort, sagte sie, während sie die Tür abschloss. Die Kutsche wartet. Ich wünsche dir viel Glück.

Sie machte sich an den Abstieg, die Treppe hinunter. Ihre Stiefel klangen hart und unerbittlich auf dem trockenen Holz der Stiegen.

Eine Weile blieb er stehen wie versteinert. Eine Ewigkeit später setzte er sich mechanisch in Bewegung. Taub und besinnungslos stakste er die Treppe hinunter, fand sich an der Haustür wieder, öffnete sie willenlos und trat ins Freie. Der Regen hatte aufgehört. Die Sonne brach durch die Wolken. Seine Zähne schlugen klappernd aufeinander. Menschen hasteten an ihm vorbei, rempelten ihn an. Er wechselte auf die andere Straßenseite und blickte mit blinden Augen hinunter in das taube Wasser des Fleets, in dem der Unrat aus dem Gemüsespeicher vor sich hin dümpelte. Er wandte sich nach rechts, Richtung Zippelhaus und *Grimm*. Nach drei, vier Schritten wechselte er wieder auf die andere Straßenseite. Als er an St. Katharinen vorbei kam, bemerkte er, dass er das verschnürte Bündel nicht mehr in der Hand hielt.

13. Lakai

ER WANDERTE ALLEIN ZURÜCK. Tag für Tag, Stunde für Stunde musste er seine Angst vor der Fremde besiegen. Was ihm half, war die Selbstverdammung, die noch stärker war als seine Angst. Er hatte sich mit dem Teufel eingelassen. Wenn er jetzt zurückdachte an den Abend nach der Oper, an den Disput im Kaffeehaus, dann wusste er, auf wessen Seite er stand. Galante Musik? Nein, das war ein Irrweg. Die Oper? Er hatte ja gesehen, wohin das führte.

In Mühlhausen klopfte er bei dem Organisten Georg Ahle an und bat ihn um Unterkunft. Ahle war ein kleiner Mann mit freundlichen, immer etwas tränenfeuchten Augen, der ihn bereitwillig aufnahm. Er könne auch länger bei ihm wohnen, sagte er. Eine Woche oder zwei, bis sich seine wundgescheuerten Füße wieder erholt hätten. Im Übrigen suche der Orgelbauer Wender gerade eine Aushilfskraft. Ob er nicht Lust habe, ein wenig mehr über die Geheimnisse des Orgelbaus zu erfahren?

Es war wie ein Asyl, ein Schutzraum zur Erholung seiner Seele. Er musste mit niemandem darüber sprechen, was in Hamburg geschehen war. Er musste überhaupt nicht viel reden. Er konnte dem Orgelbauer dabei helfen, die Orgelpfeifen zu öffnen oder ihre Lippen zu verändern, die Züge zurechtzuhobeln und zu schmirgeln, die Register auszurichten oder die Claves zu polieren. Am Ende blieb er nicht nur eine oder zwei Wochen, sondern drei Monate. Und während die Zeit verging, vergingen auch der Schmerz und die Scham über die Hamburger Verirrung. Ja, er war vom Wege abgekommen, aber er würde sich nicht noch einmal von seinem Ziel abbringen lassen. Er würde sein Leben der ernsthaften Musik weihen, einer Musik zur Ehre Gottes, die den Himmel mit der Erde verband, die musica mundana mit der musica humana und der musica instrumentalis. Das war sein Ziel.

S EINE STIMMUNG HATTE SICH GEBESSERT, als er nach Ohrdruf zurückkam. Johann Christoph umarmte ihn, freute sich auch, ihn wiederzusehen, sprach aber deutliche Worte. Er könne nicht lange bleiben. Die Wohnung sei zu klein, das Geld zu knapp. Er habe zwar noch die Landwirtschaft, aber deren Erträge hielten sich in Grenzen. Was er denn vorhabe? Perspektive?

Er wolle Organist werden, sagte Bach. Wie Onkel Christoph. Und wie er, sein Bruder.

Dann müsse er sich bewerben, sagte Johann Christoph. Bei der nächsten Gelegenheit.

Als ob ich das nicht wüsste, dachte Bach.

Die nächste Gelegenheit ergab sich wenig später, als der Organist von Sangerhausen starb. Johann Christoph überbrachte die Neuigkeit. Die Aussichten sind gut, sagte er. Wir Bachs sind berühmt in dieser Gegend.

Bach bewarb sich, wurde eingeladen, fuhr nach Sangerhausen.

Er spielte den Stadtvätern Orgelchoräle, Präludien, eine Phantasia und eine Toccata vor, die Stadtväter berieten eine Weile, ob sie es verantworten könnten, einem erst Siebzehnjährigen das Organistenamt anzuvertrauen und kamen zu dem Ergebnis, dass sie das könnten. Der Bürgermeister teilte Bach die Entscheidung mit. Zwar müsse der Herzog noch zustimmen, aber das sei eine reine Formalität.

Beglückt wanderte Bach nach Ohrdruf zurück.

Bis November war er guter Dinge. Er half dem Bruder bei der Landwirtschaft, fütterte die Tiere, zerkleinerte Holz für den Ofen, unterrichtete seine Neffen und komponierte Choralvorspiele, Orgelpartiten und einfache Fugen. Es war eng in der Wohnung, aber wenn die Stimmung gut ist, hält man das aus.

Im November kam die Absage. Herzog Johann Georg von Sachsen-Weißenfels wollte einen gewissen Kobelius als Organisten, der bereits in der Hofkapelle gespielt hatte und sogar eine Zeitlang in Italien gewesen war.

Bach war zutiefst gekränkt. Wieso musste der Herzog sich einmischen? Und was hatten die Leute nur immer mit Italien? Als ob man nach Italien reisen müsste, um zu wissen, wie die Italiener komponierten! Das wusste er doch auch. Der italienische Stil war leichter, kapriziöser, ornamentaler als der französische. Na und? Man hätte ihn nur fragen müssen, dann hätte er ihnen etwas in der Manier von Monteverdi, Corelli oder Frescobaldi vorgespielt. Er kannte einige italienische Stücke aus der Bibliothek in Lüneburg. Er hatte sie kopiert, gespielt, studiert, er hatte sie im Kopf. Aber nein, der Fürst nahm einen Zippelorganisten namens Kobelius, nur weil der schon einmal in Italien war!

Was er sich nur halb eingestand, war, dass er selbst schon daran gedacht hatte, nach Italien zu reisen. Die großen Meister zu studieren, mit ihnen zu musizieren, ihnen ihre Leichtigkeit, das Tänzerische, Melodiöse abzulauschen, das konnte ja nicht verkehrt sein, oder? Und kam es nicht, wie Böhm gesagt hatte, darauf an, den ganzen Kosmos in sich aufzunehmen? War das bloße Studium der Noten wirklich alles? Musste man nicht selbst erfahren, wie lebendig in Italien musiziert wurde, wie einem auf allen Straßen und Plätzen die Musik entgegenschallte? Ein Land, in dem es gleichsam von Singdrosseln, Nachtigallen und Lerchen nur so wimmelte? Warum nahm er nicht seinen ganzen Mut zusammen und machte sich auf gen Süden? Was hinderte ihn? Nur das bisschen Herzrasen, das er bekam, sowie er an eine so endlos weite Reise dachte? Oder die lächerlichen Träume von hohen Bergen, von denen man auf einmal herabstürzte und fiel und fiel und fiel? Oder das Aufwachen, schweißgebadet, mitten in der Nacht, wenn man sich gerade wieder von einer Schar feuriger Südländer umringt gesehen hatte, die alle mit Messern und Degen auf einen losgingen?

D IE ABSAGE AUS SANGERHAUSEN bewirkte, dass seine Stimmung auf den Tiefpunkt sank. Die Niederlagen schienen kein Ende zu nehmen. Inzwischen erkannte er das System darin. Es musste so sein. Gott strafte ihn. Die Hamburger Verirrung forderte ihren Preis.

Du wirst uns einmal alle übertreffen.

Ja, in der Schande.

Er haderte mit sich selbst, sprach mit niemandem darüber, wurde ungnädig zu den Neffen, verschlossen gegen den Bruder, mürrisch den ganzen Tag. Auch Johann Christophs Miene verhärtete sich. Auf einmal wurde es zu eng in der Wohnung.

Bach schnürte sein Bündel und machte sich davon. Er wanderte aufs Geratewohl nach Weimar und bewarb sich für die Hofkapelle. Er sei mit jeder Position zufrieden, sagte er. Man bot ihm eine Anstellung als Lakai. Es war demütigend. Er wusste, dass es in dieser Welt Herren und Diener gab, Gott hatte es so gefügt, aber wenn er sich im Innersten befragte, dann wollte er nur einem Herrn dienen, Gott, und einer Herrin, der Frau Musica.

Nun aber: Lakai.

Er spielte in der Hofkapelle die zweite Geige und hatte Mühe seinen Groll herunterzuschlucken, wenn er zu allerlei niederen Diensten angehalten wurde. Er musste Botengänge erledigen, Stühle von einem Zimmer zum anderen tragen, Kerzen anzünden und wieder auslöschen und dergleichen mehr. Er hätte in derselben Zeit komponieren können oder wenigstens unterrichten. Aber nein.

AUS HALLE KAM EIN BRIEF von Georg Erdmann. Erdmann berichtete in Worten des höchsten Lobes von dem berühmten Christian Thomasius, bei dem er das Jus studierte. Der halte seine Vorlesungen nicht in lateinischer, sondern in deutscher Sprache! Das müsse man sich mal vorstellen! Das sei beinahe so unerhört wie damals die Bibelübersetzung des Doktor Luther.

Thomasius, Bach, merk Dir den Namen!
Und auf welchen Du auch noch Acht haben solltest, das ist der Name Händel! Ein Musicus von außerordentlichem Talent, Bach, glaube mir. Studiert hier das Jus, so wie mein Prinz und ich, und schlägt zugleich die Orgel an der Domkirche. Aber wie! Komm nur nach Halle und hör Dir diesen Händel an! Ist übrigens geboren im selben Jahr wie Du, nur einen Monat früher. Und wenn Du nach Halle kommst, Bach, dann wirst Du vielleicht auch den anderen kennen lernen, Telemann. Händel und Telemann sind Freunde und verwandte Seelen, sie miteinander musizieren zu hören, ist ein kleines Wunder. Freilich weilt der junge Herr Telemann nur gelegentlich allhier, er hat in Leipzig das Jus studiert, hat's aber hingeworfen, um sich ganz der Frau Musica zu widmen. Und wie denn auch nicht? Hat er doch in seiner Heimatstadt Magdeburg bereits im Alter von zwölf Jahren eine Opera geschrieben und zur Aufführung gebracht. Stell Dir das vor, Bach! Eine Opera im Alter von zwölf Jahren! – Und da wir einmal dabei sind: Was ist eigentlich aus Deiner Opera geworden, aus der Circe? Wurde sie am Gänsemarkt aufgeführt? Apropos Gänsemarkt: Ich habe Herrn Händel geraten, nach Hamburg zu gehen. Er hat durch Telemann mit der Opera Bekanntschaft gemacht und Blut geleckt. Der Opera, Bach, glaube mir – der Opera gehört die Zukunft!

Es war bitter, dergleichen zu lesen, wenn man an seiner eigenen Zukunft zweifelte. Zum Glück dauerte das Elend als Lakai in Weimar nicht allzu lange. Im Sommer kam eine Einladung aus Arnstadt. Die Orgel der neuen Bonifatiuskirche war eben fertig gestellt worden, Johann Wender aus Mühlhausen hatte sie gebaut, und Bach hatte ein wenig dabei mitgeholfen. Nun musste sie von einem Sachverständigen geprüft werden. Zudem wurde ein Organist gesucht. Wahrscheinlich war es Wender selbst, der ihn als Orgelprüfer vorgeschlagen hatte.

Bachs Stimmung besserte sich augenblicklich. Arnstadt war genau das Richtige für ihn. Bis vor zehn Jahren war der Zwillingsbruder seines Vaters hier Organist gewesen, und überhaupt waren die Bachs seit Generationen in Arnstadt tätig. Wenn es eine Stadt der Bachs gab, dann die.

Als er im Juli, nachdem er die Orgel auf Register, Pfeifen, Claves und Züge geprüft und für gut befunden hatte, das Einweihungskonzert in der Bonifatiuskirche gab, verging den Arnstädtern Hören und Sehen. Sehen konnten sie ihn ja ohnehin kaum, da mussten sie sich schon umdrehen und die Köpfe in den Nacken legen, er saß ja hinter ihnen hoch oben auf der Empore, aber hören! Teufel auch! Was dieser junge Heißsporn da oben aus dem Instrument herausholte, das grenzte an Zauberei! Selbst Andreas Börner, der Organist der Unterkirche, der hier einige Zeit aushilfsweise seinen Dienst getan hatte, schwärmte noch tagelang von der d-Moll-Toccata mit ihrem wie ein Blitzstrahl herab fahrenden Unisono, dem lang hinrollenden Donner der gebrochenen Akkorde, den stürmisch wogenden Triolen und was der Lobpreisungen noch mehr waren.

Auch Reichsgraf Anton Günter der Zweite, der hier auf Schloss Neideck residierte, lächelte zufrieden. Er ließ es sich nicht nehmen, den jungen Herrn Musicus zu sich zu bitten und ihm ein gnädiges Lob zu spenden. Übrigens habe er schon seinen Vater gekannt.

Das sei ihm eine große Ehre, sagte Bach.

Ja, sagte der Graf, und er sei ihm wie aus dem Gesicht geschnitten. Sowas aber auch! Sein Vater sei ja jahrelang hier Organist gewesen.

Das sei, mit Verlaub, sein Onkel gewesen, sagte Bach. Der Zwillingsbruder seines Vaters.

Nun ja, sagte der Reichsgraf mit einer wegwerfenden Handbewegung, Vater oder Onkel, jedenfalls habe ich ihn gekannt.

14. Die Reise nach Fis-Dur

EINEN MONAT SPÄTER BEKAM ER DEN VERTRAG. Er bat in Weimar alleruntertänigst um Entlassung und zog zu seinem Vetter Johann Ernst in die Kohlgasse, nur wenige Schritte vom Marktplatz entfernt. Arnstadt war klein und hübsch, es hatte drei Kirchen, ein Schloss, ein Gymnasium und ein Rathaus.

Alles hatte sich gefügt.

Die Arnstädter begegneten ihm mit Achtung, trotz seines jugendlichen Alters. Er genoss es, endlich eine Orgel zu haben, auf der er spielen konnte, wann immer es ihm beliebte, vorausgesetzt, er bezahlte den Bälgetreter. Und diese Orgel war ein Juwel. Er hatte sie ja selbst erprobt und für gut befunden. Sie war nicht mitteltönig gestimmt wie viele Orgeln aus älterer Zeit, auf denen man nur einfache Tonarten mit bis zu zwei Vorzeichen spielen konnte, sondern hatte eine so geschickte Temperatur, dass es nur vier Tonarten gab, die absolut unspielbar waren, H-Dur, As-Dur, Fis-Dur und Cis-Dur, und natürlich die dazu gehörenden Moll-Tonarten. Das tiefe Cis hatte Johann Wender gar nicht erst gebaut, wozu, wenn es nicht gebraucht wurde, Zinn war teuer. Aber sonst spielte es sich wunderbar auf den beiden Manualen, das Pedal war leichtfüßig zu bedienen, und der Klang war strahlend und klar.

Bach hatte nicht allzu viel zu tun, nur vier Gottesdienste die Woche, mehr nicht. Und doch wurde die Stelle gut bezahlt, sein Jahresgehalt betrug fünfzig Gulden, dazu noch einmal dreißig Taler für Kost und Logis, das war das Dreifache von dem, was er in Weimar bekommen hatte.

An freien Tagen unternahm er gelegentlich allein oder in Begleitung seines Vetters Wanderungen in die Umgebung, nach Eischleben, Witzleben oder Wandersleben. Wenn irgendwo ein

Fest gefeiert wurde, gesellten sie sich zu den Feiernden, sangen mit ihnen ihre Lieder und spielten mit den Musikanten. Bach war immer wieder begeistert davon, was diese Bierfiedler für wunderbare Einfälle hatten. Man könne von ihnen Gedanken für ein ganzes Leben erschnappen, sagte er zu Johann Ernst. In dieser Musik stecke überaus viel Gutes, wenn nur gehörig damit umgegangen werde. Man müsse ihr bloß einen französischen oder italienischen Rock überziehen und sie mit abwechselnden Adagi und Allegri einkleiden.

Wenn die Dorfspielleute bei Hochzeiten und anderen Zusammenkünften die auswärtigen Gäste abholten und ihnen das Geleit gaben, dann taten sie das gern mit Pauken und Trompeten. Anton Günter der Zweite konnte das nicht hinnehmen. Die Trompete durfte nur zur Ehre Gottes und des Fürsten geblasen werden, zu keinem anderen Zweck. Noch im Frühjahr hatte er ein Mandat erlassen, in dem er seinen Untergebenen befahl, nachdrücklich dafür zu sorgen, dass weder Stadt-Pfeifer noch andere Bürger-und Bauern-Spielleute bei Hochzeiten, Kindstaufen, Jahrmärkten, Kirchmessen, in Wirtshäusern, Schenken, auf öffentlichen oder Winkel-Tänzen, wie auch bei anderen Zusammenkünften und Conviviis, mit der Trompete oder der Posaune oder mit Waldhörnern auf Trompetenart zu blasen wagten, und zwar bei Strafe von hundert Talern und Konfiszierung des Instruments. Ausdrücklich wurden sogar die Hoftrompeter dazu ermutigt, Prügel auszuteilen, wenn sie Zeuge eines derartigen Missbrauchs wurden. Aber das taten sie natürlich nicht, weil sie es nicht riskieren konnten, ihre Lippen zu verletzen oder gar ihre Vorderzähne zu verlieren.

ALS DER WINTER KAM, entwickelte Bach eine besondere Neigung dafür, schnelle Stücke zu improvisieren. Die Kälte in der ungeheizten Kirche war nur zu ertragen, wenn

Hände und Füße in ständiger Bewegung blieben. So war der Winter ein strenger Zuchtmeister, und Bach beugte sich seinem Diktat. Wenn er so über die Manuale wirbelte, hatte er manchmal das Gefühl, nicht er spiele die Orgel, sondern die Orgel ihn. Ich beherrsche sie, indem sie mich beherrscht, dachte er, klingt das nicht nach der Einheit der Gegensätze, die zu den Attributen Gottes gehört? Das Größte und das Kleinste, die Vielheit und die Einheit – in Gott sind diese Gegensätze vereint. Die Orgel aber ist das Instrument, das der Vollkommenheit Gottes am nächsten kommt.

Ärgerlich war nur, dass an der Vollkommenheit einiges fehlte. Gewisse – oder genauer ungewisse, noch nicht erprobte – Klangkombinationen und Modulationen konnte man partout nicht spielen, auch wenn man es noch so gern wollte. Aber da man es nicht konnte, wollte man es in der Regel auch gar nicht erst. Man komponierte eben in den Grenzen, die durch die Stimmung des Instruments vorgegeben waren. Nur, wenn er so vor sich hin improvisierte und dabei – sei es nun, weil er die Orgel beherrschte oder sie ihn – Neuland betreten wollte, versuchsweise nur, tastend, aber wie von einem inneren Dämon getrieben, stieß er doch immer wieder an jene Grenzen und über sie hinaus in die Bereiche, in denen alles scheußlich klang, unerträglich, schief und schräg. Wieso gab es auf einem so göttlichen Instrument Tonarten, die man nicht spielen konnte? Aber es lag ja nicht an der Orgel, nicht an Mechanik und Konstruktion dieser kompliziertesten aller Maschinen, es lag an dem ungelösten und unlösbaren Problem der Stimmung selbst.

Das bedeutet, dass die Welt höchst unvollkommen ist.

Der Satz von Erdmann fiel ihm wieder ein, der Satz, für den der Freund drei Tage Karzer bekommen hatte. Bach rannte mit Fingern und Füßen immer wieder gegen diese Unvollkommenheit an. Manchmal hieb er vor Wut und Ärger auf die Tasten, so dass die ganze Kirche dröhnte, und hielt sich dann vor Schreck über seine frevelhafte Unbeherrschtheit die Ohren zu.

Wenn er mit anderen darüber sprach, dann schauten sie ihn verständnislos an und sagten, wieso? Wieso willst du unbedingt in Fis spielen? Nimm C-Dur, das klingt doch rein und klar, nach Sonnenaufgang und Es-werde-Licht! Oder F-Dur, das klingt wie Sturm und Tod, besonders wenn du das Moll dazu anschlägst, also d-Moll. Oder geh zu G-Dur, und du hast den Frühlingsklang herbeigezaubert! Und wie viele andere schöne Möglichkeiten hast du noch! Was willst du mit Fis-Dur? Kein Mensch spielt in Fis. Genauso gut könntest du den Mond vom Himmel holen. Finde dich ab!

Aber mit dem Mond war es auch so eine Sache. Bach hatte sich inzwischen ein wenig mehr mit dem neuen Kalender befasst. Der stimmte, wenn man es genau nahm, hinten und vorne nicht. Die Mondphase dauerte neunundzwanzig Tage und einen halben. Die Monate dagegen hatten mal dreißig, mal einunddreißig, mal achtundzwanzig Tage. Aber auch mit dieser schon beunruhigend willkürlichen Einteilung hatte man es nicht vermocht, das Kalenderjahr mit dem Lauf der Erde um die Sonne in Übereinstimmung zu bringen. Nach dreihundertfünfundsechzig Tagen hinkte die Erde einen viertel Tag hinterher! Das war auch so ein Komma! Es summierte sich in vier Jahren zu einem ganzen Tag. Im nächsten Februar würde man einen 29ten Tag einfügen, damit das Jahr wieder rund war. Das war doch eine ziemlich unvollkommene Angelegenheit, oder nicht?

Wenn Bach versuchte, mit Johann Ernst über solche Sonderbarkeiten zu sprechen, dann fielen dem Vetter nach kurzer Zeit die Augen zu. Du bist ein Grübler, Bach, sagte er nur. Du suchst die Wahrheit, wo es in Wahrheit gar nichts zu suchen gibt. Gott hat die Welt nicht dafür geschaffen, dass wir hinter alle seine Geheimnisse kommen.

Doch, sagte Bach, Gott hat uns mit Vernunft begabt, damit wir Ihn erkennen. Damit wir die Harmonie des Himmels auch in unseren Herzen wieder finden. Ergo müssen wir die Wahrheit der Musik finden, die wahre Musik.

Das ist mir zu hoch, sagte Johann Ernst. Ich will vor allem, dass Musik gut klingt, das Herz erhebt und uns die Müh und Plagen des Tages vergessen macht.

Aber kann denn Musik gut klingen, wenn sie nicht wahr ist?, fragte Bach voll Ungeduld. Sind Wahrheit und Schönheit nicht Geschwister, die untrennbar zusammengehören? Nur das Wahre ist schön, nur das Schöne ist wahr, ist es nicht so?

Lass uns von etwas anderem reden, sagte Johann Ernst und gähnte.

Bach sah ein, dass es sinnlos war.

Nach außen tat er von nun an so, als hätte er sich mit der unvollkommenen Stimmung abgefunden. Aber in Wahrheit hörte er nur auf, davon zu reden. Es war wirklich sinnlos. Er hätte sich nur wiederholen können, und wozu, wenn die anderen taube Ohren hatten. Aber sein Ärger und seine Sehnsucht blieben bestehen. Sein Ärger über die Unvollkommenheit der Orgel und seine Sehnsucht nach einer vollkommenen Musik. Nein, er musste nicht nach Italien reisen, Italien war nicht das Ziel, von dem er träumte. Die Reise, die er antreten wollte, war die Reise nach Fis-Dur.

15. Nach Süden!

EIN JAHR, NACHDEM ER SEINEN POSTEN in Arnstadt angetreten hatte, kamen die drei Cousinen in die Stadt,
Friedalena Margaretha, Barbara Catharina und Maria Barbara.
Vor zehn Jahren war ihr Vater gestorben, und nun hatten sie
auch noch die Mutter verloren. Der Bürgermeister, der mit
der Zwillingsschwester ihrer Mutter verheiratet war, nahm sie
auf und quartierte sie im so genannten Steinhaus ein. Bach
begann nun immer häufiger die Stiegen zu dem gemütlichen
Wohnzimmer hochzusteigen, ließ sich mit Tee und Gebäck
bewirten und plauderte mit ihnen.

Die Cousinen hörten ihm gern zu, sowohl wenn er redete als
auch besonders, wenn er spielte. Sie mochten ihn. Er mochte
sie auch, eine lieber als die andere. Diejenige, für die er sich
am wenigsten begeistern konnte, war Friedalena Margaretha. Sie war die Älteste der drei, beinahe schon Dreißig, und
ihre Augen zeigten eine müde Ironie, die zu besagen schien:
Na ja, vorbei, das Leben hat nicht stattgefunden, aber ich
werde mich trotzdem nicht der Frömmigkeit ergeben, dazu
bin ich zu stolz.

Die beiden anderen aber brachten Bach in ernsthafte Ent-
scheidungsnot. Er musste sich gar nicht entscheiden, er hatte
es auch nicht vor, sie waren seine Cousinen, aber wenn er
mit den Dreien zusammen saß, dann stellte er sich trotzdem
unwillkürlich die Frage, welche von ihnen er sich erwählen
würde. So war man wohl als Mann. Man bildete sich ein,
man müsse sich entscheiden, auch wenn es gar nichts zu
entscheiden gab.

Maria Barbara oder Barbara Catharina?

Auf den ersten Blick war Barbara Catharina die Schönere.
Ihre Züge waren ebenmäßig, ihr Gesicht flächig, aber nicht

breit, ihre Nase hübsch geformt, ihre Lippen voll, ihre Augen verträumt. Wenn er in ihrer Begleitung über den Marktplatz ging, dann fühlte er den Stolz des Mannes, der das Glück genießt, an der Seite einer schönen Frau zu spazieren.

Übrigens waren alle drei Schwestern älter als er, auch die jüngste, Maria Barbara. Die allerdings nur fünf Monate und nicht wie Barbara Catharina, fünf Jahre. Dennoch, Maria Barbara war nicht ganz so liebreizend. Ihre hohe Stirn, die kleine, etwas nach unten gebogene Nase und der nicht gerade sinnliche Mund vermittelten weniger den Eindruck von Anmut als den von Verlässlichkeit. Ihre Augen, ja, die waren klar und blitzten. Und ebenso ihr Verstand. Mochte sie auch nicht so schön und anmutig sein wie Barbara Catharina –, von ihr fühlte er sich am stärksten angezogen. Als der Winter vorbei war und der Frühling sich ankündigte, kam er immer häufiger auf die Idee, sie zu einem Spaziergang aufzufordern, einfach so. Und wenn er an ihrer Seite an Schloss Neideck vorbei und durch das Stadttor ging, wenn er beim Gang durch Wiesen und Felder mit ihr über seine Pläne und Hoffnungen sprach, über die Musik als Schlüssel zur Welt oder darüber, dass er einmal eine große Familie gründen wolle, mit vielen, vielen Kindern, und wenn er dann über ihre gelegentlich eingeworfenen Fragen und Gedanken nachsann oder in ihre aufmerksamen Augen blickte, dann öffnete sich auf einmal sein Herz, was ihn erstaunte und zutiefst verwirrte.

Aber das Herz war ein eigenwilliges Wesen. Es hielt sich nicht an die Gesetze von Ursache und Wirkung. Mochte das Zusammensein mit Maria Barbara auch die Wirkursache dafür sein, dass sein Herz wieder zu fühlen begann, so sprach es doch nicht, wie zu erwarten gewesen wäre: Ich liebe Maria Barbara, sondern: Ich sehne mich nach einer gewissen Sängerin!

Es war ein Schock für ihn. Es war gegen alle Vernunft. Er wusste, dass jenes Opern-Frauenzimmer sein Unglück gewesen war, er wusste, dass es nicht Gottes Wille gewesen war, dass er mit ihr glücklich werde, er wusste, dass Hamburg, die Oper und alles, was mit ihr zusammenhing, ihn nur vom Wege abgebracht hatte, und doch verzehrte er sich auf einmal wieder vor Sehnsucht nach ihr.

Maria Barbara sah ihn zweifelnd von der Seite an, wenn seine Stirn sich während eines Spaziergangs mit ihr wieder einmal umwölkte und sein Mund einen schmerzlich-wehmütigen Zug bekam. Aber wenn er dann sagte, es sei nichts, nicht der Rede wert, dann gab sie sich damit zufrieden und quälte ihn nicht mit weiteren Fragen.

Auch mit seiner Arbeit war er nicht mehr glücklich. Er spielte an den drei Tagen, die sein Dienstplan vorsah, die Orgel in der Neuen Kirche, musizierte gegen Extrahonorar auf Hochzeiten und Beerdigungen, aber das war Routine, mehr nicht. Natürlich studierte er auch alle Komponisten, von denen er Notenabschriften besaß oder sich von Christoph Herthum, dem Organisten der Hofkapelle, ausleihen konnte, die Italiener und die Franzosen, die Norddeutschen und die Holländer, aber umso mehr verlangte es ihn, selbst etwas zu schaffen, das der Rede wert war. Er komponierte ein paar Kantaten, versuchte sich in der Komposition der Fuge zu verbessern, aber das alles war Technik, ohne die Verbindung zur Harmonie des Himmels, von der Böhm gesprochen hatte, ohne den wahren Geist der Musik. Es war, als ob ihn Arnstadt, die Stadt der Bachs, nicht nur nicht beflügelte, sondern lähmte.

S EINE UNZUFRIEDENHEIT machte ihn ungeduldig den Schülern gegenüber. Er konnte Schlamperei ohnehin nicht ertragen, und wenn die Gymnasiasten mit ihren Instrumenten Unfug trieben oder auch nur ungeübt zu einer Probe kamen, nahm er das als Missachtung seiner Person und als Angriff auf alles, was ihm heilig war.

Einmal, bei einer Probe für die Kantate *Nach dir, Herr, verlanget mich* ärgerte er sich so sehr über das schlampige Fagottspiel des Schülers Geyersbach, dass er die Probe unterbrach und ironisch bemerkte, Geyersbach werde mit seinem Fagott wohl niemals den basso continuo bewältigen, jedenfalls nicht ohne studio continuo. Und als Geyersbach darüber lachte, fuhr er fort: Er möge nur lachen und es lustig finden, aber die Wahrheit sei, dass er ein unbegabter, fauler, nichtsnutziger Zippelfagottist sei. Und dabei dachte er unwillkürlich an Hamburg, die Katharinenkirche und das Dovenfleet.

Die anderen Schüler machten blöde Gesichter und rätselten an dem Wort herum. Zippelfagottist? Was ist das denn?

Geyersbach aber wurde zornesrot und ballte die Faust.

Ein paar Tage später verbrachte Bach den Abend auf Schloss Neideck bei Christoph Herthum. Sie musizierten ein wenig und tranken eine Flasche Malvasier aus dem Weinkeller des Reichsgrafen. Begleitet wurde Bach von Catharina Barbara, der Mittleren der drei Schwestern.

Ihr Heimweg führte am Rathaus und an der Bonifatiuskirche vorbei, danach schlenderten sie den leicht ansteigenden Weg zum Marktplatz hinauf. Es war eine warme, schwüle Sommernacht, eine dieser Nächte, die einen nicht schlafen ließen, so dass man warten musste, bis es sich abgekühlt hatte. Am Marktplatz, auf dem Langen Stein, saßen dunkle Gestalten. Nicht ganz dunkel, weil der Mond sie beschien, aber doch eben nicht sehr hell.

Als sie näher kamen, erkannte er sie. Es waren sechs Gymnasiasten, Schüttwürfel, Trassdorf, Hoffmann, Manebach, Stützhaus und – Geyersbach. Schüttwürfel behauptete später, er sei nicht dabei gewesen, aber das war eine Lüge.

Bach flüsterte seiner Cousine zu, sie möge ihre Schritte etwas beschleunigen, die Lage könne brenzlig werden.

Catharina Barbara tat, wie ihr geheißen. Bach hielt mit ihr Schritt und wechselte die Seite, um sie abzuschirmen.

Die Gymnasiasten erhoben sich vom Langen Stein und kamen drohend auf ihn zu. Zwei oder drei von ihnen trugen Knüppel in den Händen. Geyersbach voran.

Bach hatte keine Lust auf einen Kampf. Oder doch, Lust hätte er schon gehabt, aber er durfte es nicht riskieren. Ein einziger Schlag mit dem Knüppel konnte für ihn das Ende bedeuten. Stell dir vor, du brichst dir einen Finger, was dann?

Geyersbach packte ihn am Ärmel.

Lass Er mich los, sagte Bach. Auf der Stelle.

Warum er ihn geschimpft habe, fragte Geyersbach.

Er habe ihn nicht geschimpft, sagte Bach.

Er habe sein Fagott beschimpft, sagte Geyersbach, und wer seine Sachen beschimpfe, der beschimpfe auch ihn.

Ach das, sagte Bach und lachte.

Geyersbach hob seinen Prügel.

Bach riss sich los und zog seinen Degen.

Die anderen hielten den Atem an.

Sie blieben stehen und maßen einander mit den Augen. Geyersbach versuchte zu ergründen, ob Bach die tödliche Waffe wirklich benutzen würde. Mit einem Prügel zuschlagen war eine Sache, mit einem Degen zustechen eine andere.

Bach peitschte den Degen durch die Luft.

Catharina Barbara schrie auf.

Geyersbach sprang zurück.

Die anderen suchten das Weite.

Geyersbach hielt noch eine Minute stand, Auge in Auge mit Bach, der zu allem entschlossen war, dann stolzierte er davon, der Rücken steif, verkrampft, als erwarte er jederzeit, dass Bach ihn von hinten aufspießen würde.

Und damit war der Spuk vorbei.

Aber es gab ein Nachspiel.

Bach beschwerte sich beim Konsistorium. Er bestehe darauf, dass Geyersbach und seine Kumpane hart bestraft würden. Es kam zu einer Anhörung. Catharina Barbara und die Schüler wurden als Zeugen vernommen. Die Aussagen widersprachen sich. Die Schüler behaupteten, Bach sei mit einer Tobackpfeife im Mund auf den Marktplatz gekommen. Mit anderen Worten: aufgeputscht. Man wusste ja, wie Toback wirkte. In diesem Zustande hätte er sie friedlich auf dem Langen Stein herumsitzend angetroffen und sofort den Degen gezogen wie einer, der außer sich sei, von bösen Geistern besessen.

Catharina Barbara erschütterte ihre Glaubwürdigkeit. Sie versicherte, Bach habe keine Pfeife geraucht, er habe nicht einmal eine dabei gehabt, weil er wusste, dass sie den Toback nicht gern rieche. Außerdem habe er nur aus Notwehr zum Degen gegriffen, weil Geyersbach mit dem Prügel auf ihn losgegangen und die anderen in der Überzahl gewesen seien.

Trotz dieser Aussage begnügte sich das Konsistorium mit einer bloßen Verwarnung für den Schüler Geyersbach. Die anderen kamen ungeschoren davon. Bach aber erhielt einen Verweis. Er hätte es unterlassen können, den Geyersbach einen Zippelfagottisten zu nennen, sagten sie, aus dergleichen Sticheleien kämen nachher solche Verdrießlichkeiten. Zumal er ohnehin in dem Ruf stünde, sich mit den Schülern nicht gut zu comportieren. Was es denn damit auf sich habe?

Bach stand da und brachte kein Wort heraus. Er sah sie seltsamerweise weit, weit von sich entfernt, wie geschnitzte Figuren in einer Puppenstube. Er war nicht im selben Raum wie sie. Sie waren andere Wesen, wie Kobolde oder Wichtelmänner. Die Worte, die sie sprachen, wurden ihm immer unverständlicher.

Nun?, hörte er jemanden sagen. Will er uns keine Antwort geben?

Sie sollten ihm einen Director musices an die Seite stellen, sagte er aufs Geratewohl. Einen, der bei den Schülern für Disziplin und Ordnung sorge.

Für einen Director musices gäbe es kein Geld, entgegneten die Stadtväter. Daher möge er sein Temperament zügeln und so weitermachen wie bisher.

Bach presste die Lippen aufeinander und dachte: Ich muss hier weg.

ENDE AUGUST erreichte ihn ein Brief von Georg Erdmann. Erdmann war jetzt, nachdem er sein Studium der Rechte erfolgreich abgeschlossen hatte, mit seinem Prinzen auf die Grand Tour gegangen. Sie waren über Frankfurt und Nürnberg nach Italien gereist und befanden sich nunmehr in Venedig.

Venedig, Bach! Du musst hierher kommen, augenblicklich, bevor diese Stadt im Meer versinkt! Sie ist auf Pfählen erbaut, durchzogen von Kanälen, bestückt mit tausenden von Brücken. Als wir zu Schiff von Chioggia aus übersetzten, war uns nicht anders, als sähen wir eine Fata Morgana aus dem Nebel aufsteigen.

Und Musik, lieber Freund, Musik ist neben der Malerei die Kunst der Künste in Venedig. Eben hörten wir im Palazzo der Familie Ottoboni das Konzert eines jungen Musikers, den man den prete rosso *nennt, den roten Priester, weil er das Priesteramt bekleidete und flammend rote Haare hat. Sein Name lautet Antonio Vivaldi, und die Musik dieses jungen Meisters – wir hörten ein Violinkonzert – ist so vortrefflich, dass es einem den Atem raubt.*

Seitenlang erging sich Erdmann in Schwärmereien über Venedig, Vivaldi und die Virtuosität der Venezianer, denen jede Kunst, Malerei wie Musik, ja, sogar die Kirchenmusik in erster Linie als Vergnügen und Zerstreuung galt. Der Brief endete, wie er angefangen hatte, mit dem dringlichen Appell, sich auf den Weg zu machen: *Nach Süden, Bach, nach Süden!*

Bach aber hörte aus diesem Appell genau das Gegenteil heraus. Nach Norden!

Er dachte an Adam Reinckens Worte. Der Gedanke daran ließ ihn nicht mehr los. Schließlich setzte er sich hin, spitzte die Feder und schrieb einen Brief an Dieterich Buxtehude, in dem er den Meister darum bat, ihn für eine Weile aufzunehmen und zu unterrichten.

Die Antwort kam Anfang Oktober. Er möge nur kommen, am besten noch im November, damit er an den außerordentlichen Abendmusiken teilnehmen könne, die Anfang Dezember aufgeführt würden.

Bach bat das Konsistorium um Urlaub und fragte seinen Vetter Johann Ernst, ob er ihn vertreten könne. Dann nahm er Abschied von Maria Barbara und machte sich auf den Weg nach Lübeck.

16. Abendmusiken

ER GING DIESELBE STRECKE, die er vor fünf Jahren mit Erdmann gewandert war. Gotha, Mühlhausen, Wolfenbüttel, Lüneburg – nur dass es damals Frühling gewesen war und jetzt die letzten Blätter von den Ästen fielen.

Die Michaelisschule gewährte ihm ein Bett für die Nacht. Am nächsten Morgen machte er einen kurzen Besuch bei Böhm.

Er muss zu Buxtehude, sagte Böhm.

Bin auf dem Weg, sagte Bach.

Drei Tage später sah er von fern die sieben Türme der Stadt. Die Marienkirche mit ihren Doppeltürmen lag im Zentrum, direkt am Markt.

Bach zeigte am Mühlentor seine Pässe und Papiere und ließ sich den Weg zum Markt beschreiben. Der Diensthabende sagte etwas in einer Sprache, die Bach nicht verstand, mit kurzen Vokalen und gedoppelten Konsonanten wie *watt* und *datt* und *jümmer* und *wedder*, aber er zeigte in die richtige Richtung und das reichte. Vom Marktplatz aus brauchte Bach nur noch durch die kleine Straße mit dem seltsamen Namen *Weiter Krambuden* zu gehen, dann war er auch schon da.

Buxtehude empfing ihn mit offenen Armen. Er war ein wohlgenährter Mann mit gütigen Augen, einem kleinen Mund, der ein wenig erstaunt offenstand, und schwarzer, struppiger Perücke. Reincken habe sich lobend über ihn geäußert, sagte er, das sei jetzt drei oder vier Jahre her, und er habe sich damals schon gefragt, warum der junge Herr Musicus nicht die drei Tage Wanderung von Lüneburg nach Lübeck auf sich genommen habe, um mal bei ihm vorbeizuschauen?

Sie stiegen hinauf in den ersten Stock des Hauses und kamen in das Zimmer, das man hier im Norden die *Gute Stube* nannte.

Bach traute seinen Augen kaum. Es war, als hätte er Arnstadt gar nicht verlassen! Da saßen Buxtehudes Töchter um den gedeckten Tisch herum und blickten ihn erwartungsvoll an. Wie ein getreues Abbild der Cousinen! Die Älteste der drei, Anna Margreta, hatte ebenso einen verhärmten Zug um den Mund wie Friedalena Margaretha, nur dass ihr Blick stolzer war und trotzig verkündete *Wartet nur, ich kriege schon noch einen von euch!*

Die Mittlere, Anna Sophia, war auch in diesem Trio die Hübscheste, mit einer ruhigen, lasziven Ausstrahlung, als hätte ein Maler sie in Pastellfarben gemalt. Die Jüngste, Dorothea Catrin, war im selben Alter wie Maria Barbara, aber energischer und unruhiger. Sie konnte kaum stillsitzen, das sah man ihr an, sie sprühte vor Lebendigkeit und Lebenslust, und aus ihren Augen blickte ein wacher Geist.

Die könnte mir gefallen, dachte er.

Bei Kuchen und Tee plauderten sie über das Wetter, die Wanderung von Arnstadt über Lüneburg hierher und darüber, was Bach hier vorhabe.

Er wolle das ein oder andere in seiner Kunst begreifen, sagte er.

Buxtehude nickte beifällig. Bach könne leider nicht hier im Werkmeisterhaus logieren, sagte er, das würde auf die Dauer zu eng, deswegen hätte er sich erlaubt, ein Arrangement mit einer Zimmerwirtin zu treffen, die ganz in der Nähe wohne, mit der Witwe Brinkmann. Sie verlange dafür vier Mark *lübsch* die Woche, also einen Reichstaler und acht Groschen. Da sei aber auch das Frühstück inbegriffen.

Das werde sie ihm vermutlich sogar ans Bett bringen, sagte Dorothea Catrin, und alle drei Schwestern prusteten los.

Buxtehude machte eine hilflose Geste. *Sie tanzen einem eben auf der Nase herum, was soll man machen?*

Die Witwe Brinkmann war eine kleine rothaarige Frau in ihren Dreißigern. Trotz ihrer weichen, rundlichen Formen wirkte sie eher zierlich. Ihre Zähne waren weiß und vollständig, was bei einer Frau in ihrem Alter selten war. Über ihre Stupsnase hatte Gott mit lockerer Hand ein paar Sommersprossen gesät, die einen lustigen Kontrast zu dem etwas Grüblerischen und Trotzigen ihres Gesichts bildeten.

Sie zeigte ihm ein kleines, spärlich eingerichtetes Zimmer mit einem Bett, einem Stuhl und einer hübsch bemalten Truhe, in der er seine Sachen verstauen konnte. Bach dankte ihr, legte sich ins Bett und schlief sofort ein.

I N DEN NÄCHSTEN TAGEN stand alles im Zeichen der Abendmusiken, die für dieses Jahr geplant waren, *Castrum doloris* und *Templum honoris*. Buxtehude nannte sie außerordentliche Abendmusiken, weil sie nicht, wie in den Jahren zuvor, an den fünf Sonntagen vor Weihnachten stattfinden sollten, sondern nur an zwei Tagen, mitten in der Woche, unmittelbar hintereinander, an einem Mittwoch und einem Donnerstag. Außerordentlich war auch der Anlass. Im vergangenen Mai war der Kaiser gestorben, und die Abendmusiken waren der Trauer über seinen Tod sowie der Freude über seinen Nachfolger gewidmet. Bach hätte lieber an einer regulären Abendmusik teilgenommen wie etwa *Das allerschröcklichste und allererfreulichste, nämlich, Ende der Zeit und Anfang der Ewigkeit,* das vor einigen Jahren aufgeführt worden war, in fünf Vorstellungen, *auff der Operen Art,* mit vielen Arien und Ritornellen, wovon Buxtehude heute noch schwärmte, aber er war auch froh, dass er überhaupt die Gelegenheit bekam, an diesen Aufführungen mitzuwirken.

Denn ja, es war ein großes Abenteuer, Buxtehude als Dirigenten und Arrangeur der Aufführung zu beobachten! Wie der mit zugleich fester Hand, sicherem Geschmack, einer geradezu fanatischen Liebe zum Detail und unbestechlicher Wahrheitsliebe das Orchester und überhaupt alle an der Aufführung Mitwirkenden dirigierte, und wie er bei all der Fülle von Dingen, die er zu beachten hatte, niemals ungehalten wurde, das war bewunderungswürdig. So unzufrieden und griesgrämig Buxtehude sein konnte, wenn er am Mittagstisch über Gott und die Welt und vor allem über das Musikwesen der Stadt räsonierte – während der Proben strahlte er nur Begeisterung aus, und die war so ansteckend, dass alle, die in der winterkalten Marienkirche zusammengekommen waren, ihre Kräfte bis zum Äußersten anspannten. In jedem Einzelnen weckte Buxtehude das Gefühl, dass es hier um etwas wahrhaft Großes ging, und dass das Gelingen nicht zuletzt von seinem Einsatz abhing.

Bach fügte sich mit seiner Geige in das Unisono der fünfundzwanzig Violinen ein, die ernste und getragene Weisen für den ersten Abend einübten, an dem der verblichene Leopold I. betrauert wurde.

Fünfundzwanzig Violinen! Ein Heer von Geigern! Auf die Idee musste erstmal einer kommen! Und dann auch noch den Mut haben, sie umzusetzen!

Bach bekam ein kleines Salär für die Mitwirkung, wovon er das Zimmer und das Frühstück bezahlen konnte.

Mittag- und Abendessen nahm er bei Buxtehude ein, im Kreise der drei Schwestern. Dorothea Catrin flocht in immer neuen Variationen Anspielungen auf die Verführungskünste der Witwe Brinkmann in die Gespräche ein, und Bach stellte sich beharrlich so, als verstünde er nicht, wovon die Rede sei. Er konnte aber nicht verhindern, dass diese Anspielungen seine Phantasie anregten.

Am 2. Dezember war es soweit. Bach sah von seinem Platz im Chor der Violinen, wie sich die Hohe Kaiserliche Leiche im Sarg auf dem Parade-Bette präsentierte, mit vielen Lampen und Lichtern illuminiert. Auf dem Haupt die kaiserliche Krone, an den Seiten die königlich Ungarische, die Böhmische und alle anderen Kronen. Darüber prangte auf vier Palmbäumen ein schön verzierter Himmel, und viele Engel hielten mit Lichtern Wache. Neben der Orgel sah man die beiden Musik-Chöre und die Posaunen und Trompeten mit Sourdinen, und auch die übrigen Instrumente waren, wo möglich, dem Anlass entsprechend gedämpft. Natürlich war die Hohe Kaiserliche Leiche nur *in effigie,* als Abbild, zugegen, aber das tat der Feierlichkeit keinen Abbruch.

So traurig, herzergreifend und das Gemüt erschütternd die Musik an diesem ersten Tage war, so festlich strahlend und jubelnd war das Konzert am nächsten. Das *Templum honoris,* der Ehrentempel für den neuen Kaiser Joseph I., wurde nicht im Westen der Kirche errichtet, sondern im Osten, wo die Sonne aufgeht. Der Tempel war schön verziert und illuminiert, umgeben von einer starken Garde tapferer Helden. Der Weg dorthin war zu beiden Seiten mit den Allegorien der Tugenden und der Wissenschaften besetzt, die Flügeltüren standen offen, und drinnen auf dem Altar sah man das Brustporträt ihrer Kaiserlich Römischen Majestät. Vorn, auf dem Platz vor dem Tempel präsentierten sich die Allegorien der Lust und der Freude, deren Kinder allerhand Trophäen, Kränze und Blumen mit Palm- und Lorbeerzwcigen auf ihren Köpfen und in den Händen trugen.

Für dieses Festkonzert, in welchem die Posaunen und Trompeten ungedämpft schmetterten, hatten die Stadtväter sogar zwei neue Kesselpauken spendiert, alles zur Ehre des neuen Kaisers.

Aber so groß Buxtehudes Genugtuung auch über das verdiente Lob war, das die Abendmusiken ihm einbrachten, so sehr haderte er mit dem Rang, den die Musik in der Stadt allgemein einnahm. Früher sei die Musik das Höchste gewesen, klagte er beim Mittagessen, während die drei Töchter die Augen zum Himmel verdrehten, weil sie diese Rede vermutlich nicht das erste Mal hörten, aber seit etlichen Jahren ging's mit der Wertschätzung bergab. Was habe er zum Beispiel darum kämpfen müssen, dass die Orgel repariert wurde! Die Claves hätten geklemmt, die Pfeifen seien von den Ratten angefressen gewesen – die Ratten seien ja ganz versessen auf den Bleizucker, den manche Pfeifen absonderten –, der Zustand sei erbärmlich gewesen, aber die Stadtväter hätten gegeizt. Jahrelang! Am Ende habe man zähneknirschend einen mediokren Mechanicus angeheuert, der die große Orgel auf das Notdürftigste instandgesetzt hätte, und zwar für lausige fünfhundertzehn Mark der Lübecker Währung, fünfhundertzehn Mark *lübsch!* Nur zum Vergleich: Der Maler Anton Wortmann habe in diesem Jahr zweitausendfünfhundert Mark für die Vergoldung des Orgelprospekts bekommen. Das sei die neue Zeit! Dem Auge werde gehuldigt, das Ohr werde missachtet. Was folgt daraus, Bach?, rief er aus. Was hat das für Konsequenzen, wenn die Menschen sich ganz auf das Sehen verlegen und das Hören verlernen? Werden sie nicht am Ende noch verlernen, auf Gottes Wort zu hören?

Ein ums andere Mal kam Buxtehude darauf zurück. In Holland, sagte er einmal, in den Niederlanden, habe man im letzten Jahrhundert Tausende und Abertausende von Bildern gemalt, wie am Schnürchen. Millionen. In allen Häusern, allen Amtsstuben, nicht nur im Rathaus, sogar im Spinnhaus hingen Bilder, Bilder, Bilder! Und nicht etwa Darstellungen von biblischen Begebenheiten! Nicht einmal Motive aus der Mythologie! Was die Mijnherren sich an die Wände hängten, das seien Abbildungen – ihrer selbst! Porträts. Gruppenbilder. Das Leben auf dem Marktplatz! Hochzeitsgesellschaften. Geburtstagsfeiern. Ja, sogar ihre Speisen ließen sie abmalen und hängten sie als Bilder an die Wand, den Hummer, den Fasan, die Weintraube oder den Fisch!

In der Kirche, wenn sie gemeinsam an der großen Orgel mit den drei Manualen saßen, war er wieder voller Begeisterung für den Kosmos der Klänge, die man aus diesem wunderbaren Instrument herausholen konnte. Das Präludium, Bach, rief er, während seine Finger über die Tasten galoppierten, das Präludium eröffnet uns die reichsten Möglichkeiten. Immer wieder etwas neues, etwas anderes, das ist das Wunder der Improvisation. Abwechslung, Bach, von den höchsten Tönen zu den tiefsten, von den lauten zu den leisen, von den harten aus den metallischen Pfeifen zu den weichen aus den hölzernen, und Mut, Bach, Mut zu immer neuen Klangwelten, nicht stehenbleiben, nicht im Gewohnten verharren, Neuland betreten, hinein in den Urwald, hinauf auf die Berge, hinunter in die Abgründe, hinaus aufs weite Meer!

Aber das brauchte er eigentlich nicht zu sagen, Bach wusste es ja und wollte selbst nichts anderes. Alles Mögliche, ja! Alles versuchen, alles ausprobieren, neue Wege gehen, danach verlangte es ihn ja selbst, deswegen war er hier. Und was er sich erhofft hatte, war wirklich eingetreten, er war auf einen Meister getroffen, der ihn nicht nur nicht hemmte oder entmutigte wie Vetter Johann Ernst und die anderen in Arnstadt, sondern ihn ermutigte und sogar herausforderte, immer noch mehr zu versuchen, immer noch weitere Wagnisse einzugehen: Und jetzt, am Ende des Präludiums eine Fuge, Bach, das ist der krönende Abschluss, darauf läuft es hinaus. Das Präludium ist ungestüm wie die Jugend, die Fuge ist geordnet und beherrscht wie das Mannesalter, die Freiheit findet ihr Ziel in der Form! Aber was rede ich, man braucht Ihm ja eigentlich gar nichts mehr beizubringen, kaum hat man Ihm etwas gezeigt, beherrscht er es auch schon! Nur so viel noch, Bach: Achte er nur immer auf sein Umfeld! Ein Baum gedeiht nicht in der Wüste, er braucht Wasser, das Wasser des Lebens! Achte Er nur immer darauf, dass er mit Seinesgleichen zusammenkomme und nicht bloß mit Kleingeistern, die Ihn verkümmern lassen!

Ja, es war ein einziges Aufatmen hier in Lübeck. Das Wasser des Lebens in dieser Stadt war die Trave, auf der die Schiffe ankamen und wieder fortsegelten, die Fischkutter und die Handelsschiffe, die der Stadt den Reichtum brachten, mit dem sie ihre Häuser, ihre Plätze und ihre Kirchen schmückte. Und, das durfte man ja auch nicht vergessen, mit dem sie ihre Musiker bezahlte, die sieben Ratsinstrumentalisten und die Organisten, die Kantoren und die Sänger, die gelegentlich sogar von der Oper in Hamburg kamen.

An den Adventssonntagen führte Buxtehude Kantaten auf, und Bach sah und hörte mit Staunen, wie sehr diese Kantaten von der Oper beeinflusst waren, mit frei gedichteten Texten und Arien, die sich auch auf der Opernbühne hätten hören lassen können. Ein Wunder beinahe, dass in der Marienkirche nicht geklatscht und da capo gerufen wurde!

Dann wieder saßen sie in Buxtehudes Komponierstube in den *Weiter Krambuden* (Krambuden waren Krämerläden, wie Bach inzwischen gelernt hatte), philosophierten über das wahre Wesen der Musik, über ihren Einfluss auf die Affekte und ihren Zusammenhang mit der Harmonie der Welt. Oder sie probierten am Cembalo neue Akkordverbindungen aus, und hier war es Bach, der seinen Mentor mit einigen Akkordfolgen überraschte, die weit über das hinausgingen, was die Stimmung des Instruments erlaubte. Er könne es einfach nicht mehr ertragen, sagte Bach, hier, wenn er von Es-Dur zu As-Dur überginge, dann könne man das noch halbwegs durchgehen lassen, aber sowie er von As zu Des gehe – hier! – das sei doch grauenvoll, unerträglich! Er wisse natürlich, dass das alles seine Ursache habe, aber trotzdem! Warum sollte es nicht eine Stimmung geben, in der man alles spielen könnte, alles?

17. Angela

ES WAR UNANGENEHM KALT IN DER STADT. Bach hatte nichts gegen eine klare, reine, trockene Kälte, wie er sie von Thüringen her kannte, aber diese hier? Vom Mare Balticum her kommend jagten stürmische Winde mit furchterregendem Geheul durch die Straßen und brachten eine feuchte, nasse, an allen Gliedern reißende Dezemberkälte in die Stadt.

Nicht nur Bach fror erbärmlich. Auch seine Zimmerwirtin klagte über *watt'n Schietwedder ook*. Ob er nachts auch immer so friere wie sie?

Bach sagte ja.

Aber sie könne jetzt nicht auch noch nachts den Ofen heizen, sagte sie trotzig.

Bach sah das ein.

Na ja, sagte sie und zog die Nase kraus, so dass die Sommersprossen ein neues Muster bildeten, sie werde sich da etwas überlegen. Er solle aber nicht allzu überrascht sein. Und dabei schlug sie die Augen nieder.

Am Abend, als er im Bett lag und sich die Decke halb über den Kopf zog, wünschte er sich, dass er mit bloßer Gedankenkraft etwas herbeizaubern könnte, das ihn wärmte. Was waren das für Zeiten gewesen, als man nur an einem Ring zu drehen oder ein Zauberwort zu sprechen brauchte – und schon war der Wunsch erfüllt! Heute wurde alles immer nüchterner und rationaler, das hatte auch seine Nachteile. Der Einzige, der noch Wunder vollbringen konnte, war Gott im Himmel, aber IHN konnte er um die Erfüllung seines Wunsches nicht bitten, in diesem Falle vermutlich nicht.

Noch während ihm diese und ähnliche Gedanken durch den Kopf gingen und er sich dabei mit seinen eigenen Armen umschlang, öffnete sich die Tür – nur einen Spalt breit, ganz leise –, und in der Türfüllung erschien ein flackerndes Licht, das eine in ein weißes Nachthemd gekleidete Gestalt beleuchtete.

Ob er schon schlafe, flüsterte eine Stimme.

Ich? Nein, flüsterte er zurück.

Ob sie sich ein wenig an ihm wärmen dürfe?

An mir? Oh ja! Er sagte es nicht, aber er nickte eifrigst mit dem Kopf.

Was er dabei nicht bedachte, war, dass zwar er die Gestalt im flackernden Kerzenschein sah, sie aber nicht ihn.

Na, dann nichts für ungut, sagte sie und schickte sich an, die Tür wieder zuzuziehen.

Nein, nein!, rief er flüsternd. Kommen Sie nur, kommen Sie!

Sie umklammerten einander mit einer Heftigkeit, als fürchteten sie, sofort wieder auseinander gerissen zu werden, pressten Leib gegen Leib, verhakten die Schenkel ineinander und ließen einander wieder los, nur um sich erneut heftig zu umarmen. Dann aber, als das erste Aufeinanderprallen sich erschöpft hatte, wurden sie so zart und zärtlich, wie sie eben noch ungestüm und drängend gewesen waren, und ließen sich alle Zeit der Welt.

O B ER VON WERCKMEISTERN gehört habe, fragte Buxtehude am nächsten Abend, als sie mit den drei Schwestern in der Guten Stube saßen und gebratene Heringe aßen.

Bach schaute ihn fragend an. Natürlich hatte er von Werkmeistern gehört, Buxtehude war ja selbst einer. Er war nicht nur Organist, sondern auch Werkmeister zu St. Marien, hatte die Kirchenbücher zu führen, die Kirchenkasse zu verwalten, Öl, Kerzen, Wein und Kohlen einzukaufen, die Gehälter auszuzahlen, Handwerkerrechnungen zu begleichen und alle Einnahmen und Ausgaben fein säuberlich in das dafür vorgesehene Rechnungsbuch einzutragen.

Nein, nein, sagte Buxtehude lachend, er rede nicht von einem, der ein Werkmeister sei, sondern von einem, der so heiße, nämlich Andreas Werckmeister aus Halberstadt.

Bedaure, sagte Bach, der Name sei ihm noch nicht untergekommen.

Werckmeister, sagte Buxtehude, schlägt eine neue Temperatur vor.

Ja, und?, dachte Bach. Es war nichts Neues. Allenthalben wurde diese oder jene Temperatur vorgeschlagen, also die Veränderung der Quinten oder der Terzen, damit das Spektrum des Spielbaren sich erweiterte. Jeder Orgelbauer hatte inzwischen seine eigene Stimmung. Es war ein Chaos. Nicht anders als das Chaos auf den Straßen, wo in jedem Land eine andere Spurweite gepflastert wurde. Oder das Chaos mit dem Geld, das in jedem Fürstentum ein anderes war, man kam, wenn man sich auf Reisen begab, aus dem Umrechnen schon gar nicht mehr heraus. Oder das Chaos mit den Längenmaßen, man kaufte eine Elle Stoff und wusste nicht, wie viel das war, mal mehr, mal weniger, je nachdem, wo man sich befand. Und so auch bei den Orgeln. Das fing schon mit dem Stimmton an. In jedem Land, in jeder Stadt, in jedem Dorf gab es einen anderen, mal höher, mal niedriger, meist höher, weil dann die Orgelpfeifen etwas kürzer waren und ein wenig von dem teuren Zinn gespart wurde. Verwirrender aber war die je besondere Stimmung der Instrumente. Wobei Cembalo und Clavichord ja ohne Mühe umgestimmt werden konnten, aber die Orgeln ließen sich nicht mehr umstimmen, wenn sie einmal gebaut waren. Aber damit, dass man am Cembalo oder am Clavichord einen anderen Grundton wählte, war einem ja auch nicht gedient, wenn man ein Stück durch die verschiedensten Tonarten hindurch modulieren wollte, denn mit dem anderen Grundton waren nur die Grenzen verschoben, verschwunden waren sie nicht. Und man konnte ja nicht mitten im Stück aufhören und sagen, Moment, jetzt brauchen wir erstmal 'ne halbe Stunde, um das Instrument umzustimmen, Ihr könnt euch ja so lange die Beine vertreten.

Eine neue Stimmung?, fragte Bach nur mäßig interessiert.

Ja, sagte Buxtehude, sein Freund Andreas Werckmeister habe ihm vor einiger Zeit von einer Stimmung berichtet, die alles zu spielen ermögliche, alle Tonarten gleichermaßen. Es sei gewissermaßen, so habe er geschrieben, die Vollendung des Quintenzirkels.

Eine Stimmung, in der man alles spielen konnte? ALLES?

Bach wurde von einer plötzlichen Erregung ergriffen. Das Blut schoss ihm in den Kopf und pochte gegen seine Schläfen. Sein Herz vollführte solche Sprünge, dass er fürchtete, es werde aus seiner Brust heraus springen und davonhüpfen. Die Vollendung des Quintenzirkels?, flüsterte er.

So hat er es genannt.

Und wie?

Durch Temperatur.

JA, ABER WELCHE?, rief Bach aus.

Nun, sagte Buxtehude und legte ihm beruhigend die Hand auf die Schulter, das möge er ihn nur selber fragen. Er komme ja im Januar her, gleich nach Epiphanias.

IM JANUAR!?

Es war Mitte Dezember. Acht Wochen war Bach jetzt schon von Arnstadt fort. Er hätte eigentlich längst wieder zurück sein müssen. Vom Konsistorium hatte er nur vier Wochen Urlaub bekommen, was allerdings nicht ganz wörtlich zu nehmen war. Allein der Fußmarsch von Arnstadt nach Lübeck hatte vierzehn Tage gedauert. Zurück noch einmal vierzehn, da wären die vier Wochen schon um gewesen. Hätte er nach Lübeck wandern sollen, um einmal ans Holstentor zu klopfen und dann wieder umzukehren? Nein, *vier Wochen* war nur so eine Redensart für *eine ganze*

Weile oder *so lange, wie es eben braucht.* Das hatten alle gewusst, auch Maria Barbara.

Aber zum Christfest bin ich wieder da, hatte er ihr versprochen.

So Gott will, hatte sie geantwortet.

Gott wollte es nicht. Wenn im Januar der Mann kam, dem
es gelungen war, den Quintenzirkel zu schließen, dann konnte
Bach nicht vorher abreisen. Unmöglich. Seit er in Arnstadt
Organist war, hatte ihn die Frage umgetrieben, ob es möglich wäre, mit einer einzigen Stimmung auch noch die entlegensten Tonarten zu erreichen. Er hatte natürlich auch selbst
Versuche gemacht, das Clavichord auf diese oder jene Weise
umzustimmen, war aber niemals zu einer Lösung gekommen.
Und dieser Werckmeister hatte die Antwort darauf? Wenn das
wahr wäre, dann könnte er endlich die große Reise antreten,
die Reise nach Fis-Dur. Dann hätte er das Schiff, mit dem er
die Welt umsegeln könnte, die Welt der zwölf Töne und der
vierundzwanzig Tonarten. Dann hätte er das Instrument, das
ihm erlaubte, den Mond vom Himmel zu holen.

Nein, er konnte nicht mehr fort.

Jetzt nicht mehr.

E S WAR ABER AUCH GAR KEINE NOT ABZUREISEN. Die
Witwe Brinkmann, die er des Nachts seinen Engel nannte,
weil sie Angela hieß und weil sie ihn aus der Kälte seiner dunklen Kammer errettete, kam nicht jede Nacht zu ihm, beileibe
nicht, aber doch immer wieder, meist dann, wenn er schon
gar nicht mehr damit rechnete. Es war, so dachte er, wenn er
allein lag und auf sie wartete, gerade dieses Unvorhersehbare,
Unberechenbare, das die Freude noch steigerte. Es war nicht
anders als in einer guten Orgelphantasie: Wenn man hinge-
halten und auf Umwege geführt wird, dann ist das Vergnügen
besonders groß. Er mochte sich in den kalten Nächten nach

dem flackernden Licht sehen, aber wenn es ausblieb, grämte er sich nicht, sondern freute sich an der Spannung, die alle Fasern seines Körpers belebte und seine Sinne schärfte. Freilich, wenn gar keine Hoffnung mehr auf harmonische Auflösung bestand, dann war es auch nicht das Wahre. Aber immer, wenn er sich schon damit abfinden wollte, öffnete sich auf einmal wieder die Tür, und die weiße Gestalt erschien. Am Morgen aber, wenn er erwachte, war der Engel fort. Er wusste nicht, wann sie davonhuschte, er bekam es niemals mit. Das eine oder andere Mal stellte er sich nur schlafend, aber sie ließ sich nicht täuschen. Sie schmiegte sich an ihn und schlief ruhig und fest, bis ihn der Schlaf übermannte, dann stahl sie sich davon. Wenn er am andern Tag aufwachte, lag er allein im Bett.

Beim Frühstück und auch sonst tagsüber, verhielt sie sich so, als sei sie niemals bei ihm gewesen. Sie sagte Monsieur Bach zu ihm und sprach ihn in der dritten Person an. Am Morgen nach ihrem ersten nächtlichen Besuch hatte ihn ihre Fremdheit in große Verwirrung gestürzt, weil er glaubte, etwas falsch gemacht und alles für immer verpatzt zu haben. Aber als sie in der folgenden Nacht doch wieder zu ihm kam, und am Morgen danach auch wieder so tat, als wären sie einander niemals näher gekommen, da nahm er es hin und fühlte sich sogar erleichtert. Manchmal fragte er sich, ob er nicht wirklich alles nur geträumt hätte, aber wenn dann das nächste Mal die Tür aufging und eine Gestalt mit goldrotem Haar zu ihm ins Bett schlüpfte, dann wusste er wieder, dass der Traum Wirklichkeit war.

D AS HINDERTE IHN FREILICH NICHT, tagsüber die jüngste der drei Buxtehude-Töchter zu hofieren, Dorothea Catrin.

Dorothea – oder Dörte, wie die Lübecker sagten – ließ ihn aber auch nicht in Ruhe. Sie bohrte und stichelte und versuchte mit allen Mitteln der Verstellungskunst – mal naiv, mal durchtrieben, mal scherzend, mal kumpelhaft – herauszubekommen, ob er und seine Wirtin es miteinander hätten.

Was hätten?

Nun ja, er wisse schon, was sie meine.

Bach tat so, als habe er keine Ahnung. Er versuchte allerdings die Lüge zu vermeiden. Hatte der Doktor Luther nicht verboten, die Unwahrheit zu sagen? Und gab es nicht das siebente Gebot? So verlegte er sich meist aufs Scherzen und neckte Dorothea wegen ihrer Neugier und ihrer evaartigen Verführungslust, womit er, wenn ihre Schwestern dabei waren, auch guten Erfolg hatte. Und ihre Schwestern waren fast immer dabei. Nur selten ergab sich Gelegenheit, mit Dorothea Catrin allein zu *schnacken*, wie sie es nannte. Manchmal durfte er sie zum Markt begleiten, sie hatten es ja nicht weit, sie brauchten nur aus den *Weiter Krambuden* hinauszugehen, dann waren sie auch schon da. Gelegentlich guckten sie sich die Auslagen der Juweliere unter den Arkaden an und träumten davon, reich zu sein. Aber man musste schon Kaufmann sein, um es in Lübeck zu etwas zu bringen. Ein Organist, auch wenn er Buxtehude hieß, gehörte nur der vierten Bürgerklasse an. Der vierten von oben. Der vierten von sechs.

Ob er schon einmal daran gedacht hätte, Opern zu komponieren, fragte Dorothea Catrin.

Es gab ihm einen Stich, immer noch.

Damit könne man es in der heutigen Zeit sogar zu einigem Wohlstand bringen, sagte sie. Ob er schon einmal von einem gewissen Händel gehört habe?

Ja, sagte er, wenn damit der Händel aus Halle gemeint sei, von dem habe er gehört. Ein Schulfreund habe ihn in einem Brief erwähnt, vor einigen Jahren schon.

Und Mattheson?

Johann Mattheson sei ihm sogar einmal in personam begegnet. In Hamburg. Im Kaffeehaus. Warum sie das frage?

Die beiden seien vor zwei Jahren hier gewesen, sagte sie. Aus Hamburg mit der Kutsche angereist, stutzerhaft gekleidet alle beide, nach der französischen Mode. Sie hätten sich über sämtliche Orgeln der Stadt hergemacht und ihre Kommentare dazu gegeben. Die Orgel in der Marienkirche hätten sie in Grund und Boden verurteilt. Das Instrument sei rott, habe Mattheson immer wieder gesagt, rott. Das sei leider die Wahrheit gewesen, der Vater habe es ja auch nicht anders gesehen. Aber gehörte es sich denn, dergleichen so offen herauszuposaunen?

Nun ja, sagte Bach ausweichend.

Und trotzdem, sagte sie mit einem Anflug von Empörung in der Stimme, habe der Vater ihnen die Nachfolge angeboten, dem einen wie dem anderen. Der Vater suche ja einen Nachfolger, das sei bekannt. Er könne mit seinen fast siebzig Jahren ja nicht ewig die Tasten traktieren.

Und beide seien nicht interessiert gewesen, weder der eine noch der andere?

Nein. Sie hätten immer nur von der Oper geredet. Er werde Opern komponieren und ein Vermögen damit verdienen, habe Händel behauptet, er werde der Welt zeigen, dass man mit guter Musik mehr Geld verdienen könne als jeder beliebige Kaufmann oder Hofarzt. Und von Mattheson, so Dorothea Cathrin weiter, sei damals sogar schon eine Oper aufgeführt worden, in Hamburg, am Gänsemarkt. Inzwischen übrigens auch von Händel. Aber wahrscheinlich hätten die beiden den Posten vor allem wegen der Heiratsbedingung abgelehnt.

Heiratsbedingung?

Damit verhalte es sich so, sagte Dorothea Catrin: Der Vater habe einst die Tochter seines Vorgängers Franz Tunder geheiratet, und nun erwarte er von seinem Nachfolger ebenfalls, dass er seine Tochter heirate. Das habe natürlich auch etwas mit der Versorgung zu tun.

Und weder Mattheson noch Händel seien interessiert gewesen?, fragte Bach.

Die?, rief Dorothea Catrin aus und machte eine komische Grimasse. Nee! Die hätten doch eher einander verliebte Blicke zugeworfen. An einem Frauenzimmer seien die so interessiert gewesen wie der Butt an einem Aal. Aber wie es denn mit ihm stünde, Bach? Er sei doch ein Kerl, der sich für das schöne Geschlecht interessiere, etwa nicht? Aber vielleicht ja nur für etwas reifere Frauen mit roten Haaren und Sommersprossen. Oder ob er gelegentlich auch mal an eine jüngere dächte?

18. Mare Balticum

B ALD NACH EPIPHANIAS, dem Tag der Heiligen Drei Könige,
kam Andreas Werckmeister angereist. Er war ein hochge-
wachsener, klapperdürrer Mann mit klugen Augen in einem
länglichen Gesicht, dessen Wangen zu beiden Seiten von tiefen
Furchen durchzogen waren. Aus den zu kurzen Ärmeln seines
abgewetzten Rocks stachen die knochigen Hände wie Hühnerkrallen hervor. Buxtehude und er begrüßten einander mit über-
schwänglicher Freude. Bach stand verlegen daneben. Zwei alte
Männer, die einander umarmten, mit Tränen in den Augen, als
sei dies nicht ein Wiedersehen, sondern der Abschied für immer.

Bevor Werckmeister sich von Anna Margreta, der Ältesten
der drei Töchter, sein Zimmer zeigen ließ, kramte er aus seiner ledernen Reisetasche eine Papierrolle hervor, ein Notenmanuskript offenbar, und drückte es Buxtehude in die Hand.
Hier, sagte er, nimm es zurück, ich brauche es nicht mehr. Ich
werde die *Paradoxal-Discourse* nicht herausbringen. Ich bin
zu alt. Ich streite mich nicht mehr herum. Aber ich danke
dir, dass du es mir geschickt hast.

Buxtehude nahm das Manuskript, holte aus seinem Rock
den Schlüssel zum Notenschrank heraus, öffnete ihn und legte
das Manuskript herein. Dann schloss er den Schrank wieder
ab. Der Schrank erinnerte Bach an den seines Bruders Johann
Christoph. Die Tür hatte ein ebensolches Gitter, durch das
hindurch man die Notenrollen sehen konnte.

Er wolle, bevor Gott ihn zu sich nehme, unbedingt noch einmal das Meer sehen, sagte Werckmeister. Es gebe ja nur die zwei
Anblicke, die den Sinnen einen Eindruck von der Unendlichkeit
verschafften, den des gestirnten Himmels und den des weiten
Meeres. Ob Bach schon einmal am Mare Balticum gewesen sei?

Nein, sagte Bach.

Dann werde es aber Zeit.

Am nächsten Morgen, gleich nach Sonnenaufgang, fuhren sie los. Die Kutsche samt Kutscher gehörte dem Kaufmann Peter Hinrich Tesdorpf, den Buxtehude als seinen größten Gönner bezeichnete. Er war Importeur von Weinen aus Frankreich, Spanien, Portugal und sogar von den Glücklichen Inseln, er gehörte beiden Handelsgesellschaften an, den Schonenfahrern und den Stockholmfahrern, und Jahr für Jahr, wenn wieder Geld für die Abendmusiken gesammelt wurde, gab er den Löwenanteil. Niemand in Lübeck sei so spendabel wie Peter Hinrich Tesdorpf, sagte Buxtehude. Möge auch weiterhin Segen auf seinen Geschäften liegen!

Das Wetter war gut, der Himmel wolkenlos, es hatte seit Tagen nicht mehr geschneit, die Kutsche kam mühelos voran. So dauerte die Fahrt kaum länger als drei Stunden. Und dann lag es auch schon vor ihnen – das Meer!

Es verschlug Bach den Atem. Er hatte sich das nicht vorstellen können. Der Anblick der Unendlichkeit! Eine weite, wogende Fläche, über die weiße Sturmvögel kreisten, von denen hin und wieder einer auf das Meer hinab stieß, während die anderen böse dazu lachten.

Werckmeister und Buxtehude verließen die Kutsche und nötigten Bach ebenfalls auszusteigen. Er machte ihnen folgend ein paar Schritte auf das Meer zu, blieb stehen, griff sich mit der Rechten ans Herz und massierte mit der Linken seine Stirn. Eine seltsame Beklemmung befiel ihn. Was hatte er hier zu suchen? Das Meer mochte noch so ruhig und friedlich aussehen, es war doch, nach allem, was er wusste, ein Ort des Schreckens. Vielarmige Ungeheuer lebten darin, fleischfressende Fische mit messerscharfen Zähnen, giftige Gallertmassen mit feurigen Tentakeln. Geisterschiffe irrten darauf umher, mit verlorenen Seelen an Bord, turmhohe Wellen verschlangen die Seefahrer, und die Luft über den Wassern war giftig und scharf. Am Horizont, weit da draußen, sah er einsam und verloren ein Schiff mit grauweißen Segeln.

Es war gewiss die Wahrheit, dass das Meer den Sinnen einen ebensolchen Eindruck von der Unendlichkeit gab wie der gestirnte Himmel. Nur – wer käme schon auf die Idee, sich in die Unendlichkeit des Himmels hinauszuwagen?

Mit Verlaub, sagte Bach und machte einen Schritt in Richtung Kutsche.

Buxtehude hakte Werckmeister unter und ging mit ihm weiter zum Meer hinunter.

Bach setzte sich wieder in die Kutsche. Durchs Seitenfenster sah er, wie die beiden Alten am Strand entlang wanderten, Dinge aufhoben, sie wieder fort warfen und mit ausladenden Gesten in die Ferne zeigten. Sodann hakten sie einander wieder unter und spazierten Arm in Arm weiter, schwankend und torkelnd wie zwei Saufbrüder auf dem Weg zum nächsten Wirtshaus.

Ihre Gesichter waren gerötet und unnatürlich verjüngt, als sie zurück kamen. Werckmeister hatte schon wieder Tränen in den Augen, diesmal wohl mehr von der Kälte und vom Wind.

Ob dem jungen Herrn Musicus aufgefallen sei, dass das Meer in G-Dur rausche?

Nein, sagte Bach. Er war nicht einmal auf die Idee gekommen, es daraufhin zu behorchen.

AM ABEND, nachdem sie mit den drei Buxtehude-Töchtern zusammen Grünkohl mit Speck gegessen hatten, zogen sie sich in das Musikzimmer zurück. Werckmeister stopfte sich eine Tobackpfeife und ließ sich von Buxtehude Rotwein einschenken, Direktimport aus Frankreich.

Auch Bach trank gern von dem Rotwein, den man hier Rotspon nannte, weil man Späne von Eichenholz in die Fässer warf, um den Geschmack zu verfeinern.

Ob der junge Herr Musicus ihnen eine Kostprobe seiner Kunst geben wolle, fragte Werckmeister.

Nun, sagte Bach bescheiden, Kunst sei ein hohes Wort.

Vielleicht könne er ihnen eine Fuge vorspielen?

Jederzeit, sagte Bach und setzte sich ans Clavichord.

Ich gebe Ihm das Thema vor, sagte Werckmeister. Er beugte sich über den schon auf dem Schemel sitzenden Bach und hieb mit seinen knochigen Fingern die Tonfolge in die Tasten. Ein Geruch von Altmännerschweiß und Toback stieg Bach in die Nase. Er werde mit einem Präludium beginnen, sagte er.

Das Thema, das Werckmeister vorgegeben hatte, erlaubte ein heiteres Vorspiel, hüpfend und tanzend, und Bach sah, als er sich einmal flüchtig umschaute, wie Buxtehude mit halb erhobenen Armen und locker wedelnden Händen dazu dirigierte. Werckmeister aber lächelte.

Die Fuge spielte Bach dreistimmig. Er wollte sich nicht verhaspeln, und drei Stimmen waren auch schon anspruchsvoll. Werckmeister hatte das Thema in G-Dur gespielt, und Bach wusste, warum. Er ließ die zweite Stimme in den Basstönen spielen, um das Rauschen des Meeres anklingen zu lassen, während die höheren Stimmen das Plätschern der Wellen und den Flug der Vögel nachahmten.

Gut, sagte Werckmeister, als Bach den letzten Ton hatte verklingen lassen, sehr gut. Der junge Herr Musicus hat offenbar die Natur der Harmonia inne und weiß, wie die Claves miteinander klingen.

Bach war erfreut über das Lob, hatte aber Mühe seine Ungeduld zu zügeln. Wann würde der Alte endlich damit beginnen, ihnen die neue Stimmung zu erklären? Dazu war er doch hergekommen. Dazu war er selbst in Lübeck geblieben. Und die Zeit drängte. Er musste zurück nach Arnstadt, die vier Wochen waren weit überzogen, ob man sie nun wörtlich nahm oder nicht.

Werckmeister aber hatte es nicht eilig. Das war das Kreuz mit diesen alten Leuten. Der Sand lief immer geschwinder durch das Stundglas, aber anstatt deswegen ohne Umschweife zum Ziel zu kommen, taten sie so, als hätten sie alle Zeit der Welt. Warum musste er jetzt unbedingt noch Buxtehude auffordern, die Partita in F-Dur zu spielen, die er so liebe?

Es wurde immer später, Buxtehude hatte längst die zweite Flasche Rotspon geköpft, und Werckmeister machte immer noch keine Anstalten, zur Sache zu kommen. Schließlich fasste Bach sich ein Herz.

Er habe gehört, sagte er, dass Werckmeister auf eine neue Stimmung gedacht habe, ja, dass ihm offenbar die Schließung des Quintenzirkels gelungen sei. Ob der Herr Musiktheoreticus nicht heute Abend schon einen ersten Hinweis geben könne, einen Wink?

Nein, sagte Werckmeister schroff. Er sei müde. Er sei es leid.

Er habe ja Verständnis, sagte Bach, die lange Reise von Halberstadt hierher habe den Herrn Organisten sicherlich sehr angestrengt, und heute obendrein noch die Fahrt ans Mare Balticum, das sei ja auch kein Sonntagsspaziergang gewesen. Insofern verstehe er durchaus …

Er habe ihn falsch verstanden, fuhr Werckmeister nun schon ärgerlich dazwischen. Er sei es leid. Grundsätzlich. Er habe keine Neigung mehr, über diese oder jene Stimmung zu räsonieren, er habe deswegen schon genug Anfeindungen ertragen müssen! Es stehe ihm bis hier! Er sei ein alter Mann und wolle in Frieden sterben, das sei sein größter Wunsch. Also, lasse Er mich in Ruhe damit, ein für alle Mal!

Bach stand da, legte die Stirn in Falten, schüttelte einige Male den Kopf, sah Werckmeister ungläubig an, blickte zu Boden, als suche er dort eine Antwort, schaute Buxtehude an und dann wieder den hageren Mann im schwarzen Rock mit den zu kurzen Ärmeln. Er konnte es nicht glauben. Da hatte dieser Organist aus Halberstadt das Elixier gefunden, nach dem es ihn so dürstete, das goldene Vlies, den Schlüssel zur wahren Musik, mit dessen Hilfe man alles spielen könnte, alles, was möglich war – und jetzt wollte er das Geheimnis mit ins Grab nehmen? Das Schicksal aller kommenden Musikergeschlechter hing davon ab! Das Schicksal der Musik überhaupt!

Bach blickte noch einmal Hilfe suchend zu Buxtehude hinüber. Es war nicht zu erkennen, was der dachte. Vermutlich wollte er seinen alten Freund und Weggefährten nicht bedrängen.

Aber …, begann Bach noch einmal.

Nein. Werckmeister erhob sich mit einem Ruck und verließ den Raum.

Buxtehude folgte ihm.

Bach blieb zurück. Er starrte in das Licht der Kerze, die das Clavichord beleuchtete, versuchte dann durch die kleinen quadratischen Scheiben hinaus in die Dunkelheit zu schauen, sah aber nur das eigene Spiegelbild. Ein kantiger Schädel. Ein trotziges Gesicht. Eine kräftige Nase. Ein leidender Mund. Und Augen, die ihm rätselhaft blieben. Unmöglich, sich selbst zu erkennen. Das Unmöglichste überhaupt.

Wie lange saß er so da? Eine Stunde? Zwei? Und wo blieb Buxtehude?

Bach stand auf, nahm seine Felljacke vom Haken, zog sie an. Gerade als er die Kerzen ausdrücken wollte, fiel sein Blick auf den Notenschrank. Das gerollte Papier, das Werckmeister gestern mitgebracht hatte, lag mit Händen zu greifen hinter der Gittertür.

Bach ging hinüber zum Schrank und versuchte mit zwei Fingern das Manuskript zu angeln. Viel fehlte nicht, aber die Finger reichten nicht an die Noten heran. Nicht ganz. Wenn er die Rolle etwas weiter heranziehen könnte …

Er sah sich im Raum um. Er brauchte ein Instrument, ein Werkzeug. Etwas Längliches. Einen Stab, eine Gabel, ein Messer. Ja. Auf der ausgeklappten Schreibplatte des Sekretärs lag ein Federmesser, daneben einige ungeschnitzte Federkiele. Bach nahm das Messer und einen Federkiel, bildete mit ihnen eine Klammer und zupfte damit das Manuskript zu sich heran, Stück für Stück. Dann griff er noch einmal mit zwei Fingern durch das Gitter und zog das Notenblatt behutsam heraus.

Er rollte es auseinander und las. Und während er las, hörte er die Musik. Er musste die Noten nicht spielen. Er hörte die Musik beim Lesen, das Thema, den Zusammenklang der verschiedenen Stimmen, den Bass. Es war eine Klaviersuite in E-Dur, moduliert nach H-Dur und sogar nach Fis. Und das Besondere daran war: Man konnte diese Musik nur spielen, wenn man die neue Stimmung hatte!

ALS BACH MIT HOCHGEZOGENEM KRAGEN durch die Nacht ging, fühlte er sich betrogen. Bisher war jeder Tag in Lübeck ein Segen für ihn gewesen. Es hatte alles zusammengepasst. Das Glück, einem Meister nahe zu sein, der ihn und seine musikalischen Absichten verstand wie bisher niemand zuvor. Das Glück, Dorothea Catrin zu begegnen, mit ihr über den Marktplatz zu schlendern und über eine ungewisse Zukunft zu plaudern. Das Glück, Angela Brinkmann im Arm zu halten, die ihm nachts alles gab, was er sich nur wünschen konnte, und morgens unbemerkt wieder davonhuschte. Alles hatte gepasst. Und als Höhepunkt und Krönung hatte er sich die neue Stimmung versprochen, hatte extra dafür seinen Aufenthalt verlängert. Und nun, auf einmal, hatte ein verbitterter alter Mann ihm alle Hoffnung genommen.

Es brannte noch Licht, als er die Wohnung betrat. Angela Brinkmann saß am Küchentisch mit einem Glas Rotwein vor sich. Das war ungewöhnlich. Bach hatte sie noch niemals Wein trinken sehen, in all den Wochen nicht.

Er kommt spät, sagte sie. Hat Er einen guten Tag gehabt?

Er sei tagsüber am Meer gewesen, sagte Bach, am Mare Balticum.

Hat es Ihm gefallen?

Es habe ihn beeindruckt, gab er zur Antwort, aber gefallen habe es ihm nicht. Es sei ihm unheimlich gewesen.

Wie verschieden die Menschen doch sind, sagte sie. Gerade heute habe sie mit einem Kapitän gesprochen, der sich ein Leben ohne die Fahrten nach Rostock, Riga oder Stockholm gar nicht vorstellen könne.

Ja, sagte Bach, Gott habe wohl für jeden Menschen einen eigenen Plan.

Später lag er im Bett und versuchte seine Enttäuschung zu vergessen. Er musste hier weg. Er musste Lübeck verlassen. Er war schon gar nicht mehr da.

Und das, obwohl er sich in einer Ecke seines Herzens gewünscht hatte, für immer hierzubleiben, hier in dieser Stadt mit ihren Backsteinhäusern, den hohen Giebeln, dem lebendigen Marktplatz und den sieben Türmen. Lübeck war nicht so groß, verwirrend und beängstigend wie Hamburg, aber auch nicht so schläfrig und lähmend wie Arnstadt oder Ohrdruf. Lübeck war ein bisschen wie Eisenach, seine Heimat.

Nun ja – vorbei.

Während er noch darüber nachsann, öffnete sich leise die Tür und eine weißgewandete Gestalt erschien im flackernden Licht. Sie stellte die Kerze neben das Bett, löschte das Licht und schlüpfte zu ihm herein.

Aber es war nicht wie immer. Es war neu, verwirrend, unheimlich. Ihre Leidenschaft war heftiger als sonst, ungestümer, weit mehr noch als bei ihrem allererersten Aufeinanderprallen, sie hatte fast etwas Verrücktes. Was war los mit Angela? Sie krallte ihre Hände in seinen Rücken, als wollte sie ihn nie mehr loslassen. Sie biss ihm auf die Lippen, griff in seine Haare, dass es schmerzte, erschöpfte sich im Liebeskampf mit Schreien der Lust, die wie Schmerzensschreie klangen, bevor sie nach Luft schnappend den Kopf auf seine Brust legte und hemmungslos schluchzte.

Er hatte sie noch nie so erlebt. Sie war immer eine freudige Liebhaberin gewesen, ohne Verstellung, ohne falsche Scham, es war immer ein himmlisches oder heidnisches Fest gewesen, und doch hatte er sich niemals schuldig gefühlt, Gott mochte ihm verzeihen.

Was ist, fragte er. Was ist denn los?

Nichts, stieß sie hervor, nichts.

Du bist so anders, sagte er. Es war so – er rang mit dem Wort – verzweifelt.

Das wollte ich nicht, sagte sie stockend. Es ist einfach über mich gekommen, weil …

Weil?

Wir werden es nie wieder tun. Niemals.

Er setzte sich im Bett auf. Er hatte das nicht erwartet, ja, nicht einmal für möglich gehalten. Weder dass sie so etwas sagen könnte, noch dass es ihn so treffen würde. Hatte er sich nicht gerade in Gedanken von ihr verabschiedet, weil er Lübeck für immer verlassen wollte? Es war ihm nicht schwer gefallen in seinen Gedanken. Aber jetzt, wo sie es ausgesprochen hatte, war er zutiefst bestürzt. Warum?, fragte er. Was habe ich getan?

Du?, sagte sie. Nein, Lieber, du hast nichts getan.

Aber …?

Sie schluchzte noch einmal, während er ihren Kopf streichelte. Er habe so liebe Hände, hatte sie einmal gesagt. *Du hast so liebe Hände.*

Sie atmete noch einmal tief, tief durch, dann war es genug.

Der Kapitän, sagte sie mit rauer Stimme, der, von dem ich vorhin …

Nein, nicht! Er legte die Hand auf ihren Mund und hinderte sie weiterzusprechen. Er hatte ihre nächtlichen Besuche hingenommen wie ein Naturereignis, wie Sonne, Wind, Regen oder Schnee, wie etwas, das kam, wenn es eben kam, wie ein Geschenk des Himmels, wie etwas, auf das er zwar keinen Anspruch hatte, das aber dennoch zu ihm gehörte, weil es so war, wie es war. Und nun war es zu Ende?

Was ist mit dem Kapitän?, fragte er nun doch.

Er will mich heiraten, antwortete sie in sachlichem Ton.

Und du?

Ich habe ja gesagt.

19. Dorothea Catrin

Sie war nicht mehr da, als er am Morgen erwachte. Weder in seinem Zimmer noch überhaupt in der Wohnung. Er stand auf, wusch sich an der Schüssel mit kaltem Wasser, die sie ihm hingestellt hatte wie jeden Morgen, und packte seine Sachen zusammen. Es war nicht viel, alles passte in den Ranzen, mit dem er vor drei Monaten gekommen war. Seine Geige und ein paar Notenmanuskripte würde er noch aus Buxtehudes Komponierstube holen. Und dann los.

Als er fertig war, wurde ihm klar, dass er so nicht gehen konnte. Er konnte sich nicht einfach so davon stehlen.

Er schnallte den Rucksack wieder ab und stellte ihn in seine Kammer zurück.

Seine Zeit in dieser Stadt war abgelaufen, daran gab es keinen Zweifel, aber er würde sich gesittet verabschieden, von Dorothea Catrin zuerst. Dann würde er Buxtehude für all das danken, was er von ihm gelernt hatte, den anderen im Haus Lebewohl sagen und sich morgen früh auf den Heimweg machen. Auf einen Tag mehr oder weniger kam es jetzt auch nicht mehr an.

Er traf Dorothea Catrin in der Guten Stube. Die Schwestern waren nicht da. Vielleicht hatte sie sogar darum gebeten. Sie wusste oder ahnte, dass er Abschied nehmen würde. Er hätte es ja sowieso getan. Auch wenn er von Werckmeister in das Geheimnis der neuen Stimmung eingeweiht worden wäre.

Sie werde ihn wohl niemals wiedersehen, sagte sie.

Niemand wisse, was Gott mit einem vorhabe, sagte er. Es sei jedenfalls eine gute Zeit für ihn gewesen hier in Lübeck. Nicht zuletzt ihretwegen. Er habe sich immer gefreut, ihr liebes Gesicht zu sehen.

Sie habe kein liebes Gesicht, sagte sie abwehrend. Sie habe ein freches Gesicht.

Nun, frech nicht, sagte er, aber vielleicht keck. Oder *plietsch*, wie man hier im Norden sage. Das Wort habe er ja von ihr gelernt.

Es sei aber doch sehr schade, dass er nicht hierbleibe.

Ja, sagte er, sehr schade. Aber – er zuckte mit den Schultern – hat nicht sollen sein.

Buxtehude traf er im Musikzimmer an.

Es tue ihm Leid, sagte Buxtehude, dass Werckmeister ihn so enttäuscht habe. Er habe das nicht vorausgesehen. Er selbst sei übrigens auch enttäuscht. Er könne den Freund aber verstehen. Der habe wegen der verschiedenen Stimmungen, die er bereits vorgeschlagen habe, schon viel Ungemach erlitten. Ob Bach es sehr bereue, noch die drei Wochen hiergeblieben zu sein?

Nein, sagte Bach. Durchaus nicht. Jeder Tag, den er mit ihm zusammengespielt habe, sei ein Gewinn gewesen. Aber enttäuscht sei er doch, das wolle er nicht verhehlen. Ob Buxtehude noch eine Möglichkeit sehe, den Mann aus Halberstadt umzustimmen?

Nein, sagte Buxtehude.

Nun denn, sagte Bach. Er werde morgen in aller Herrgottsfrühe aufbrechen. Deswegen bedanke er sich schon jetzt für alles, was er hier gelernt und erfahren habe. Für die Abendmusiken und die Orgelchoräle, die Präludien und die Fugen, die Suiten und die Phantasien.

Auch für ihn sei es eine Freude gewesen, sagte Buxtehude. Bach sei, das wolle er ihm zum Abschied mit auf den Weg geben, der begabteste und zugleich ernsthafteste Musiker, der ihm je begegnet sei.

Bach bedankte sich und wandte sich zum Gehen.

Auf ein Wort noch, sagte Buxtehude.

Bach drehte sich zu ihm um und sah ihn an.

Bevor er sich womöglich später Vorwürfe mache, sagte Buxtehude, wolle er das Thema doch noch ansprechen. Er habe es bisher nicht getan, weil es so sonnenklar zu Tage liege, aber manchmal habe er sich doch gewundert, dass Bach sich niemals danach erkundigt habe. Er wisse doch wohl, dass er einen Nachfolger suche, oder nicht?

Doch, sagte Bach, das sei ihm zu Ohren gekommen.

Aber er habe wohl kein Interesse daran?

Doch, doch, sagte Bach, er habe durchaus Interesse. Er habe sich nur nicht vorstellen können, der Nachfolger eines so großen Meisters ...

Papperlapapp, unterbrach ihn Buxtehude. Er wäre geeignet wie kein anderer! Also: Ja oder nein?

Was denn, fragte Bach zögernd, das Konsistorium dazu sagen würde?

Das Konsistorium sei kein Hindernis, antwortete Buxtehude. Das lasse ihm freie Hand. Natürlich müsse noch eine formelle Bewerbung stattfinden, mit Vorspiel und Befragung. Er müsse auch eine gewisse Festigkeit im Glauben beweisen und einen guten Leumund haben. Aber das sei ja vermutlich kein Problem?

Nein, sagte Bach.

Gut, sagte Buxtehude und streckte Bach die Hand hin, wie um den Kontrakt zu besiegeln. Doch bevor Bach einschlagen konnte, zog der Meister seine Hand wieder zurück. Fast hätte ich es vergessen, sagte er. Es gibt noch eine Nebenbedingung.

Die Heirat, sagte Bach, ich weiß.

Er weiß es also? Buxtehude war erstaunt und sichtlich erleichtert. Hat sie es Ihm gesagt?

Ja, sagte Bach. Er sei mit ihr auf dem Marktplatz vor den Juweliersauslagen gestanden, und da hätten sie beiläufig darüber gesprochen.

Vor den Juweliersauslagen?, fragte Buxtehude. Das sieht ihr aber gar nicht ähnlich.

Nun ja, sagte Bach im verschwörerischen Ton des zukünftigen Schwiegersohns, gegen ein gewisses Wohlleben und womöglich etlichen Reichtum hätte sie bestimmt nichts einzuwenden. Dessen sei er gewiss.

Seltsam, wie man sich über sein eigen Fleisch und Blut täuschen kann, sagte Buxtehude. Ich hätte immer gedacht, sie sei von allen dreien die Genügsamste.

Genügsam?, sagte Bach, nein, das glaube er nicht. Sie sei doch eher von der anspruchsvollen Sorte. Womit er jetzt nicht übertrieben anspruchsvoll oder gar ansprüchlich meine, aber doch so, dass sie recht gern mit den wohlhabenden Bürgersleuten mithalten würde. Das habe sie auch ganz direkt so gesagt.

Tatsächlich? Buxtehude sah Bach misstrauisch an.

Ja, gewiss doch, sagte Bach lachend. Aber keine Sorge, er sei mit ihr in gutem Einvernehmen. Er sei auch davon überzeugt, sprudelte es aus ihm heraus, dass die Heirat in ihrem Sinne sei. Buxtehude könne sie ja selbst fragen. Vielleicht sollte er sie gleich herbeirufen?

Er ging zur Tür und öffnete sie.

Halt!, rief Buxtehude und wies ihn an, die Tür wieder zu schließen. Da oben in der Guten Stube sei doch nur Dörte, Dorothea Catrin.

Ja, sicher, sagte Bach. Ich habe eben noch mit ihr gesprochen.

Mit Dörte?

Ja, freilich.

Über die Heirat?

Nein, über die Heirat habe er ein anderes Mal mit ihr gesprochen. Auf dem Marktplatz, vor den Juweliersauslagen, wie gesagt.

Mit Dörte.

Ja, sagte er. Gewiss doch.

Nein, sagte Buxtehude mit plötzlich verhärtetem Gesicht.

Aber wenn ich es doch sage, sagte Bach.

Nein, wiederholte Buxtehude, das sei ein Missverständnis.

Er habe nicht von Dorothea Catrin gesprochen, sondern von Anna Margreta.

Von Anna Margreta?

Jawohl. Wie denn auch nicht? Die Älteste zuerst. Wenn einer sein Nachfolger werden wolle, dann müsse er Anna Margreta heiraten.

Bach erinnerte sich mit einem Male an den Ausdruck in Anna Margretas Augen, als er vor drei Monaten in die Gute Stube gekommen war, an diesen Blick, der besagte: *Wartet nur ab, ich kriege schon einen von euch.* Sie hatte es gewusst. Niemand wurde Nachfolger ihres Vaters, der nicht bereit war, sie zu heiraten. Es lag ja auch auf der Hand. Warum war er nicht gleich darauf gekommen? Und warum hatte Dorothea Catrin ihm nichts davon gesagt?

Er machte noch einen halbherzigen Versuch: Ob Buxtehude nicht vielleicht doch eine Ausnahme …, ob er nicht doch vielleicht Dorothea Catrin …?

Nein, sagte Buxtehude schroff. Entweder Er heiratet Anna Margreta, oder ich suche mir einen anderen Nachfolger.

A NGELA BRINKMANN KAM NICHT noch einmal zu ihm in der folgenden Nacht. Er hatte es gehofft, gefürchtet, dann wieder gehofft, dann wieder gefürchtet und war doch letztlich froh, dass es dabei blieb. Er hatte sie am Abend nicht gesehen, und als er vor Tagesanbruch aufstand, war sie nicht da. Er hinterließ ihr ein Geschenk und einen hübsch geschriebenen Gruß in Liedform, Text und Noten, obwohl er wusste, dass sie keine Noten lesen konnte. Er stellte beides auf den Küchentisch, schnallte seinen Ranzen um und verließ das Haus.

Er musste durch die *Weiter Krambuden* hindurch, um zum Marktplatz zu kommen. Er hätte einen Umweg machen können, um es zu vermeiden, aber wozu, sie schliefen vermutlich alle noch. Das Leben ging weiter, auch ohne ihn. Als er in die kleine Straße einbog, ergriff ihn ein Gefühl von Ohnmacht und Wut darüber, dass ein alter Mann im abgewetzten Rock mit Furchen in den Wangen und Händen wie Hühnerkrallen ihm das Geheimnis nicht verraten wollte, nach dem es ihn so dürstete. Als er an Buxtehudes Haus vorbei kam, steigerte sich seine Wut ins kaum Erträgliche. Er wäre am liebsten ins Haus hineingestürmt und hätte alle zusammengebrüllt. Einmal im Leben kein Blatt vor den Mund nehmen! Das hier wäre der Moment.

Er stürmte nicht, er brüllte nicht, er öffnete nur vorsichtig die Tür und schlich sich ins Haus, gleich unten in die Komponierstube. Er setzte sich so, wie er war, mit dem Rucksack auf dem Rücken, die Geige umgeschnallt, ans Clavichord, schlug den Deckel zurück und fing an, die Tasten zu bearbeiten.

Er spielte die Klaviersuite, die er gestern Abend verbotener Weise gelesen hatte, Buxtehudes Komposition für Werckmeister, spielte sie Note für Note aus dem Kopf, genau in der Tonart, in der Buxtehude sie gesetzt hatte, in E-Dur, ging hinüber nach H und landete am Ende bei Fis. Es klang grauenhaft. Der Wolf heulte, dass Gott erbarm. Es war Folter, so etwas zu spielen, auf diesem Instrument, das nicht dafür gestimmt war. Er folterte sich selbst damit, sich selbst vor allem; denn die anderen würden es kaum hören. Das Clavichord war das leiseste, zarteste, empfindsamste aller Tasteninstrumente, den großen Aufruhr entfachte man damit nicht.

Am Schluss, als er nach einigen improvisierten Umwegen mit der Invention durch war, hieb er noch einmal die apokryphen Akkorde in die Tasten, E-Dur, H-Dur, Cis und Fis, Fis, Fis!

Es klang, als würde ein Veitstänzer mit bloßen Füßen auf den Claves herumstampfen.

Er hörte nicht, dass die Tür aufging, er spürte es am Luftzug und blickte auf. Im Spiegel der Butzenscheibe sah er in grässlicher Verzerrung die große, hagere Gestalt, gekleidet in ein langes, weißes Nachthemd, aus dessen Ärmeln die krallenartigen Hände bizarr hervorragten.

Er drehte sich um, wollte ihn anbrüllen, ihm Vorwürfe entgegenschleudern, ihm seine Verachtung kund tun, ihn wegen seiner Feigheit tadeln – dann sah er den verwundeten Blick des alten Mannes, sah den zutiefst gequälten Ausdruck seiner Augen, die Enttäuschung über so viel Unverständnis, Missachtung, Gedankenlosigkeit eines jungen Mannes, der gar nicht wissen konnte, was es bedeutete, ein Leben voller Leiden hinter sich zu haben.

Bachs Wut war mit einem Male verflogen. Er stand auf, schwankte ein wenig, weil das Gepäck auf seinem Rücken ihn aus dem Gleichgewicht brachte, murmelte etwas von *Musste sein, ging nicht anders, nichts für ungut* und machte sich davon.

Als er auf den Marktplatz kam, war es immer noch dunkel. Schneeflocken schwebten gemächlich vom Himmel herab, wenige nur, wie winzige Engel in weißen Kleidern, mit winzigweißen Flügelchen. An der rechten Seite des Platzes, gegenüber den Arkaden mit den Juweliersläden, stand ein vierspänniger Stuhlwagen bereit zur Abfahrt. Auf den langen Holzbänken hockten schweigend und frierend dunkle, in schwere Mäntel oder Joppen eingehüllte Gestalten.

Wohin die Reise gehe, fragte er den Mann, der mit einem Mantel aus Katzenfell und einer ebensolchen Mütze bekleidet bei den Pferden stand und die Arme über Kreuz gegen den Körper schlug.

Hamburg.

Der Name der Stadt entfachte einen neuen Aufruhr in Bachs Brust. Er hatte in den verstrichenen Wochen immer wieder an Hamburg denken müssen, immer wenn von Reincken, Händel, Mattheson und der Oper die Rede gewesen war. Aber alles,

was damit verbunden war, hatte er der Vergangenheit zugeordnet, einer für immer versunkenen Vergangenheit, die nur
noch wie ein Echo aus der Tiefe eine schmerzliche Melodie
zu ihm herauf schickte. Nun aber, mit einem Male, lag Hamburg wieder in der Zukunft, einer möglichen Zukunft, nur
eine Tagesreise entfernt. Wie wäre es, wenn er nach Hamburg
führe? So groß wäre der Umweg nicht. Er könnte Reincken
einen Besuch abstatten, er könnte ins Kaffeehaus gehen und
sehen, ob der Engländer und sein Collegium musicum dort
noch musizierten, er könnte die Oper besuchen und fragen,
ob sie im Orchester einen Geiger bräuchten. Vielleicht war in
einer der vielen Kirchen eine Organistenstelle frei! Er könnte
sich auch – natürlich nur übergangsweise, solange nichts Besseres in Aussicht war – als Musiklehrer für die Söhne und
Töchter der Reichen verdingen, die neuerdings immer häufiger Hausmusiken veranstalteten, zur Herzensbildung und
Verfeinerung des Geschmacks. Hamburg war an musikalischer
Vielfalt kaum zu übertreffen.

Ob er noch einen Platz frei habe, fragte er den Kutscher.

Bezahlt wird im Voraus, war die Antwort.

Bach gab ihm das Geld und kletterte auf den Wagen. Die
Männer auf den Bänken rückten zusammen und machten
ihm Platz.

Der Kutscher setzte sich auf eines der hinten angespannten
Pferde und knallte mit der Peitsche.

Rumpelnd setzte sich der Wagen in Bewegung.

Das Klacken der Hufe und das Ratschen der eisenbeschlagenen Räder auf dem holprigen Pflaster veränderten Bachs
Gedanken. Vor seinem geistigen Auge sah er auf einmal die
erdrückenden Menschenmassen, die sich durch die Straßen
der mächtigen Stadt schoben, sah die Studenten und die adligen Stutzer in ihren albernen Alamodereien, sah die reichen Bürger durch die Straßen reiten und von oben auf das

einfache Volk herabblicken, sah Sophie Agneta, wie sie ihm mit verächtlichem Zug um den Mund das Opernmanuskript zurück gab und sah – nein, nicht mit dem geistigen, sondern mit dem leiblichen Auge! –, wie eine in einen weißen Schafsfellmantel gehüllte Gestalt aus den *Weiter Krambuden* heraus und auf den Stuhlwagen zu gerannt kam.

Er rief dem Kutscher zu, er möge halten.

Der Kutscher brummte etwas wie *Watt schall datt denn* und *Watt is denn nu wedder los* und machte *Brrrr*.

Gut, dass sie ihn noch erwischt habe, stieß Dorothea Catrin außer Atem hervor. Er möge bitte sofort vom Wagen herunterspringen und mit ihr kommen. Werckmeister wolle ihn sprechen.

Werckmeister? Warum?

Er sagt, er habe den Lucifer gebändigt.

20. Die neue Stimmung

DIE BEIDEN ALTEN warteten im Musikzimmer auf ihn. Werckmeister stand neben dem Clavichord, Buxtehude saß im Lehnstuhl. Auf einem kleinen runden Tisch standen drei Becher mit dampfendem Kaffee. In einiger Entfernung vom Clavichord war ein Monochord aufgebaut.

Dorothea Catrin machte Anstalten, sich auf einem Stuhl niederzulassen und im Zimmer zu bleiben, aber ihr Vater schickte sie fort.

Was ist mit Lucifer?, fragte Bach.

Er wird ihn bändigen, sagte Werckmeister.

Wer?

Er, Bach, mit Gottes Hilfe. Und mit meiner. Ich habe den Lucifer in der Theorie gebändigt, er wird es praktisch tun.

Mit Verlaub, ich verstehe kein Wort, sagte Bach.

Eine kleine Geduld nur, sagte Werckmeister, dann wird alles offenbar werden. Mit einer gebieterischen Handbewegung forderte er Bach auf, sich ans Clavichord zu setzen.

Er habe, begann Werckmeister, schon vor dreißig Jahren auf eine neue Stimmung gedacht. Denn dass die bisher üblichen Temperaturen höchst unvollkommen seien, liege ja offen zutage. Niemand habe es bisher vermocht, mit dem pythagoreischen Komma fertig zu werden. Niemand! Man habe aus diesem Stimmungsdilemma aber immer nur die falschen Schlussfolgerungen gezogen. Er rede jetzt nicht von längst vergangenen Jahrhunderten, in denen man die Terz verteufelt habe. Nein, er rede von der Auffassung, die seit etwa hundert Jahren die vorherrschende sei, nämlich die, dass die Terzen rein gestimmt werden müssten, was bekanntlich zur Folge habe, dass alle Quinten um ein viertel Commatis herunter schweben müssten. Das sei ein so stark eingewurzeltes Vorurteil, dass mancher wohl sein

Leben dafür lassen würde. Und doch sei es ein Irrtum. Denn wenn eine Quinte nach der anderen um ein Viertel Komma niedriger gestimmt werde, dann vergrößere sich die Unreinheit jedes Mal mehr, und die letzte Quinte heule wie der Wolf!

Bach trank einen Schluck Kaffee. Er hätte gern ein Glas Wasser dazu gehabt, um den Magen zu beruhigen, aber er wollte den Meister nicht unterbrechen.

Als er vor dreißig Jahren, fuhr Werckmeister fort, daran gegangen sei, die Terzen zu temperieren, um die Quinten etwas weniger stark herabschweben zu lassen – ei, was hätten ihn da etliche Ignoranten verfolgt, wie habe er leiden müssen! Er habe jedoch nicht aufgehört, auf eine solche Temperatur zu sinnen, in der man alles spielen könne, buchstäblich alles. Diese Temperatur habe er schließlich gefunden, aber die Anfeindungen hätten kein Ende genommen, so dass er es leid geworden sei und nichts mehr von der Stimmung habe wissen wollen. Nun aber, wo er den Eifer und den Zorn des jungen Herrn Musicus mit eigenen Augen gesehen und mit eigenen Ohren gehört habe, seine Wahrheitsliebe und sein Streben nach Vollkommenheit, nun wolle er mit seinem Wissen nicht länger hinter dem Berg halten. Denn es sei ja doch die Pflicht eines Christenmenschen, sein Wissen um den wahren Glauben weiterzugeben, damit die Saat aufgehe.

Er machte eine Pause und ging, die Arme in seltsamer Verrenkung auf dem Rücken verschränkt, in dem kleinen Musikzimmer auf und ab. Bach rutschte ungeduldig auf dem Schemel vor dem Clavichord hin und her.

Pythagoras, fuhr Werckmeister fort, habe ja entdeckt, dass sich die Konsonanzen wie Oktave, Quinte, Quart oder Terz nach den Proportionen der ganzen Zahlen richteten, also 1-2-3-4-5-6 und 8. Dass die 7 eine Ruhe-Zahl oder, wie auch gesagt werde, eine Zahl der Vielheit sei, die mit keiner anderen harmoniere, sei ja bekannt.

Bach nickte.

Buxtehude ebenfalls.

Nun könne man, so Werckmeister weiter, diese Zahlen und die durch ihre Verhältnisse bestimmten musikalischen Proportionen ja unter verschiedenen Aspekten betrachten. *Mechanicé*, wenn man das Monochord betrachte; *mathematicé*, wenn man die Zahlenverhältnisse berechne; aber auch *mysticé*, wenn man sich frage, was sie für einen Christenmenschen bedeuteten. Damit wolle er jetzt beginnen.

Bach war durchaus nicht gleichgültig gegenüber dem, was *mysticé* gesprochen wurde. Er selbst enthielt sich gewöhnlich solcher Rede, weil er lieber mit den Tönen sprach als mit den Worten, aber wenn einer auf verständige Art von der Harmonie des Kosmos zu sprechen verstand, dann war er oftmals bis ins Innerste angerührt. Nur jetzt hätte er doch lieber gleich die neue Stimmung vorgeführt bekommen, und zwar ganz praktisch auf dem Clavichord. Warum griff der Alte nicht einfach zum Stimmschlüssel und legte los?

Aber nein. Werckmeister stellte sich hinter das Monochord, schlug die gespannte Saite an, und ein tiefes C erklang. Dies sei der Grundton, sagte er, und der Grundton sei die Eins. Die Eins aber, fügte er bedeutungsvoll hinzu, sei Gott, Gott sei das Eine, von dem alles ausgehe und zu dem alles hinstrebe. Gott sei die Unität. Wer wollte das bestreiten?

Niemand wollte das. Weder Bach noch Buxtehude.

Nun aber, fuhr Werckmeister fort, teilen wir die Saite durch zwei – er demonstrierte es, indem er einen Steg unter die Saite schob, genau in die Mitte, die durch eine Kerbe markiert war – und wir erhalten – ?

Die Oktave, sagte Bach und versuchte, seine Ungeduld im Zaum zu halten.

Die Oktave, bestätigte der Alte und ließ den Ton erklingen, einmal die rechte Hälfte der Saite und einmal die linke, beide klangen gleich, sie waren ja auch gleich lang. Die Oktave aber, fuhr Werckmeister fort, ist so harmonisch, dass man sie kaum eine Konsonanz nennen mag, sie ist acht ganze Töne höher und doch wieder der gleiche Ton, nämlich c. Ergo: Die Oktave – also die Zwei – ist der Sohn, ist Jesus Christus.

Bach schlug zur Illustration auf dem Clavichord die Oktave an, erst beide Töne nacheinander, C-c, dann beide zugleich, als Zweiklang.

Beide sind einander so verwandt, sagte Werckmeister zustimmend, dass der Sohn saget: Ich und der Vater sind eins, item wer den Sohn siehet, der siehet den Vater.

Und wer den Sohn höret, der höret den Vater, ergänzte Buxtehude.

Nun aber, fuhr Werckmeister fort, folgt auf Eins und Zwei deren Summe, nämlich Drei. Die Drei aber ist die Zahl der Quinte. Wird nämlich ein Drittel der Saite abgeteilt, und schlägt man dieses Drittel an, so hört man die Quinte von c, also g.

Bach schlug c-g an.

Die Drei aber, rief Werckmeister jetzt mit leuchtenden Augen aus, ist, *mysticé* gesprochen, der Heilige Geist! Und warum? Er machte eine Pause und blickte Bach und Buxtehude eine Weile an, bevor er selbst die Antwort gab: Weil Vater, Sohn und Heiliger Geist dreieinig sind, die Trinität, und wenn der Vater die Eins ist und der Sohn die Zwei, dann ist der Heilige Geist die Drei. Daher gibt es eine besonders vollkommene Harmonia, wenn alle drei Claves gemeinsam angeschlagen werden, Gott Vater, der Sohn und der Heilige Geist.

Bach spielte C-c-g.

Werckmeister dankte ihm mit einem freudigen Nicken und erläuterte nun, warum die Zahl Vier die Zahl der Engel sei. Die Vier sei nämlich mit der Eins und der Zwei so einig, dass ihr an Reinheit nichts fehle. Daher: Teile man die Saite des

Monochords durch vier und schlage das Viertel an, dann erhalte man die zweite Oktave vom C. Erneut verschob er den Steg unter der Saite und zupfte ein nun schon ziemlich hoch klingendes *Pling!*

Die Eins ist Gottvater, die Zwei der Sohn, die Drei der Heilige Geist und die Vier sind die Engel, flüsterte Werckmeister, der sich nun vollends in eine mystische Begeisterung hinein gesteigert hatte. Auf die Zahl der Engel aber folgt die Fünf, und die Fünf ist – nun?

Ja, was? Nun sag schon!

Er sah Bach fragend an, dann Buxtehude, dann wieder Bach, aber der eine war so überrumpelt wie der andere, beide starrten nur mit offenen Mündern zurück.

Die menschliche Zahl!, rief Werckmeister triumphierend. Ja, die Fünf ist die menschliche Zahl! Sie wird aber auch die sinnliche Zahl genannt, weil der Mensch nicht nur mit fünf Fingern an jeder Hand und fünf Zehen an jedem Fuß, sondern auch mit fünf lebendigen Sinnen begabt ist, Hören, Sehen, Fühlen, Schmecken, Riechen! Jawohl, die Fünf ist die menschliche Zahl, wir sehen es mit größter Klarheit! Wie nun aber Gott in seinem ewigen Rat beschlossen hat, den Menschen zu erschaffen, auf dass er in guter Harmonia mit IHM leben solle, in Heiligkeit und Gerechtigkeit: so macht die Zahl Fünf eine sehr angenehme Harmonie mit der vorigen, nämlich als Proportion 5:4. Das aber ist die Zahl der großen Terz, und diese ist die Verbindung des Menschen mit den Engeln.

So ging es noch ein wenig weiter, die kleine Terz kam auch noch dran, die Sexte und schließlich die Sekunde, erst *mathematicé*, dann *mysticé*, und damit, so verkündete Werckmeister endlich, habe er den Boden bereitet und das Fundament errichtet für die Begründung einer neuen, dem wahren und richtigen Christentum entsprechenden Stimmung des Klaviers.

Bach war bis zum Äußersten gespannt. Jetzt musste die Erklärung kommen. Jetzt wurde das Geheimnis gelüftet. Jetzt würde er endlich erfahren, wie eine Temperatur des Klaviers aussah, mit der man ALLES spielen konnte.

Also, sagte Buxtehude. Raus damit!

Wartet nur ab, sagte Werckmeister, indem er seine Arme halb erhob und zur Geduld mahnte, ich will es erklären: Der Irrtum, ich sagte es ja schon, dem das ganze vergangene Jahrhundert verhaftet war, und der noch heute das Christentum verwirrt, lautet: Die Terzen sollen rein gestimmt werden. Warum die Terzen?, habe ich oft gefragt. Wieso hat die Terz eine solche Reinheit verdient? Die Antwort war immer dieselbe: Es gebe nichts Lieblicheres und Süßeres als eine reine Terz. Schon möglich, habe ich geantwortet, mag ja sein, aber bedenkt die Konsequenzen. Ist nicht der Pferdefuß einer Stimmung mit der reinen Terz, dass man die Quinten verunreinigt? Und zwar über die Maßen! Ich aber frage euch, ist das mit unserem christlichen Glauben vereinbar?

Nun, warum nicht?, fragte Buxtehude.

Gott ist die Eins, rief Werckmeister aufbrausend und mit donnernder Stimme, der Sohn ist die Zwei, der heilige Geist aber ist die Drei. An das Verhältnis Zwei zu Eins, an die Oktave, wagt sich zum Glück niemand heran, es wäre auch Frevel und Gotteslästerung. Denn niemand darf es wagen, den Vater und den Sohn zu entzweien. Niemand! Nun aber: Eins und Zwei zusammen ergeben die Drei, den Heiligen Geist. Das Verhältnis Drei zu Zwei aber ist, wie ich Euch eben auf dem Monochordo demonstrieret habe, die Quinte. Nun schießt aber, wie jedermann weiß, die Quinte am Ende des Zirkels um ein Komma über die Oktave hinaus, und dieses Hinausschießen ist das Rätsel, das Gott uns aufgegeben hat. Was hat es zu bedeuten? Wie kommt es dazu? Wer ist dafür verantwortlich?

Bach erinnerte sich an seinen Vortrag in der Lateinschule zu Lüneburg. Er hatte den Quintenzirkel und das pythagoreischen Komma erklärt. Und Erdmann hatte Gott für diese Unvollkommenheit verantwortlich gemacht und war dafür in den Karzer geschickt worden. Aber wer, wenn nicht Gott, mochte sonst dafür verantwortlich sein?

Höret und staunet, flüsterte Werckmeister. Gleichwie durch Eins und Zwei Gott und sein eingeborener Sohn und wie durch die Zahl Drei der Heilige Geist verstanden wird, so hat sich Lucifer an die Stelle des Heiligen Geistes gesetzt und ist allzu hoch hinausgefahren: um jenes vermaledeite Komma zu hoch! Lucifer aber kann mit dem wahren und ewigen Gotte nicht harmonieren. Das ist der wahre und letzte Grund für alle Missstimmung in dieser Welt!

Lucifer! Bach hielt den Atem an. Es war ungeheuerlich, was Werckmeister da sagte. Er wollte es nicht glauben, es kam ihm unwirklich vor wie ein Traum oder eine Wahnvorstellung, aber es passte nur allzu gut zusammen, alles, alles. Lucifer war es, der für das Jahrtausende alte Rätsel des Pythagoras verantwortlich war! Die reine Quintenstimmung konnte mit der reinen Oktavstimmung nicht harmonieren, weil sich Lucifer an die Stelle des Heiligen Geistes gesetzt hatte. Der Kampf der Welten-Mächte, der von Anbeginn bis in alle Ewigkeit die Erde und die Menschen in Atem hielt, der Kampf zwischen Gut und Böse, Oben und Unten, Himmel und Hölle, Geist und Materie, Reinheit und Sünde, dieser ewige Widerstreit zeigte sich, wie konnte es auch anders sein, im Herzen der Musik, in ihrem Fundament, in ihrem Anfangsgrund: der Stimmung. Was machte denn ein Musicus, bevor er anfing zu spielen? Er stimmte sein Instrument! An allem Anfang stand die Stimmung –, und klug und teuflisch listig, wie er war, hatte Lucifer sich gleich hier, im Vorfeld allen Musizierens, an die Stelle des Heiligen Geistes gesetzt und war über das rechte Maß hinausgeschossen. Der Teufel steckte im Detail, und ein Detail war ein Abschnitt, und ein Abschnitt war ein Komma, und es war offenkundig, dass Lucifer im Komma steckte, im pythagoreischen Komma!

Jetzt aber war ihm die Maske vom Gesicht gerissen worden. Jetzt wusste man endlich, dass die reine Quinte gar nicht so rein und unschuldig war, wie es den Anschein gehabt hatte. Sie mochte *mathematicé* rein sein, *mysticé* war sie des Teufels. Denn in ihrer ganzen Reinheit, gerade in ihrer Reinheit!, schossen die Quinten über das Oktavziel hinaus!

Wie aber ist nun zu helfen?, fragte Werckmeister.

Wie treiben wir den Lucifer aus?, stieß Buxtehude hervor.

Ja, wie?, fragte Werckmeister mit Blick auf Bach.

Indem wir ...

Nun?

Indem wir ihn mäßigen, sagte Bach noch immer ergriffen. Indem wir ihn temperieren.

Jaaa, Bach, sagte Werckmeister mit hoher, freudiger Stimme. Jaaa!, wiederholte er, indem wir ihn mäßigen. Und zwar dergestalt, dass wir den allzu hoch hinausfahrenden Überschuss auf alle zwölf Quinten gleichmäßig verteilen, so dass jede Quinte exactement um ein Zwölftel Commatis verkleinert wird. Alle Quinten werden ein kleines bisschen, jedoch in erträglicher und lieblicher Harmonie herunter schweben. Die Terzen aber haben es noch weniger verdient, rein gestimmt zu werden, denn da die Zahl Fünf, wie oben gemeldet, eine menschliche Zahl ist und die Proportion der Terz, also Fünf-zu-Vier, diese menschliche Zahl enthält, so werden wir sie genauso aus ihrem reinen Sitze vertreiben, wie der Mensch, der durch Lucifer verführet worden war, aus dem Paradies vertrieben wurde. Wenn aber, fuhr er mit abwehrender Geste fort, weil beide, Bach und Buxtehude, ihm etwas entgegnen wollten, wenn aber der Mensch sich allzu rein halten und ohne Sünde sein will, dann sündigt er nur umso mehr! Fragt Ihr aber warum, so antworte ich: weil er damit Christi Verdienst in seiner göttlichen Erniedrigung schmälert und lädiert. Denn Christus ist Mensch geworden und hat den Kreuzestod erlitten, damit wir alle von unseren Sünden reingewaschen werden. Amen.

Pause.

Schweigen.

Andächtige Stille.

Das also war Werckmeisters Geheimnis. So einfach war es. Und so genial. Das pythagoreische Komma wird umverteilt auf alle Quinten, die Terzen werden noch stärker temperiert, und damit ist Schluss mit dem heulenden Wolf. Bach musste an die Worte des Löw von Eisenach denken: Besser alles ein wenig falsch als einige Töne vollkommen rein.

Das, meine Herren, fügte Werckmeister mit heiserer Stimme hinzu, während er sich erschöpft auf einen Stuhl setzte und von dem Rotwein trank, den Buxtehude ihm inzwischen eingeschenkt hatte, das, meine Herren, ist der Beginn des neuen, wahren Christentums.

Bach war zutiefst erschüttert von Werckmeisters Worten. Nicht nur, weil er jetzt den Weg zur neuen Stimmung wusste, und damit zur Eroberung neuer musikalischer Welten. Was ihn besonders berührte und tröstete, war der Gedanke, dass die Terz nicht rein sein musste, ja nicht einmal rein sein sollte, weil der Mensch es auch nicht war.

21. Frembde Thone

AM NÄCHSTEN MORGEN machte er sich auf den Weg zurück nach Arnstadt. Er übernachtete wieder in Lüneburg, diesmal bei Böhm, und berichtete ihm begeistert von der neuen Stimmung.

Gleichschwebend?, fragte Böhm.

Alle Quinten schweben um ein Zwölftel Commatis herunter, bestätigte Bach. Alle gleich.

Und die Terzen?

Die um einiges mehr.

Aber man müsse doch die Terzen rein halten, sagte Böhm.

Das sei eben die veraltete Auffassung, widersprach Bach. Er war versucht hinzuzufügen, dass die neue Stimmung dem wahren Christentum entspreche, die alte aber noch dem falschen, unterließ es dann aber doch.

Während er über das schneebedeckte Harzgebirge stapfte, versuchte er sich im Kopf neue Harmoniefolgen und Modulationen auszudenken, die mit der Werckmeister-Stimmung möglich wären, sang sie mit lalala und dadada, mit damdamdam und hahaha vor sich hin, machte aber immer wieder die Erfahrung, dass er ohne Klavier nicht weiterkam. Ein Notenblatt und eine Rabenfeder hätte ihm vielleicht auch gereicht, aber alles nur im Kopf zu komponieren, das wollte ihm nicht gelingen, und er konnte sich das auch nicht vorstellen. Er hatte einmal mit Erdmann darüber disputiert, ob Dürer oder Cranach auch große Maler gewesen wären, wenn sie keine Hände gehabt hätten, und Erdmann hatte die Ansicht vertreten, das wären sie. Er aber hatte ihm widersprochen. Man mache sich eine falsche Vorstellung von der Kunst, hatte er gesagt, wenn man glaube, die Hände oder Füße oder überhaupt der Körper seien nur Diener oder Sklaven des Kopfes.

Er habe sogar manchmal, wenn er an der Orgel improvisiere, das umgekehrte Gefühl, dass nämlich die Hände, die Finger und die Füße ganz von selbst spielten, und dass der Kopf nichts anderes tun könne, als sie gewähren zu lassen. Aber er könnte doch auch ohne Orgel oder Clavichord komponieren, hatte Erdmann gesagt, nur mit Papier und Feder. Ja, hatte er geantwortet, aber dann seien eben Papier und Feder das Instrument. Ganz ohne Instrument aber komme man nicht weit. Kunst sei eben nicht nur etwas Geistiges, sondern auch etwas Körperliches, sie brauche den Widerstand des Materials, ohne den liefe sie ins Leere. Und das war genau die Erfahrung, die er jetzt machte. – Nun, er hatte ja Zeit. Er würde sich auf den Weg machen. Er würde die Möglichkeiten ausloten. Alle.

Er war schon auf dem Weg.

In Mühlhausen übernachtete er wieder bei Georg Ahle, dem kleinen Mann mit den tränenfeuchten Augen. Er sah krank aus, erschöpft. Er könnte mich am Sonntag vertreten, sagte er.

Muss weiter, sagte Bach. Hab meinen Urlaub um einiges überzogen.

Als er nach vierzehn Tagen durchgefroren, erschöpft, mit abgelaufenen Sohlen und wunden Füßen durch das Stadttor von Arnstadt humpelte, war er glücklich und voller Hoffnung.

Maria Barbara empfing ihn mit einer Selbstverständlichkeit, als wäre er gerade nur mal eben zum Tor hinaus spaziert. Kein Wort des Vorwurfs.

Seltsamerweise kam es ihm auch so vor, als wäre er gar nicht lange von Maria Barbara getrennt gewesen. Auf seiner Wanderung durch die Winterlandschaft hatte sich das Bild der jüngsten Buxtehude-Tochter mit dem der Jüngsten seiner drei Cousinen überlagert und beide waren immer mehr zu einem einzigen geworden, so wie Gis und As oder Dis und Es in der neuen Stimmung. In seinem Herzen kam es gleichsam zu einer enharmonischen Verwechslung.

Vetter Johann Ernst war eher enttäuscht, als er Bach wiedersah. Er versuchte auch gar nicht, einen Hehl daraus zu machen. Hättest gern noch länger fortbleiben können, sagte er mit tapferem Humor. Hatte mich gerade an die Organistenstelle gewöhnt.

Wirst sie schon noch bekommen, sagte Bach.

A M SONNTAG SASS ER WIEDER auf der Empore und bebte vor Verlangen, den Arnstädtern zu zeigen, was er bei Buxtehude gelernt hatte. Wie einfältig und einfallslos war es doch, immer nur die Melodie als Vorspiel für den Choral zu spielen, der ja dann sowieso noch von allen gesungen wurde! Warum nicht mit einer Improvisation nach norddeutscher Art die Herzen höher schlagen lassen, auf dass der Gesang sich endlich jubelnd vom Präludium abhob und gleichsam aus ihm herauswuchs! Er zog die Register, gab dem Bälgetreter das Zeichen und griff in die Tasten. Er liebte diese Orgel, sie hatte einen reineren Klang als die in der Marienkirche zu Lübeck, sie war auch anders temperiert und erlaubte es, mehr Tonarten zu spielen, und so wagte er ein paar ungewöhnliche Modulationen und fühlte sich gehoben und beflügelt dabei. Sie würden staunen dort unten in ihren schlichten Holzbänken, und gleich, wenn er durch die Kadenz den Einsatz gab, würde der Choral losbrechen wie ein gewaltiges Hallelujah zur Ehre Gottes! Jetzt war es so weit, jetzt kam die Kadenz, jetzt öffnet eure Mäuler und singt!

Sie sangen nicht.

Hatten sie den Einsatz verpasst?

Nein, sie wollten offenbar noch mehr hören.

Na, also.

Er improvisierte eine weitere Strophe, und sogar noch eine, bevor er erneut mit der Kadenz das Zeichen gab. Nun aber los! Singt!

Sie sangen nicht.

Verstohlen schaute er sich um. Es nützte nur nichts, er sah sie nicht dort unten. Die Brüstung verstellte ihm den Blick. Er erhob sich von seinem Hocker, während er weiter spielte, und blickte über die Brüstung nach unten: Sie alle, wie sie da saßen, schauten nicht nach vorn, zum Kreuz hin oder zum Pastor vor dem schlichten Altar –, sie alle starrten hinauf zu ihm. Mit offenen Mündern. Staunend? Empört?

Er beendete das Präludium mit einem Schlussakkord, als hätte er gar nicht erwartet, dass sie singen würden, und begann mit dem gewohnten Orgelvorspiel. Brav die Melodie gespielt, so, wie sie es gewohnt waren, und nun, bitteschön, singt!

Jetzt sangen sie.

Magister Uthe, der Pastor, wartete am Ausgang auf ihn. Was er sich nur dabei gedacht habe?, fragte er mit Erregung in der Stimme. So viele fremde Tonarten, so viele Variationen – und niemand in der Gemeinde, nicht einmal er selbst, habe gewusst, welchem Choral das Vorspiel gegolten habe. Wie könne man wissen, was man singen soll, wenn einer dort oben irgendetwas Unverständliches drauflos phantasiere?

Dann müsse man sich eben behelfen, sagte Bach.

Und, bitteschön, wie?

Nun ja, in Lübeck stelle man Tafeln auf, mit den Nummern der Choräle, die gesungen werden sollten, sagte Bach. So wisse jeder, was als nächstes dran sei.

Tafeln?, fragte der Pastor.

Ja, sagte Bach, mit Nummern.

So mache man das in Lübeck?

In der Marienkirche, ja.

Und wo, bitteschön, glaube er hier zu sein?

In Arnstadt, sagte Bach. In der Neuen Kirche.

Ja, eben, brüllte Magister Uthe, und hier, in St. Bonifatius, habe man, wie er sehr wohl sehen könnte, wenn er nur die

Augen aufsperrte, keine Tafeln aufgestellt! Hier habe man gewöhnlich einen Organisten, der als Vorspiel die Melodie des Chorals intoniere, damit die Gemeinde wisse, was als nächstes dran sei! So sei es hier der Brauch. Also Schluss mit diesem selbstherrlichen Ge... – ihm fiel kein passendes Wort ein, er griff mit den Händen in die Luft, um eines zu finden, es kostete ihn so viel Anstrengung, dass sein Kopf gefährlich rot anlief – ...orgel!, stieß er schließlich hervor. Schluss mit diesem selbstherrlichen Georgel, wiederholte er noch einmal und schritt mit theatralisch zum Himmel erhobenen Händen in Richtung Marktplatz davon.

Am 21. Februar musste Bach sich vor dem Konsistorium verantworten. Sie saßen hinter einem langen Tisch, hatten ihre Perücken aufgesetzt und machten ernste Gesichter. In der Mitte thronte mit bekümmerter Miene Johann Gottfried Olearius, der Superintendent, ein siebzigjähriger Mann mit Doppelkinn und in der Mitte gescheitelter Perücke.

Wo er unlängst so lange gewesen sei, und bei wem er dessen Verlaub genommen?

Kaum hatte der Superintendent diese Frage gestellt, wurden er und die anderen vor Bachs Augen wieder klein wie Puppenzwerge und entfernten sich weit von ihm in der immer länger werdenden Amtsstube.

Nun?

Er sei zu Lübeck gewesen, brachte er schließlich heraus, um daselbst ein und anderes in seiner Kunst zu begreifen. Er habe jedoch zuvor den Herrn Superintendenten um Erlaubnis gebeten.

Olearius saß am anderen Ende der Welt und nickte zur Bestätigung. Bach habe allerdings nur um vier Wochen Urlaub gebeten, fügte er hinzu. Nun sei er jedoch beinahe viermal so lange fortgeblieben. Wie das?

Jeder im Raum wusste, dass das mit den vier Wochen nur

so eine Redensart gewesen war. Jetzt aber schüttelten alle missbilligend ihre Zwergenköpfe und taten so, als hätten sie es schon immer wörtlich genommen.

Er hoffe, sagte Bach, das Orgelspiel sei unterdessen von dem, welchen man dazu bestellt habe, dergestalt versehen worden, dass deswegen keine Klagen geführt werden könnten.

Nein, entgegnete der Superintendent, Johann Ernst habe seine Sache gut gemacht. Sehr gut sogar, fügte er mit leicht drohendem Unterton hinzu.

Bach besah sich seine Fingernägel. Er wartete darauf, dass er gehen konnte. Aber nein. Als nächstes hielt man ihm vor, dass er neuerdings in dem Choral so *wunderliche variationes* gemacht und so viele *frembde Thone* eingemischt habe, dass die Gemeinde darüber konfundieret worden sei.

Ja, das hatte er ja gemerkt. Er hatte ihnen ein bisschen Abwechslung bringen wollen, aber sie wollten keine.

Befremdlich sei überdies, fügte der Superintendent hinzu, dass bisher überhaupt noch nichts musiziert worden sei, *dessen Ursach' er gewesen*, weil er mit den Schülern sich nicht habe comportieren wollen. Daher bitte man ihn zu erklären, ob er bereit sei, mit den Schülern zu musizieren, sowohl Figural als auch Choral? Wenn nicht, dann solle er's nur *categoricé* sagen, dann werde man sich nach jemand anderem umsehen.

Bach ballte die Fäuste, hielt aber die Arme straff ausgestreckt am Körper. Er war durchaus Ursach' von einigen Stücken gewesen, hatte sie komponiert und mit den Schülern einstudiert. Am Anfang sogar mit Freude und Gewinn. Aber seit der Geyersbachaffäre hatte er die Nase voll von dieser Bande. Was konnte er dafür, dass die Schüler sich nicht zu benehmen wussten? Dass sie nicht einmal davor zurückschreckten, während des Unterrichts Ball zu spielen, als hätten sie es nicht nötig, fleißig zu sein und etwas zu lernen! Mit dieser verzogenen Brut sollte er Kantaten einüben?

Nun?

Er brachte kein Wort heraus. Regungslos stand er da, aufrecht, mit verschlossener Miene. Wenn ich mich rühre, dachte er, dann schlage ich hier alles kurz und klein. Ich darf auch nichts sagen, sonst fahre ich aus der Haut. Er hörte eine Stimme in seinem Inneren, die flüsterte, du hättest nach Hamburg gehen sollen, was hat dich gehindert?

Er möge sich bitte erklären, forderte der Superintendent.

Würde man ihm einen rechtschaffenen Director musices schaffen, sagte Bach und wiederholte damit seine Forderung vom letzten August, dann werde er schon mit den Schülern spielen.

Das hatten wir doch schon, sagte der Superintendent unwillig. Dafür gibt es kein Geld. Und damit Schluss. Entweder Bach gehe auf ihre Forderungen ein, oder er müsse die Konsequenzen tragen. Binnen acht Tagen möge er sich erklären. Gott befohlen.

Im Kreise des Vetters und der Cousinen ließ Bach seinem Ärger freien Lauf. Fünfundzwanzig Bachs hätten vor ihm in dieser Stadt ihren Dienst getan, seit Caspar Bach als Erster seinen Dienst auf Schloss Neideck versehen hatte, alle zur Zufriedenheit des Fürsten und der Stadtväter – und jetzt? Was war anders an ihm? Warum mussten sie ihm das Leben sauer machen? Am liebsten würde er ihnen den Bettel vor die Füße werfen, heute noch.

Um Gottes Willen, nein!, riefen die drei Schwestern unisono.

Er könne sich ja woanders bewerben, sagte Maria Barbara, und Vetter Johann Ernst fand die Idee auch nicht schlecht. Aber bis dahin, fügte Maria Barbara mahnend hinzu, möge er der Vernunft gehorchen und sich in Geduld üben.

Bach versprach's.

Im Gottesdienst, bei den Hochzeiten und Beerdigungen

spielte er fortan so, wie die Arnstädter es gewohnt waren. Nur keine fremden Tonarten! Nur keine wunderlichen Variationen!

Zu Hause aber, in seiner Kammer, schüttelte er die Fesseln ab. Er stimmte das Clavichord auf die neue Art. Wann immer er die Zeit dazu fand, begann er auszuloten, was man in dieser Stimmung alles spielen konnte. Es war ja nicht so, dass man das Instrument nur umstimmen musste, und damit wäre es getan. Nein, es ging darum, musikalische Wege zu gehen, die zuvor noch niemand beschritten hatte. So wie Kolumbus Amerika entdeckte oder Magellan den Seeweg nach Asien. Mit der neuen Stimmung hatte er, um im Bild zu bleiben, erst das Schiff, aber noch nicht die Reise. Die Reise aber, so abenteuerlich sie auch sein mochte, barg auch die Gefahren, die auf einer solchen Reise drohten, Unwetter, Stürme, Urwälder, Wüsten, wilde Tiere und barbarische Menschen. Und so bereitete ihm jede neu gefundene Akkordverbindung, jede gelungene Modulation in ungewohnte und bisher unerreichbare Tonarten eine diebische Freude. Manchmal erschreckten ihn die neuen Klangfolgen aber auch, taten in den Ohren weh und führten auf Abwege, so dass er nach weniger radikalen Neuerungen suchte. Oder aber sie gaben ihm kombinatorische Rätsel auf, die ihn nur umso mehr anspornten, einen neuen Weg zu finden, der nach Hause zurück führte. Nach Hause, das hieß: zur Grundtonart. Spielte man in C-Dur, dann musste man am Ende zurück nach C, sonst war man gescheitert. Spielte man in F, dann hieß es am Ende, nach allen Umwegen, Vorhalten, Trugschlüssen und Kadenzen: Jetzt sind wir wieder bei F gelandet, Gottlob, hier ist die Heimat, wir sind am Ziel. Und das, bitteschön, ohne zehn Jahre lang herumzuirren wie Odysseus, bevor er zurück nach Ithaka kam.

ER GING JETZT HÄUFIGER mit Maria Barbara spazieren oder zu den Aufführungen am Hof. Er musizierte auch mit ihr, sie hatte eine ganz passable Stimme, oder sie lasen einander aus Romanen vor, aus dem *Musikalischen Quacksalber* von Johann Kuhnau, aus dem *Simplicius Simplicissimus* oder aus *Großmüthiger Feldherr Arminius* von Daniel Casper von Lohenstein. Es war schön, mit ihr zusammen zu sein, schön im Sinne von vertraut und anheimelnd, es war wie zu Hause sein, und das tat ihm gut. Es war, wenn man so wollte, sehr harmonisch.

Aber je weiter das Jahr voran ging, desto häufiger ertappte er sich dabei, dass seine Gedanken und Gefühle wieder in die Ferne schweiften.

Im Oktober, auf der Kirmes, die sie in Arnstadt wie überall im Lande feierten, kaufte er Maria Barbara ein gemodeltes Gebäckstück, kreisrund wie ein großer Taler, mit dem Halbrelief eines Liebespaares darauf, das in den Händen ein flammendes Herz trug. Fruchtbringende Kornähren und Mohnkapseln umrankten das Paar, und der Mann hielt stolz den Jungfernkranz in die Höhe. Die Geste war deutlich genug.

Maria Barbara lächelte beglückt.

Aber, seltsamerweise, kaum hatte er sich mit Maria Barbara verlobt, brach der Sehnsuchtsschmerz mit neuer Macht über ihn herein. Vor dem Einschlafen oder wenn er des Nachts aufwachte und nicht wieder einschlafen konnte, dachte er nicht an Maria Barbara und nicht an Dorothea Catrin, auch nicht an Angela Brinkmann, die jetzt Kapitänsfrau war, sondern einzig und allein an Sophie Agneta Petersen. Er hörte ihre Stimme, hörte die Arie, die er für sie komponiert hatte, die Abschiedsarie der Circe:

> *Ich will dir mein Herze schenken*
> *Ruderst du auch jetzt schon heim*
> *Ich will immer an dich denken.*

Er konnte sie nicht vergessen. Er konnte nicht aufhören, in Gedanken mit ihr zu reden, immer nur mit ihr. Er erzählte ihr, was er tagsüber gemacht hatte, er bat sie in seinen Gedanken, zu ihm zu kommen und ihn vor der Heirat zu bewahren. Er war gespalten und wünschte sich Einheit, er zweifelte an seinem Tun und wünschte sich Eindeutigkeit. Er wünschte sich, in der Kirche so spielen zu dürfen wie zu Hause am Clavichord – und er sehnte sich danach, nur eine einzige Frau zu lieben, ohne Vorbehalt. Wieso klammerte sich sein Herz an eine Liebe, die so unerfüllbar war? Wollte er sein Leben lang einem Trugbild nachjagen? Doch ob er es wollte oder nicht: Wenn Sophie Agneta jetzt käme und ihn aufforderte, mit ihr auf und davon zu gehen, er würde nicht eine Sekunde zögern.

22. Die Empore

ENDE OKTOBER KAM DER BRIEF. Sie werde nach Arnstadt kommen, schrieb sie. Auf Durchreise. In Begleitung eines Herrn von Adel, der mit Seiner Hoheit Anton Günter dem Zweiten einiges zu besprechen habe. Man sei für einen Abend auf Schloss Neideck zu Gast und werde am nächsten Morgen oder gegen Mittag weiterreisen. Vielleicht werde es ihr gelingen, sich vor der Abreise zur Andacht in die Neue Kirche zu begeben, zum stillen Gebet. Den genauen Tag ihres kurzen Aufenthaltes könne sie nicht vorhersagen. Vermutlich in der Woche nach dem Reformationstag. Übrigens habe sie kürzlich mit jemandem aus Lübeck über ihn gesprochen. Es sei eine große Freude gewesen, so viel Gutes über ihn zu hören.

Er roch an dem Brief, und mit dem Rosenduft kam die Erinnerung an die erste Nacht zurück, an das erste Mal, dass er eine Frau umarmt hatte. Aber es war nicht das, was er am stärksten vermisst hatte, er hatte es in Lübeck ja gar nicht vermissen müssen, nein, wonach er sich am meisten sehnte, war der Klang ihrer Stimme. Er hätte von Lübeck aus nach Hamburg gehen sollen, und sei es nur, um ihre Stimme zu hören. Aber wenn er es getan hätte, dann wäre er Abend für Abend in die Oper gegangen, Abend für Abend, bis in alle Ewigkeit.

Maria Barbara bemerkte seine Unruhe, blickte ihn fragend von der Seite an, drang aber nicht in ihn. Wenn er sie wirklich, wie er es versprochen hatte, übers Jahr heiraten würde, dann nicht zuletzt deshalb: Weil sie ihn nicht ins Verhör nahm, nicht insistierte, ihn nicht zu Ausflüchten zwang.

In einer der folgenden Nächte ging ihm, während er sich schlaflos im Bett herumwälzte, eine Art Thema durch den Kopf, ein kurzes Motiv. Er stand auf, setzte sich ans Clavichord und begann, ein Präludium in E-Dur zu improvisieren. E-Dur, das war eine Tonart, die, so war es ihm immer vorgekommen, eine verzweiflungsvolle und sogar tödliche Traurigkeit unvergleichlich wohl ausdrückte, aber das Motiv, aus dem heraus er das Präludium im Stil einer italienischen Pastorale entwickelte, war gar nicht so traurig, gar nicht so verzweiflungsvoll, es war, wenn man so sagen konnte, eher von einer heiteren Traurigkeit. E-Dur war eine Tonart an der Grenze des Spielbaren, die Töne gis und dis klangen ungut, allerdings nicht in der neuen Stimmung, nicht auf seinem Clavichord. Da konnte man auch die Dominante H-Dur aufsuchen, ohne dass die Töne heulten.

Bach freute sich darauf, das Präludium morgen auf der Orgel zu wiederholen. Und weil es so gut gelungen war, versuchte er noch eine Fuge in derselben Tonart.

Er wollte sie dreistimmig spielen. Warum drei? Er wusste nicht zu sagen, warum. Dreistimmig eben. Er begann mit dem Dux, ließ dann den Comes einsetzen, die zweite Stimme, den Kameraden und Begleiter, aber als die dritte Stimme einsetzte oder einsetzen sollte, unterbrach er das Spiel. Es passte nicht. Es fügte sich nicht zusammen. Irgendetwas wollte nicht so, wie er wollte. Oder er wollte zu viel, und was er wollte, war zu gewollt. Das Geheimnis aller Kunst war ja, dass man nur mit einer demütigen Haltung weiterkam. Nicht er spielte die Fuge, die Fuge erklang durch ihn.

Er begann noch einmal von vorn, wieder mit der ersten Stimme, wieder mit dem comes, und dann – nein, irgendetwas stimmte nicht. Er wusste nicht, was. Lag es am Clavichord? An der Stimmung? Oder war es nur einfach keine gute Idee, sich jetzt, mitten in der Nacht, an einer Fuge festzubeißen, noch dazu in einer Tonart, die zu den entlegenen gehörte? Er würde es morgen an der Orgel noch einmal probieren. Gleich morgen früh.

Nach der Predigt wies er den Bälgetreter an zu bleiben. Als Pastor Uthe und die Gemeinde die Kirche verlassen hatten, begann er mit dem Spiel. Das Präludium war auch jetzt wieder sehr schön, auch wenn er es nicht in E-Dur spielte, weil die Orgel nicht wohl temperiert gestimmt war, sondern in F. Aber die Fuge sperrte sich auch hier wieder. Die Stimmen wollten partout nicht zueinander passen. Es war, als weigerten sie sich, in einen Dialog zu treten. Du willst, dass wir miteinander reden? Wir wollen aber nicht! Und nun? Was machst du jetzt?

Er hätte sich sagen können, es läuft heute nicht, dann mache ich es eben morgen. Er hätte sich sagen können, die Muse lässt sich nicht zwingen, sie kommt, wann sie kommt. Aber er glaubte nicht an die Muse, nicht in diesem Sinne. Er glaubte an Fleiß, Ausdauer und Wahrheitsliebe.

Er setzte von neuem an. Erste Stimme, zweite Stimme – und wieder brach er ab.

Er hörte, wie unten die Kirchentür geöffnet wurde und jemand hereinkam. Es ärgerte ihn zutiefst. Warum musste er jetzt gestört werden, ausgerechnet jetzt! Erst durch die Störung war er aus dem Konzept gekommen. Wer zum Teufel war das da unten? Pastor Uthe, der ihm wieder hineinreden wollte?

Er drehte sich auf seiner Bank um und linste über die Brüstung, hinunter in den Kirchenraum.

Es sah eine Frau dort unten, kostbar gekleidet in einen reich verzierten Jupe aus Brokatstoff in gelben und orangenen Tönen, einen Manteau mit weiten Ärmeln und einem geknüpften Beutel am linken Handgelenk. Sie drehte sich um und schaute zu ihm hinauf.

Ein Jubilate wie aus Buxtehudes *Templum honoris* erklang in seinem Kopf, Trompeten, die in den höchsten Tönen schmetterten, festliche, feierliche, jubelnde Trompeten. Sie war gekommen. Sophie Agneta. Vor dem Hintergrund der rohen, ungestrichenen Wände, der einfachen Bänke, in dem schlichten, schmucklosen Saal der Neuen Kirche sah sie aus wie die Königin von Saba im Armenhaus.

Er stand auf und öffnete die Arme, als wollte er mit ausgebreiteten Schwingen zu ihr hinunterschweben.

Sie legte ihren Kopf in den Nacken, lachte ein kaum hörbares, aber umso strahlenderes Lachen und öffnete nun auch weit die Arme. So standen sie da, er oben, sie unten, er auf der Empore vor der Orgel, sie im Mittelgang vor dem Altar, als sei nie ein Misston zwischen ihnen erklungen. Als hätten alle Dissonanzen nur auf diesen einen Augenblick zugestrebt.

Komm, flüsterte er.

Sie machte eine fragende Geste. Ich? Zu dir? Hinauf auf die Empore?

Ja, flüsterte er, komm.

Sie stieg die gewundene Treppe hinauf, wobei sie mit der einen Hand ihr Kleid ein wenig anhob und mit der anderen das Geländer umfasste. Es dauerte eine Ewigkeit, dann stand sie vor ihm. Und wieder breitete sie die Arme aus, und sie umarmten einander noch einmal eine Ewigkeit.

Ein größeres Glück als das, was er in diesem Augenblick empfand, konnte es nicht geben.

Lieber, sagte sie, ich habe mich so nach dir gesehnt.

Er wollte es glauben, trotz allem. Nicht er war es ja gewesen, der sie verlassen hatte, sie hatte ihn fortgeschickt, damals in Hamburg, aber sollte er ihr das vorwerfen? Sollte er ihr mit diesen alten Geschichten kommen? Jetzt, wo sie endlich da war?

Er wollte ihre Stimme hören, ihren Gesang. Wie hatte er sich danach gesehnt!

Bitte, sagte er und setzte sich vor das Manual. Sing für mich. Sing unser Lied.

Er zog die Register, spielte die Introduktion, und sie sang! Sang die Arie der Circe, sang sie mit einer solchen Süßigkeit, dass ihm, noch während er sie wie in Trance begleitete, vor Schmerz und Glück die Tränen aus den Augen rannen. Schmerz, weil er so lange ohne sie hatte leben müssen, und Glück, weil sie jetzt da war und er wieder fühlen durfte. Denn nicht mehr fühlen zu dürfen, versteinern zu müssen, war das nicht das größte Unglück?

Als er den Schlussakkord gespielt hatte, wagte er nicht, zu ihr aufzusehen. Er spürte ihre Hand an seiner Wange.

Wohin wirst du gehen?, fragte er.

Nach Dresden, sagte sie. An die Oper. Ich habe ein Engagement.

Ach …

Komm doch mit, Lieber, sagte sie. Dies hier ist doch kein Ort für dich. Warum kommst du nicht einfach mit?

Nach Dresden? Ich?

Aber ja. Du wirst an der Oper spielen. Ein Platz im Orchester ist immer frei. Ich kann mich für dich verwenden. Und du wirst Opern komponieren. Du hast das Zeug dazu. Genauso wie Keiser in Hamburg. Oder wie dieser andere da, der jetzt in Italien ist.

Ich habe von seinen Opern gehört. Almira. Nero. Das Hamburger Publikum hat ihm zugejubelt. Aber ich? Du weißt ja, ich habe es versucht …

Aber nein, rief sie aus, deine Circe war gut, sehr gut! Viel besser als die von Keiser.

Seine Circe war gut? Besser als die von Keiser? Was redete sie da? Weißt du nicht mehr?, fragte er. Zu spröde, hat Keiser gesagt, zu nüchtern, zu trocken, zu wenig galant. *Musik muss singen. Diese hier singt nicht.*

Ich kann es dir jetzt nicht erklären, sagte sie leise. Unten hatte jemand die schwere Kirchentür geöffnet und rief jetzt ihren Namen. Verzeih, Lieber. Sie gab ihm einen flüchtigen Kuss und wandte sich zum Gehen. Glaub mir, dein Platz ist bei der Oper. Komm nach Dresden, hörst du. Ich warte auf dich.

Er blieb zurück auf der Empore, während sie die gewundene Treppe hinunter stieg. Mit angehaltenem Atem wartete er, bis unten die schwere Kirchentür ins Schloss fiel.

23. Konsistorium

ER STAND LANGE SO DA, ohne sich zu rühren. Er hatte geträumt, so kam es ihm vor, es war nicht wirklich gewesen, was eben geschehen war. Auch dass er jetzt noch immer hier stand, auf der Empore, vor der Orgel. Wahrscheinlich würde er gleich aufwachen, in seinem Bett, zu Hause in der Kohlgasse sieben. Johann Ernst würde hereinkommen und ihn fragen, ob er krank sei, ob er Fieber habe.

Kann ich jetzt gehen?

Er schrak zusammen, als er die raue Stimme hörte.

Ob der Herr Organist ihn noch benötige?

Er hob den Kopf und blickte in das verschlagene Gesicht des Bälgetreters.

Ob er noch weiter spielen wolle, musizieren?

Bach schüttelte den Kopf.

Ob er dann gehen dürfe? Er müsse die Tiere versorgen.

Ja, sagte Bach und gab sich einen Ruck, er dürfe gehen. Gott befohlen.

An der Treppe drehte der Kalkant sich um. Ob Magister Uthe von dem Kenntnis habe, was eben vorgefallen sei, fragte er. Oder ob man besser davon schweigen solle?

Bach bemerkte den lauernden Unterton in der Stimme des Kalkanten und sah, wie er den Daumen am Zeigefinger rieb. Sollte er ihm einen Groschen geben? Nein, auf keinen Fall. Der Kerl würde das Geld einstreichen und trotzdem zum Pastor gehen. Er hatte kräftige Beine und vermochte recht ordentlich die Bälge zu treten, aber trauen konnte man ihm nicht.

Werde Magister Uthe gleich davon berichten, sagte Bach und stand von seinem Schemel auf. Ohne Verzug.

Der Kalkant machte ein enttäuschtes Gesicht und polterte die Treppe hinunter. Bach beeilte sich, ihm zu folgen.

D AS KONSISTORIUM SCHICKTE IHM eine Vorladung für
den elften November. Sie sagten nicht warum, aber Bach
konnte es sich denken.

Einen Tag vor der Anhörung kam ein Brief von Dieterich
Buxtehude. Andreas Werckmeister sei gestorben, stand da in
zittriger Schrift, am 26. Oktober in Halberstadt. Er selbst sei
nun wohl auch bald dran, schrieb Meister Dietericus weiter,
aber das liege, wie ja überhaupt alles, in Gottes Hand.

In Bachs Erinnerung wurden Bilder lebendig: Werckmeister
im Musikzimmer, im schwarzen Rock mit abgewetzten Ärmeln,
wie er von Lucifer spricht, mit hoch erhobenem Arm, den
Zeigefinger gen Himmel gestreckt. Werckmeister im weißen
Nachthemd am frühen Morgen, als Bach das aus dem Schrank
entwendete Stück in die Tasten hämmerte. Werckmeister und
Buxtehude Arm in Arm am weiten, weißen Strand der Ostsee.

Das Konsistorium forderte Bach auf, sich zu erklären. Ob
er denn nun, wie ihm bereits anbefohlen worden, für die
musikalische Erziehung der Schüler sorgen werde oder nicht?
Denn wenn er sich nicht schäme, von der Gemeinde die Be-
soldung anzunehmen, dann müsse er sich wohl auch nicht
schämen, mit den Schülern zu musizieren. Es sei nun einmal
vonnöten, dass dieselben eine gute Ausbildung bekämen, um
dereinst zur Musik sich besser gebrauchen zu lassen. Nun?

Er werde sich dazu schriftlich äußern, sagte Bach.

Es sei ihm noch etwas anderes zu Ohren gekommen, sagte
Superintendent Olearius.

Bach blickte ihn ausdruckslos an.

Olearius machte eine fragende Handbewegung. Auch die
anderen warteten. Sie wollten, dass er es von sich aus sagte.

Nun, sagte der Superintendent schließlich, dann müsse er
ihn *directement* fragen, mit welcher Befugnis er unlängst eine
fremde Jungfer auf das Chor gebeten und dort habe musizieren lassen?

Mit welcher Befugnis? Was sollte er dazu sagen? Aus eigener Machtvollkommenheit, meine Herren! Weil ich es so wollte! Weil ich die Arie meiner Circe noch einmal hören wollte, die den Odysseus immer lieben wird, obwohl er ihr davonrudert. Aber nein.

Habe Magister Uthe davon gesagt, antwortete er knapp.

Wann?, hätten sie jetzt fragen können. Vorher – oder nachher? Aber sie wollten es gar nicht so genau wissen. Es war ihnen nicht verborgen geblieben, dass die fremde Jungfer am Abend zuvor Gast auf Schloss Neideck gewesen war. Und natürlich wussten sie auch, dass Anton Günter der Zweite noch immer seine schützende Hand über Bach hielt. Was sie wollten, war, dass der Herr Organist sich so bald wie möglich nach einer anderen Stelle umsah.

Das wollte er ja auch.

AM ZWEITEN DEZEMBER starb Georg Ahle, Organist zu Divi Blasii in Mühlhausen. Maria Barbara erfuhr es zuerst. Du wirst dich bewerben, sagte sie bestimmt. Denk an Geyersbach, denk an Magister Uthe! Wir müssen hier weg.

Bach atmete einmal tief durch. Er konnte sich nur schwer daran gewöhnen, dass sie in diesem Ton mit ihm redete. Seit er sich auf der Kirmes mit ihr verlobt, und besonders seit sie von der fremden Jungfer erfahren hatte, nahm sie sich dieses Recht heraus. Sie machte ihm auch diesmal wieder keinen Vorwurf, sie fragte nicht nach Einzelheiten, sie fragte überhaupt nicht, sie legte nur eine neue Entschiedenheit an den Tag. Wenn du nicht weißt, wo es lang geht, mein Lieber, gab sie ihm zu verstehen, dann übernehme ich die Sache.

Aber er wusste ja, wo es lang ging. Wenn er den Posten bekäme, würde er Maria Barbara heiraten.

DIE MÜHLHAUSENER WAREN von seinem Vorspiel begeistert, aber es gab Probleme. Als er sechs Wochen später, Mitte Juni, erneut in die Stadt kam, um den Vertrag zu unterschreiben, roch er schon von ferne den scharfen und beißenden Gestank von verkohltem Holz. Die Stadt war von einem verheerenden Brand heimgesucht worden, der am Kornmarkt Ecke Ratsstraße ausgebrochen war, im Haus des Färbers Zänge, und zwar, wie gesagt wurde, wegen der dortigen Verwahrlosung. Der kräftige Westwind hatte die Ausbreitung des Feuers noch begünstigt, und die Flammen hatten eine gewaltige Schneise vom Kornmarkt bis zum Erfurter Tor geschlagen. Innerhalb von fünf Stunden waren 241 Häuser mitsamt ihren Nebengebäuden eingeäschert worden. Die Kornmarktskirche wurde beschädigt, die Kilianikirche brannte völlig aus. Und dabei konnte man noch von Glück sagen, dass nicht noch größerer Schaden angerichtet wurde. Gegenüber vom Färberhaus hatte ein Pulverhändler logiert, der dort acht Zentner Pulver eingelagert hatte. Kurz bevor der Brand ausbrach, war er nach Naumburg weiter gereist, und dort waren das Pulver, der Händler und die halbe Vorstadt in die Luft geflogen.

Als Bach im Rathaus ankam, hatten die Stadtväter verständlicherweise alles andere im Kopf als ihn und seinen Vertrag. Immer wieder hielten sie ihn hin und vertrösteten ihn auf morgen, so dass er eine geschlagene Woche in dieser gebeutelten Stadt zubrachte, angezogen und abgestoßen zugleich von dem Anblick des Desasters, das die Rachflamme des Herrn, wie einige es nannten, angerichtet hatte. Am liebsten wäre er gleich wieder umgekehrt, aber was dann?

Als es endlich zur Vertragsverhandlung kam, begnügte er sich nicht mit dem, was sein Vorgänger bekommen hatte. Er handelte noch dies heraus und jenes, und schließlich einigte man sich auf 85 Gulden plus drei Malter Korn, zwei Klafter

Holz, sechs Schock Reisig sowie ein jährliches Fischgeschenk von drei Pfund. Das war beachtlich, aber die große Freude kam nicht auf bei der Vorstellung, jetzt in diese verkohlte Stadt umsiedeln zu sollen. Und merkwürdig: Als beide Seiten den Vertrag unterzeichnen wollten, stellte man fest, dass weder Feder noch Tinte zur Hand waren. War das ein Zeichen? Und wenn ja, wofür? Wollte Gott nicht, dass der Vertrag unterzeichnet wurde? Oder war es Lucifer, der das nicht wollte? Noch auf dem Heimweg kam Bach darüber so heftig ins Grübeln, dass er versucht war, auf der Stelle umzukehren und sein Vertragsverhältnis wieder aufzulösen. Aber dann tröstete er sich damit, dass die Gegend um die St. Blasiuskirche, an der er die Orgel spielen sollte, den Brand vollkommen unbeschadet überstanden hatte. Das war doch ein gutes Zeichen, oder nicht?

In Arnstadt angekommen, bat er sofort um seine Entlassung.

Ende Juni gab er den Orgelschlüssel zurück.

Am ersten Juli trat er seine Stelle in Mühlhausen an.

Für den 17. Oktober wurde die Hochzeit mit Maria Barbara angesetzt.

24. Hochzeit

DAS AUFGEBOT WURDE IN ARNSTADT BESTELLT, dem Wohnort der Braut. Die Zustimmung des Grafen war eine Formsache. So dachte man.

Aber Anton Günter der Zweite weigerte sich entschieden, seine hochgräfliche Erlaubnis zu geben. Ausgeschlossen!, rief er. Niemals! Er werde es nicht zulassen, dass der Bach die Bachin heirate. Die Bibel verbiete solche Liaisons. Bei den Pharaonen im alten Ägypten möge so etwas der Brauch gewesen sein, bei uns in Schwarzburg-Arnstadt nicht. Vous comprenez?

Oui, Oui, sagte Christoph Herthum, der Organist der Hofkapelle. Er wage jedoch untertänigst anzumerken, dass es sich bei den Verlobten nicht um Bruder und Schwester handele, sondern um Cousin und Cousine, und zwar …

Das macht die Sache auch nicht besser, unterbrach der Reichsgraf, Cousin und Cousine …

… zweiten Grades, fuhr der Organist unbeirrt fort.

Zweiten Grades?, fragte der Graf, nun doch ein wenig unsicher geworden.

Sehr wohl, Euer Durchlaucht. Der Vater der Braut, der verblichene Michael Bach aus Gehren, ist bereits der Cousin von Bachs Vater Ambrosius gewesen, und daher …

Nun, sagte der Graf und gab sich damit geschlagen, wenn der Herr Musicus partout nichts Besseres findet als eine Frau aus seiner eigenen Sippschaft, dann möge er in Gottes Namen mit der Bachin kopuliert werden.

Christoph Herthum berichtete Bach Wort für Wort von dieser, wie er meinte, schnurrigen Begebenheit am Hofe, aber Bach fand es nicht ganz so komisch. Dem Kollegen gegenüber machte er gute Miene, aber für einen Augenblick – für eine ganze Nacht, um genau zu sein – geriet er in heftigste Zweifel darüber, ob es richtig war, sich ans Nahe und Nächste zu binden, anstatt sein Glück in der Ferne zu suchen. Er wollte seine Ruhe haben, ja. Er wollte sich ganz auf seine Arbeit konzentrieren, ja. Er hatte noch so viel vor! Und der Sehnsuchtsschmerz, den Sophie Agneta in ihm hervorrief, hatte etwas Gefährliches, Zerstörerisches. Aber musste er, um sich davor zu bewahren, gleich ins andere Extrem verfallen und seine Cousine heiraten?

Maria Barbara sah die verwandtschaftliche Nähe von der heiteren Seite. Sie scherzte mit ihm sogar darüber, dass sie niemals bereit wäre, seinen Namen anzunehmen. Das käme für sie überhaupt nicht in Frage. Er könne ja den ihren tragen, wenn er wolle. Schließlich wandele sie mit dem Namen Bach schon einige Monate länger auf Erden als er.

DIE HOCHZEIT WURDE IN DORNHEIM GEFEIERT, einem Dörfchen, kaum eine Stunde Wegs von Arnstadt entfernt. Lorenz Stauber, der Pastor zu Dornheim, war aufgeregter als die Eheleute selbst. Die ganze Kirche war voll von Mitgliedern der Bachfamilie, aus Nah und Fern waren sie zusammengekommen, Johann Christoph aus Ohrdruf und Johann Christoph aus Gehren, Johann Christoph aus Erfurt und Johann Bernhard aus Eisenach, Johann Valentin aus Schweinfurt und Johann Nicolaus aus Jena, und das waren nur einige von ihnen. Hinzu kamen ihre Ehefrauen und Kinder, es wimmelte und wuselte nur so von Bachs und Bachinnen – *Bacchantinnen*, wie Johann Valentin aus Schweinfurt nicht müde wurde zu wiederholen, bis Johann Nicolaus aus Jena ihm eine Maulschelle androhte, falls er den abgeschmackten Scherz noch einmal wiederholte.

Pastor Stauber verhaspelte sich einige Male bei seiner Predigt. Er sprach von Treue und von Fruchtbarkeit, von dem Gehorsam der Frau dem Manne gegenüber und vom Verständnis des Mannes für die Schwächen der Frau, aber auch von den Gefahren, die von der Frau ausgingen, seit sie aus Adams Rippe gefertigt wurde. Ja, das Weib sei eine arge Verführerin, rief Pastor Stauber aus, es stehe im Bunde mit Lucifer, der Schlange, aber das Sakrament der Ehe bändige den Lucifer, und durch den Segen Gottes gerate nun alles, was vor und außerhalb der Ehe Sünde gewesen sei, dem Manne und damit auch dem Weibe zum Heil.

Johann Christoph, der Bruder, hatte eine Hochzeitskantate komponiert und tags zuvor schon mit den anderen einstudiert. Er selbst spielte den Basso Continuo auf einem Orgelpositiv und dirigierte von dort die Einsätze des kleinen Ensembles aus Streichern, Oboe und Flöte, sowie einer Bariton- und einer Sopranstimme, die einander in Arie und Rezitativ abwechselten.

Oh holder Tag, erwünschte Zeit
Willkommen, frohe Stunden!

Es ging in der Kantate um die Wechselbeziehung zwischen Musik und Liebe. Harmonierte die Musik mit der Liebe? Oder verleitete sie zur Eitelkeit? Sollte ein frommes Ehepaar, anstatt sich an der Musik zu erfreuen, nicht lieber *ein beseeltes Abba beten*? Diese Frage wurde gleichsam rhetorisch gestellt, um dann mit einem entschiedenen Nein beantwortet zu werden. Nein,

Die Liebe kann vergnügte Saiten
gar wohl vor ihrem Throne leiden.

Und so waren denn alle vergnügt.

Das Wetter spielte auch mit. Es war ein goldener Oktobertag, die herbstlich gefärbten Blätter des Thüringer Waldes glühten, unter dem Walnussbaum im Pfarrgarten waren lange Tafeln aufgestellt, Johann Günter der Zweite hatte sich nicht lumpen lassen und ein selbsterlegtes Wildschwein gespendet, es gab Bier und Wein zu trinken, das Wasser aus dem Pfarrbrunnen schmeckte klar und kühl, Bach verdünnte seinen Wein damit, um nicht am Ende des Tages volltrunken ins Ehebett zu sinken. Johann Christoph hielt eine Festrede auf seinen kleinen Bruder, in welcher er die Geschichte mit dem Mondschein-Manuskript zum Besten gab, die auf diese Weise aus dem einstigen Bruder-Drama zur heiteren Familienanekdote wurde.

Bach erhob, als sein Bruder geendet hatte, das Glas und erklärte, Johann Christoph habe ihm das Orgelspiel beigebracht, dafür werde er ihm ewig dankbar sein. Am Ende umarmten sie einander.

Alle klatschten.

In diesem Moment fiel eine Walnuss vom Baum, direkt in Bachs Weinglas. Das wurde allgemein als gutes Omen gedeutet.

Danach wurde musiziert. Zuerst durften die ganz Kleinen – die Wichte, wie Johann Valentin aus Schweinfurt sich humorvoll ausdrückte – zeigen, was sie konnten. Dann kamen die etwas älteren dran, und einer war dabei, Johann Lorenz, ein elfjähriger Junge, der die Geige bereits so virtuos traktierte, dass die Ahs und Ohs kein Ende nahmen. Bach fühlte sich an seine eigene Kindheit erinnert. Auch er hatte damals Ahs und Ohs geerntet, wenn er die Geige strich. Der Vater hatte ihm schon früh die Doppelgriff-Technik gezeigt, die er dann später – bei seinem kurzen Engagement in Weimar, und gelegentlich auch in Arnstadt als Gast im Hoforchester von Johann Günter dem Zweiten – zur Perfektion gebracht hatte. Am liebsten hätte er jetzt auch ein Kabinettstückchen gespielt, vielleicht sogar einen Zigeunertanz, um die ausgelassene Stimmung noch weiter anzuheizen, aber er wollte nicht den Eindruck erwecken, als sei ihm daran gelegen, den Elfjährigen zu übertrumpfen.

Stattdessen stimmte er einen Kanon an, in den die anderen fröhlich mit einfielen, wobei sie bald aus Lust und Übermut anfingen, den Text zu variieren, zunächst, indem sie einander auf den Arm nahmen und verspotteten, dann aber zunehmend, indem sie zweideutige Anspielungen einfließen ließen, wozu offenbar ein großes Bedürfnis bestand. Je tiefer die Sonne sank, desto ausgelassener wurden die Scherze und Schlüpfrigkeiten, wobei man bald nicht nur den Text, sondern auch die Melodie variierte, immer jedoch in vollendeter Harmonie. *Quodlibet* nannten sie diese Art zu improvisieren.

Als die Sonne hinter den Wipfeln des Thüringer Waldes versunken war und die Fackeln angezündet wurden, nahm Bach Maria Barbara bei der Hand, küsste sie unter dem Beifall aller Anwesenden und kündigte, bevor er sich mit ihr in das von Pastor Stauber bereitgestellte Bett zurückzog, noch eine Überraschung für den nächsten Vormittag an. Er habe etwas komponiert, das er ihnen gern vorspielen würde, sagte er, und zwar etwas – na ja, sie würden schon sehen.

DIE NACHT WAR NICHT GANZ SO HARMONISCH wie das Musizieren. Bach musste auch hier improvisieren, denn die Situation war für ihn neu. Er hatte, selbst unerfahren, mit der einen in Hamburg und der anderen in Lübeck das Lager geteilt, die sich beide in der Liebe auskannten und ihn zu führen und verführen wussten. Nun aber war er der Erfahrene, und Maria Barbara war's nicht. Und doch musste er so tun, als wäre er's auch nicht, sonst hätte sie womöglich Fragen gestellt und ihn in Gewissensnöte gebracht; denn Dinge verschweigen war eine Sache, sie leugnen und weglügen eine andere. So tat er, obwohl er wusste, wo es langging, so, als entdeckte auch er das Mysterium der Liebe zum ersten Mal. Das war, wenn man so wollte, eine künstlerische Aufgabe. Zum Spiel der Liebe aber gehörten zwei, und Maria Barbara war nicht nur unerfahren, ihre Improvisationslust war auch nicht sonderlich ausgeprägt. Sie ließ mit sich geschehen, was geschehen musste, aber ein freudiges und ausgelassenes *Quodlibet* wurde es nicht in dieser Nacht.

25. Wunderliche Variationen

GEGEN MORGEN wurde Bach von einem schweren Alb-
traum heimgesucht. Als er aufwachte, versuchte er, sich
daran zu erinnern, aber vergeblich. Er stand auf, ging hinaus,
wusch sich am Brunnen und summte dabei leise die Melodie
vor sich hin, mit der er sein Spiel beginnen wollte. Es war eine
einfache, eingängige Melodie, es sprach nichts dagegen, sie
den aus allen vier Himmelsrichtungen angereisten Verwandten und Kollegen vorzuspielen. Es ging allerdings nicht we-
sentlich um diese Melodie, es ging ja niemals um die Melodie
allein, sondern immer um den Zusammenhang, in den sie
gebracht wurde, um das, was daraus entwickelt wurde, um
die Tonarten, durch die sie hindurch wanderte, um die Variationen und Modulationen. Es ging, mit einem Wort: um das
Fest der Musik selbst. Musik war, genau wie es in der Kantate
des Bruders gesungen und gesagt wurde, eine Himmelsleiter,
die hinauf führte zu Gott, dem Herrn.

Nachdem er sich gewaschen und angekleidet hatte, aß er
einen Apfel, ging in den Kirchsaal, in dem ein Cembalo stand
und begann, das Instrument zu stimmen. Er ließ alle Quinten
ein Zwölftel Commatis herunter schweben und die Terzen
um einiges mehr.

Sie trudelten so nach und nach ein, ein Johann nach dem
anderen, begrüßten ihn, umarmten ihn, schauten ihn fragend
und neugierig an, wobei nicht klar war, ob es um das ging,
was er vorhatte, oder um das, was er hinter sich hatte. Nur
Johann Valentin aus Schweinfurt wagte es, einen Scherz über
das Tier mit den zwei Rücken zu machen, wurde aber sofort
von Johann Nicolaus aus Jena zur Ordnung gerufen. Man
sei hier in der Kirche, sagte Johann Nicolaus. Ja, aber nicht

im Gottesdienst, entgegnete Johann Valentin, beließ es dann aber doch dabei und sparte sich weitere Scherze.

Als sie alle da waren, fing Bach an. Er spielte das Thema in C-Dur, da konnte wenig passieren, die Quinte war leicht anders gestimmt, die Terz vermied er vorerst. Er unterbrach sein Spiel aber gleich wieder, stand auf und sagte, er werde ihnen etwas vorspielen, das für ihre Ohren vielleicht neu sei, das aber, dessen sei er gewiss, die Zukunft der Musik sein werde. Also aufgemerkt!

Als er das Thema erneut anschlug, bereute er schon, was er gesagt hatte. Am liebsten wäre er gleich noch einmal aufgestanden und hätte gesagt, vergesst, was ich eben daher geredet habe, hört nicht auf meine Worte, hört auf meine Musik.

Er spielte ein Präludium, er improvisierte. Es war allerdings keine ganz freie Improvisation, er improvisierte über das Thema, mit dem er begonnen hatte, und hielt sich an die Akkordfolge, die er sich erdacht hatte, in nächtelanger Tüftelei. Sein Ziel war ein Gang durch alle Tonarten des Quintenzirkels in einer einzigen, großangelegten Improvisation. Dasselbe Stück erst in der einen, dann in der anderen Tonart zu spielen, war keine Kunst. Das konnte jeder. Die eigentliche Kunst hieß: Modulation. Von einer Tonart in die nächste, von dieser in die dritte, die vierte und immer weiter, bis den Zuhörern schwindelig wurde vom Zuhören und sie nicht mehr wussten, wohin die Reise ging, in immer fernere Klangwelten, zu immer fremderen Kontinenten, von denen man nie wieder zurückzukehren fürchtete; und dann, auf Wegen, die noch gänzlich unerforscht waren, wieder zurück in wohlbekannte Gefilde, zum Ausgangspunkt der Reise, zur Grundtonart, nach Hause – das war die Kunst.

Es klang seltsam fremd, was er da spielte, aber war es nicht aufregend, modern? Er improvisierte – wie lange? eine halbe Stunde, eine Stunde? –, er hatte das Gefühl, dass noch nicht alles stimmte, nein, alles noch nicht, aber es war ja auch etwas ganz und gar Neues, nie Gehörtes! Er spielte und spielte, gelegentlich wurde ihm selbst bang dabei, weil er, obwohl er es ja schon erprobt hatte, nicht sicher war, dass er am Ende zu C-Dur zurückfinden würde. Das musste ja sein, sonst wäre alles sinnlos gewesen, vergeblich, sonst würde sich die Spannung nicht auflösen. Am Ende die Kadenz und ganz am Ende die Tonica! Das war das Alpha und Omega aller Harmonie.

Er war nach langen Irrfahrten bei F-Dur gelandet, trieb sich noch ein bisschen darin herum, wechselte schon einmal kurz zu C, ging dann hinüber zu G-Dur, wo schon der Wind vom Festland herüberwehte – und da! Da war er, der erlösende C-Dur-Akkord. Er hatte es geschafft. Die Klippen waren umschifft, die Rückkehr war gelungen, Odysseus hatte nach langer Irrfahrt die heimatlichen Gestade erreicht.

Er atmete tief durch, schloss die Augen und ließ sich einen Augenblick Zeit, bevor er aufstehen und sich umschauen würde. Er erwartete keinen rauschenden Beifall, den bekamen die Kleinen, wenn sie ihre Kunststückchen vollführt hatten, nicht aber ein Erwachsener. Sie waren ja fast alle Kollegen und mehr oder weniger mit allen Wassern gewaschen. Nein, rauschenden Beifall würde er nicht bekommen, aber gleich würden sie ihn mit Fragen bestürmen, wie hast du das gemacht, Bach, wie bist du einmal herum gekommen um den ganzen Quintenzirkel, wie merkwürdig haben die Terzen geklungen, höchst unrein, das muss gesagt werden, dagegen waren die Quinten ja recht passabel gestimmt, was ist das Geheimnis dieser Stimmung, Bruder, Vetter, Onkel, verrate es uns, heraus damit! Andere, die Älteren vor allem, würden ihre Bedenken äußern, möglicherweise sogar ihren Abscheu, sie hingen ja noch an dem Dogma, dass die Terzen sollten rein gestimmt werden. Es würde, ganz sicher, zu einem heftigen

Disput kommen, zu einem hitzigen Durcheinander, aber das hatte er ja gewollt. Also dann.

Er stand auf und schaute sich um.

Die Kirche war leer.

26. Ratswechselkantate

NEIN, SIE WAREN NICHT ALLE GEGANGEN, alle nicht, zwei waren geblieben. Aus dem Dunkel der hohen Kirchenbänke trat Johann Christoph heraus, gefolgt von Johann Lorenz, dem elfjährigen Wundergeiger vom Tag zuvor.

Was um Himmels Willen er mit seinem Cembalo angestellt habe, fragte Johann Christoph, es habe ja schauerlich verstimmt geklungen, besonders die Terzen!

Das sei der Preis, sagte Bach. Dafür könne man mit dieser Temperatur durch alle Tonarten modulieren.

Ich fand es exzeptionell!, platzte es aus Johann Lorenz heraus, zwar schräg und gewöhnungsbedürftig, aber auch aufregend und neu! Ob Bach noch mehr solche Kompositionen habe? Ob er bei ihm in die Lehre gehen dürfe? Oh ja, er müsse ihn unbedingt als Schüler nehmen, bitte, Onkel Sebastian!

Bach war erleichtert, dass wenigstens einer da war, dem sein Spiel etwas bedeutet hatte. Ich habe die Jugend auf meiner Seite, schoss es ihm durch den Kopf. Dann fiel ihm ein, dass er selbst erst zweiundzwanzig war.

Was immer die anderen dazu sagen würden, fuhr Johann Lorenz fort, ihn hätten diese seltsamen Akkordfolgen vollkommen aufgewühlt und überwältigt. Heiß und kalt sei es ihm über den Rücken gelaufen, wie wenn man Fieber habe, Schüttelfrost. Unglaublich! Ob er das alles frei improvisiert habe, einfach so drauflos, oder ob es eine fertige Komposition gewesen sei? Kann ich eine Abschrift davon haben?

Nein, sagte Bach. Es sei eine Improvisation gewesen.

Aber bitte, Onkel, Sie müssen mich als Lehrling nehmen, versprechen Sie mir das?

Na ja, erstmal müsse er wohl seine Schule beenden.

Ja, ja. Aber dann?

Wenn dein Vater sein Plazet gibt, dann können wir darüber reden.

Ich sag's dem Vater, rief Johann Lorenz und trabte durch den schmalen Gang neben den Bänken davon. Sein Vater war übrigens Johann Valentin aus Schweinfurt, der Mann mit dem Humor.

Er gebe ihm den guten Rat, mit seinen Experimenten etwas vorsichtiger zu sein, sagte Johann Christoph, als der Junge fort war. Sonst werde er sich in Mühlhausen gleich wieder in die Nesseln setzen.

WENN ER IN DEN TAGEN UND WOCHEN DANACH an dieses Vorspiel dachte, wusste er nicht wohin mit sich vor Scham. Nicht, weil er sein Cembalo neu gestimmt hatte, nicht deswegen, sondern weil seine Improvisation so künstlich gewesen war, so gewollt. Mit gewaltsam durch den Quintenzirkel getriebenen Akkordfolgen, abrupten Übergängen, unstimmigen Verknüpfungen, gekünstelten Verzierungen. Jetzt, hinterher, wusste er, wie er es hätte machen sollen, aber jetzt war es zu spät. Wenn er es besser angefangen hätte, mit sanfteren Übergängen, nicht mit solchen harten Brüchen, dann hätte er die anderen überzeugt, aber so? Sie hatten recht daran getan, ihm davonzulaufen. Sie hatten es auf die neue Stimmung geschoben und darauf, dass die Terzen weniger rein klangen, aber daran hatte es nicht gelegen! Wenn er seine Improvisation geduldiger, geschickter, durchdachter angelegt hätte, dann wären sie ihm gefolgt, ganz sicher. Warum hatte er das nicht getan? Was war in ihn gefahren, der versammelten Verwandtschaft etwas so Unausgegorenes zuzumuten? Und das am Tag nach seiner Hochzeit!

Nacht für Nacht wälzte er sich im Bett umher und konnte nicht schlafen. In seiner Phantasie spielte er die Szene wieder und wieder durch, veränderte ihren Verlauf, veränderte im Nachhinein sein Spiel, erfand neue Klangkombinationen, die besser und richtiger gewesen wären, Akkordfolgen, die er hätte spielen sollen und mit denen er die Verwandten überzeugt und begeistert hätte, und dann schreckte er aus dem Halbschlaf hoch und wusste: So hatte er es nicht gemacht. In seinen Gedanken klammerte er sich an den elfjährigen Johann Lorenz, den es trotzdem berührt und fasziniert hatte, und versuchte sich damit zu trösten, dass alles Neue seine Zeit bräuchte und er seiner Zeit voraus wäre. Aber all diese Gedanken brachten ihm keine Erleichterung. Er konnte nur Gott um Gnade bitten, um seliges Vergessen.

Gott erhörte ihn, indem er ihm so viel Arbeit aufbürdete, dass keine Zeit zum Nachdenken blieb. Bach war in Mühlhausen nicht nur für vier Gottesdienste verantwortlich wie in Arnstadt, sondern für sechs. Außerdem spielte er, sich abwechselnd mit dem Organisten der Marienkirche, bei den wöchentlichen Gottesdiensten für die Mädchenschule St. Maria und Magdalena, was ihm ausnehmend gut gefiel.

Hinzu kam, dass er neuerdings zwei Schüler hatte. Er war ein strenger Lehrer, er forderte viel und fühlte sich belohnt durch die Verehrung der beiden. So wie er vor nicht allzu langer Zeit Adam Reincken oder Dieterich Buxtehude bewundernd zugehört und ihnen auf die Finger und die Füße geschaut hatte, so saßen sie jetzt neben ihm und hielten sein Spiel für Zauberei. Er zeigte ihnen die Einstellung der Register, den Fingersatz und das Traktieren des Pedals mit Spitze und Hacke. Er lehrte sie, wie eine Harmoniefolge aufgebaut wurde und wie man darüber improvisierte, er ermutigte sie zum freien Präludieren und brachte ihnen das strenge Spiel der Fuge bei. Sie wiederum halfen ihm bei der Arbeit, wenn er auf Hochzeiten und anderen Festen spielte oder für die Ratsherren musizierte. Als Organist von Sankt Blasius war er obendrein noch für die *Musicalische Societät* zuständig, deren Ziel und Aufgabe es war, die singenden und spielenden Kräfte der Stadt zu bündeln. So hatte er alle Hände voll zu tun, und mit der Zeit verblasste die Erinnerung an das Dornheimer Fiasko. So geht es eben, dachte er nach einer Weile. Das Leben verläuft nun einmal nicht gerade und ungehindert wie Wasser in einem künstlichen Kanal, sondern in Kurven und Windungen, über Stromschnellen und unvorhergesehene Hindernisse wie in einem natürlichen Bach.

ZU DEN UNVORHERGESEHENEN HINDERNISSEN gehörte der religiöse Streit um die Musik, der in der Stadt ausgebrochen war.

Superintendent Frohne, Hauptpastor an St. Blasius, war Pietist und als solcher den Sangesfreuden nicht sehr zugetan. Musik in der Kirche solle, so forderte er, der Verkündigung des Gotteswortes dienen und nicht der Seelenlust. Von der Kanzel herab wetterte er vor allem gegen die Aufführung von Kantaten: Was man in neuerer Zeit Cantata nenne, rief er theatralisch aus, das sei doch im Grunde nichts anderes als ein Stück aus einer Oper! Hinweg damit! Hinweg mit den vermeintlichen Nachtigallen, hinweg mit den lächerlichen welschen Sprüngen und Sirenenliedern, hinweg mit dem italienischen Kapaunengelächter!

Frohnes Gegenspieler war Pastor Eilmar von der Marienkirche. Er war ein orthodoxer Lutheraner und liebte die Musik. Hatte nicht auch Martin Luther der Musik den ersten Platz eingeräumt, gleich nach der Theologie? Frömmigkeit sei sicher etwas Gutes, predigte er, aber wer den Menschen das Leben sauer mache, der weiche von der gesunden Lehre ab. War denn das Leben nicht auch so schon sauer genug? Man denke nur an den verheerenden Brand, der diese Stadt vor wenigen Monaten heimgesucht habe. Ja, der Mensch finde seinen Trost in Gott und dem gekreuzigten Christus, aber sollte er nicht darüber jubilieren, dass der Himmel diesen Trost für ihn bereit halte? Wie lasse sich denn reiner, strahlender und unschuldiger jubilieren als mit einer das Herz erfreuenden Musik zu Gottes Ehre?

Bach suchte immer häufiger das Gespräch mit dem Pastor, und bald schon beschlossen sie, gemeinsam Kantaten aufzuführen, natürlich in St. Marien und nicht in Divi Blasii. Eilmar schrieb die Texte, Bach die Musik. Der Höhepunkt ihrer Zusammenarbeit war die Kantate, die Anfang Februar in der Marienkirche aufgeführt wurde, anlässlich des feierlichen Ratswechsels.

M ÜHLHAUSEN WAR EINE FREIE REICHSSTADT wie Hamburg oder Lübeck, keinem Fürsten untertan, sondern reichsunmittelbar dem Kaiser in Wien. In der Zeit des dreißigjährigen Gemetzels war der Kaiser sogar einmal hier gewesen und hatte den Kurfürstentag abgehalten, ein Anlass, zu dem der berühmte Heinrich Schütz sein mehrchöriges Konzert *Da pacem, Domine* aufgeführt hatte, gib Frieden, Herr. Das war jetzt mehr als achtzig Jahre her, und die Stadt war immer noch stolz darauf.

Ebenso stolz war sie auf ihre bürgerliche Verfassung. Die Stadtverwaltung war in drei Bezirke eingeteilt, die je von einem sechzehnköpfigen Rat regiert wurden. Einer dieser drei war turnusmäßig für die Regierung der gesamten Stadt zuständig, und zwar im regulierten Wechsel, jeweils für ein Jahr. Aus Anlass dieses Ratswechsels gab es alljährlich einen Festakt in der Marienkirche, und zuständig für diese Musik war der Organist von Sankt Blasius.

Bach hatte den Ehrgeiz, sich mit einer Kantate zum Ratswechsel ebenso in die Geschichte der Stadt einzuschreiben wie einst der große Heinrich Schütz. Natürlich stand es nicht in seiner Macht, den Kaiser nach Mühlhausen zu holen, aber konnte man nicht seine Gegenwart heraufbeschwören? Das war die Bedingung, die er seinem Textdichter stellte: Der Kaiser musste vorkommen, unbedingt!

Pastor Eilmar sah keinen Grund, dem Herrn Organisten seinen Wunsch zu versagen. *Gott ist mein König*, dichtete er, *von altersher*, und alsbald kam er auf das Thema Krieg und Frieden zu sprechen, damit jeder, der Ohren hatte zu hören, an das legendäre Konzert des Heinrich Schütz erinnert wurde. *Hier muss der Friede glänzen, wenn Mord und Kriegessturm sich allerort erhebt*, dichtete Eilmar. Es war ja leider immer noch so, dass Mord und Kriegessturm sich allerorten erhoben, die Schweden rangen mit den Russen, die Engländer kämpften gegen die Franzosen, der Kaiser befand sich im Zwist mit dem Papst, und die Osmanen lauerten an der Grenze des Reiches auf die Gelegenheit zu weiteren Eroberungen.

Die Bürgerinnen und Bürger der Stadt schraken ordentlich zusammen, als am vierten Februar des Jahres 1708 von den verschiedenen Emporen herab die zwei Vokalchöre, begleitet von Tromben und Timpani, Flöten und Oboen, Fagott, Streichern und Orgel, den Namen des Herrn auf sie herab schmetterten, »Gott!« – und dann noch einmal »Gott!« und wegen der Trinität auch noch ein drittes Mal: »Gott!« –, bevor sie ebenso jubelnd »Gott ist mein König« sangen. Dieser Anfang allein war von einer solchen Wucht und Kraft, dass allen, wie sie da saßen, die Herzen in Ehrfurcht erhoben wurden. Gott ist mein König, ja, so war es, daran war nicht zu rütteln, jetzt wusste man es ein für alle Mal, obwohl man es natürlich schon immer gewusst hatte, gewusst im Kopf, aber eben doch noch nicht so ganz und jederzeit mit dem Herzen! Das war es ja, was die Musik vermochte wie keine andere Kunst: Geist und Seele, Kopf und Herz, Verstand und Gefühl in Übereinstimmung zu bringen, und nicht nur Verstand und Gefühl des Einzelnen, sondern die Köpfe und die Herzen einer ganzen

Gemeinde. Sie alle waren eins in diesem Augenblick, vereint im selben Wissen, im selben Fühlen, in derselben Ehrfurcht vor Gott dem Allmächtigen, dem Schöpfer des Himmels und der Erden, *der alle Hülfe tut, so auf Erden geschicht.*

Dann kamen Arie – Chor – Arioso – und am Ende der Choral, wo wieder alle – tutti! – miteinander sangen und spielten, wie es sicherlich auch Joseph I. erfreut hätte, wenn er höchstkaiserlich zugegen gewesen und nicht bloß mit allerdings ergreifend schön gesungenen Worten heraufbeschworen worden wäre. Am Ende aber hieß es:

Glück, Heil und großer Sieg, muss täglich von neuem Dich, Joseph, erfreuen.

Da war er also, der Kaiser, jetzt war er gegenwärtig, herbei zitiert und herbei gesungen, und damit war die Parallele zu dem berühmten *Da pacem, Domine* perfekt.

Für Bach aber schwang noch etwas anderes mit: die Erinnerung an Dieterich Buxtehude und die außerordentlichen Abendmusiken *Castrum doloris* und vor allem *Templum honoris*, worin die Inthronisation von Kaiser Joseph gefeiert wurde. Zwei Jahre war das jetzt her. Und nun war er, Bach, gewissermaßen der Buxtehude von Mühlhausen.

Die Ratsherren waren hochbeglückt und zeigten sich dankbar. Sie ließen die Kantate nicht nur drucken, sondern sogar in Kupfer stechen, was eine außerordentliche Ehre war. Bach wusste sich vor Freude kaum zu lassen, als er die glänzende Metallplatte in den Händen hielt. Und als drei Wochen später im Rat über den Antrag abgestimmt wurde, die Orgel der St. Blasiuskirche nach Bachs Wünschen zu renovieren, da waren alle ohne Ausnahme dafür.

27. Weimar

IM JUNI WURDE BACH zu einer Orgelprüfung nach Weimar geladen. Wie schon in Arnstadt vor vier Jahren durfte und musste er auch hier wieder im allerwörtlichsten Sinne sämtliche Register ziehen, so dass die Zuhörer in der Schlosskirche nicht mehr aus dem Staunen heraus kamen und am Ende, obwohl sie in der Kirche waren, vor Begeisterung in die Hände klatschten.

Er glaube, ihn schon mal gesehen zu haben, sagte der Herzog.

Das sei nicht ganz unmöglich, sagte Bach. Er habe vor vier Jahren eine Weile im Orchester von Seiner Durchlaucht jüngst verstorbenem Bruder gespielt.

Lakai von Johann Ernst?

Ja, sagte Bach, und Violinist. Für kurze Zeit allerdings nur. Bin dann nach Arnstadt gegangen. Als Organist an St. Bonifatius.

Habe von Seiner Kantate zum Ratswechsel in Mühlhausen gehört, sagte der Herzog. Kann Er noch mehr dergleichen komponieren?

Ja, sagte Bach und fügte bescheiden hinzu: Mit Gottes Hilfe. Er wusste, wie fromm der Herzog war.

Er wolle nämlich in seiner Kirche, sagte der Herzog, eine regulierte Kirchenmusik zu Gottes Ehre installieren.

Eine regulierte Kirchenmusik zu Gottes Ehre, sagte Bach, ja, das sei auch sein Endzweck, unbedingt.

Wie alt an Jahren er sei?

Dreiundzwanzig.

Hm, machte der Herzog und wiegte den Kopf bedenklich hin und her: Lakai in Weimar, Organist in Arnstadt, Organist in Mühlhausen, und das in nur vier Jahren? Er ist recht unbeständig, wie es scheint, er liebt den Wechsel.

Nur bis Gott mich an die richtige Stelle setzt, sagte Bach und schlug die Augen nieder.

Das sei hiermit geschehen, sagte der Herzog. Er wird Hoforganist und Kammermusicus. Sein bisheriges Salär wird verdoppelt. Aber von nun an ist Schluss mit der Unbeständigkeit. Compris?

Bach unterdrückte einen Jubelschrei.

Maria Barbara fiel ihm vor Freude um den Hals. Lieber Mann, sagte sie, das kommt gerade zur rechten Zeit.

Ja, ja, sagte Bach, ich weiß, dass du dich nicht wohl fühlst in dieser Stadt.

Da hast du wohl recht, sagte sie, aber ich meinte es noch anders.

Ja, sagte er, ich weiß schon, du denkst an den Superintendenten Frohne, der gegen die Kantaten wettert.

Das ist bestimmt ein großes Ärgernis, sagte sie, aber es hat noch eine andere Ursach', dass ich mich darüber freue. Auch und gerade über das doppelte Salär.

Aber ja!, sagte er, weil ihm erst jetzt ein Licht aufging. Du brauchst gewiss mal ein neues Kleid. Vergib mir, dass ich nicht daran gedacht habe.

Ich brauche in der Tat ein neues Kleid, sagte sie. Und außerdem sollten wir meine Schwester zu uns holen, Friedalena Margaretha.

Friedalena Margaretha?, fragte er verwundert.

Weil ich in nächster Zeit ein wenig Hilfe brauchen werde.

Bach schwieg einen Moment und sah sie fragend an.

Nun ja, sagte sie, dir ist vielleicht nicht ganz entgangen, dass ich in den vergangenen Wochen auf seltsame Dinge Appetit habe und des Öfteren von Übelkeit heimgesucht wurde ...

Und deswegen muss deine Schwester kommen?

Herrjeh!, rief sie aus und fasste sich an den Kopf. Wie lange braucht's bei dir? Aber du schaust ja gar nicht hin und hörst ja gar nicht zu und merkst nicht, dass ich schwanger bin.

Was heißt hier, ich schaue nicht hin und höre nicht zu und merke nicht, dass du – SCHWANGER?

Bach umarmte sie so heftig, dass sie nach Luft schnappte, ließ sie los, machte ein paar Tanzschritte, rannte zum Cembalo und improvisierte eine chromatisch ansteigende Phantasie. Er würde einen Sohn bekommen, einen Stammhalter, und ihm die Welt erklären, die Welt der Musik und die Musik der Welt, so wie einst sein Vater ihm! Und war erstmal der eine da, dann würden auch noch weitere folgen, er wünschte sich eine große Familie! Noch am selben Abend setzte er sich hin und zeichnete einen Baum mit vielen Ästen und trug die Namen all seiner Vorfahren ein, bis zurück zu dem legendären Urahn Veit Bach, der aus Ungarn hatte entweichen müssen, weil er seinen lutherischen Glauben nicht aufgeben wollte.

Die Stadtväter von Mühlhausen waren weniger begeistert, als sie hörten, dass Bach schon wieder fort wollte. Zumal er in seinem Kündigungsschreiben den Finger auf die Wunde legte: Er wäre ja gern seiner Bestallung nachgekommen, schrieb er mit einem Seitenhieb auf den Superintendenten Frohne, aber es habe sich leider nicht ohne Widrigkeit fügen wollen und habe auch nicht den Anschein, als ob es sich in Zukunft fügen werde. Sein Endzweck, nämlich eine regulierte Kirchen-Musik zu Gottes Ehre aufzuführen, sei allhier bedauerlicherweise nicht zu realisieren. Außerdem sei das Salär zu knapp bemessen.

Einen Monat nach seiner Orgelprobe bestiegen Maria Barbara und er, zusammen mit den beiden Lehrlingen Johann Martin Schubart und Johann Caspar Vogler, die Kutsche nach Weimar. Eine Lastkutsche mit den Möbeln und dem übrigen Hausrat fuhr hinter ihnen her.

28. Jauchzet! Frohlocket!

SIE BEKAMEN EINE WOHNUNG IM HAUS von Adam Immanuel Weldig, Pagenmeister und Falsettist der Hofkapelle. Sie befand sich am Marktplatz und lag nur wenige Minuten entfernt von der Residenz des Herzogs Wilhelm Ernst, der so genannten Wilhelmsburg. In deren Schlosskirche spielte Bach von nun an die Orgel. Er saß sechzig Fuß über dem Boden, von unten zu sehen durch einen ovalen Deckendurchlass, so dass seine Musik gleichsam vom Himmel herab schwebte.

Ja, jetzt war Schluss mit der Unbeständigkeit. Der Herzog hatte es befohlen, und Bach wollte es auch nicht anders, zumal er noch in diesem Jahr Vater wurde.

SIE DACHTEN, es würde ein Christkind werden und stellten sich darauf ein, zumal schon vor dem Heiligen Abend Maria Barbaras Schmerzen so sehr zunahmen, dass sie die Hebamme riefen. Nachdem sie Maria Barbaras Bauch befühlt und sogar ihr Ohr daran gelegt hatte, sagte die Hebamme, es sei noch nicht so weit, zwei Tage noch, vielleicht drei. So verging der Heilige Abend, ohne dass ihr Sohn geboren wurde.

Dass es ein Sohn werden würde, war so gut wie ausgemacht. Eine Frau spürt so etwas, sagte Maria Barbara. Sie wollten ihn Friedemann nennen, Wilhelm Friedemann.

Am dritten Tag nach Heiligabend setzten die Wehen ein. Die Hebamme kam, bat um heißes Wasser und darum, dass es immer wieder erneuert würde, und Maria Barbara schrie und litt.

Für Bach war das alles erschreckend und vollkommen neu. Andere waren schon in ihrer Kindheit Zeugen einer Geburt gewesen, wenn die Mutter ihnen ein Geschwisterkind gebar, aber Bach war der Jüngste gewesen. Jetzt war er nur froh, dass die

Hebamme da war und ihm versicherte, dass all diese Schreie und Schmerzen, all das Stöhnen und Schwitzen vollkommen in Ordnung waren und nicht etwa Vorboten des Todes.

Unterdessen verstärkten sich Maria Barbaras Wehen noch, sie biss auf den Stoffknebel, den die Hebamme ihr in den Mund geschoben hatte, riss die Augen auf, rollte die Augäpfel, schloss die Augen wieder, um sie gleich darauf wieder aufzureißen, und schien dann aber, für einen Augenblick zumindest, von den Qualen befreit zu sein. Nun müsse er das Zimmer verlassen, sagte die Hebamme, alles Weitere sei Frauensache. Und damit schob sie ihn zur Tür hinaus.

Er stand unschlüssig im Flur herum und wusste nicht, was tun, aber als die Schreie wieder anhoben, hielt er die Untätigkeit nicht mehr aus. Er lief nach unten in seine Komponierstube, setzte sich ans Clavichord und begann, etwas zu improvisieren, irgendetwas, und während er spielte, dachte er an seinen Sohn und daran, wie dieser mit seinen kleinen Händen die ersten Melodien in die Claves drücken würde, vielleicht am Anfang gar mit den Fäusten, so wie man in früheren Zeiten die Orgel geschlagen hatte, als die Tasten noch so groß und unförmig waren. Und während er das dachte, hörte er von oben erneut Maria Barbara, und auf einmal kam ihm die Idee.

Er unterbrach sein Spiel, stand auf, nahm seine Geige aus dem Kasten und ging mit ihr die Treppe hinauf. Die Schreie wurden unerträglich. Er stellte sich vor die Tür und fing an zu spielen, eine langsame, ruhige, schmelzend schöne Weise. Etwas Besänftigendes sollte es sein, etwas, das Maria Barbara ablenkte, entspannte und sie, so stellte er es sich vor, bereit machte, seinen Sohn in die Freiheit zu entlassen.

Und wirklich, Maria Barbara stöhnte nur noch zweimal mit tiefen, wie von einem fremden Wesen hervorgebrachten Lauten, und wenig später hörte er den erlösenden Schrei des zum ersten Mal vom Licht der Welt geblendeten Kindes.

Gott hat Ihm eine Tochter geschenkt, sagte die Hebamme mit dem Bündel auf dem Arm. Ich gratuliere.

Eine Tochter!

War er enttäuscht? Er musste enttäuscht sein, er erwartete es von sich, wartete darauf, dass es einsetzte. Aber nein. Er spürte wie etwas ganz Neues in ihm aufstieg. Eine jubelnde Freude, wie er sie noch nie gekannt hatte! Er hätte hinunter auf die Straße laufen und über das Pflaster tanzen mögen, die Arme wie ein von Glückseligkeit Trunkener zum Himmel hinauf reckend und Freudenschreie ausstoßend. *Jauchzet! Frohlocket!* Eine Melodie schoss ihm durch den Kopf.

Er wollte die Hebamme umarmen, schreckte aber davor zurück. Er lief zu Maria Barbara, küsste sie auf die Stirn, die Wangen, den Mund. Es schmeckte salzig, er liebte den Geschmack. Er liebte alles an ihr, liebte sie, wie er sie noch nie geliebt hatte, liebte sie vielleicht zum ersten Mal.

Und das, obwohl sie sich geirrt hatte. Von wegen, eine Frau spürt so etwas. Aber sollte er darüber lamentieren? Sie würden schon dafür sorgen, dass die Familie wuchs und gedieh, es würde nur so wimmeln in ihrem Haus, mit Gottes Hilfe! Und wenn das kleine, entzückende Wesen, seine Tochter, auch ein wenig laut und auf die Nerven gehend greinte, so war sie doch der Stolz des Vaters und der Mutter.

Nur eine Frage gab es jetzt zu klären. Wie sollte sie heißen? An einen Mädchennamen hatten sie nicht gedacht.

Fällt dir einer ein?, fragte Maria Barbara.

Dorothea Catrin, sagte Bach, und dachte dabei an seine Lübecker Zeit.

Dorothea Catrin?, fragte Maria Barbara mit gerunzelter Stirn. Wie kommst du darauf?

Weiß auch nicht, sagte er mit ausdrucksloser Miene, um sich nicht zu verraten. Ich finde, er klingt gut. Du nicht?

Doch, sagte sie zögernd und schaute ihn weiter fragend an.

Was ist?, fragte er. Habe ich etwas Falsches gesagt?

Nein, nein, sagte sie. Es kommt mir nur so vor, als hättest du meine Gedanken gelesen. Ich hatte nämlich an den Namen Catharina Dorothea gedacht, nach meiner Schwester Barbara Catharina und nach Dorothea, der Tochter von Pastor Eilmar. Wärest du damit einverstanden?

Aber ja, sagte er erleichtert, aber ja! Catharina Dorothea klingt sogar viel besser.

D IE TAUFE WURDE in der Hauptkirche St. Peter und Paul am Marktplatz abgehalten. Pastor Eilmar eilte aus Mühlhausen herbei und war einer der Paten. Friedalena Margaretha, Maria Barbaras älteste Schwester, kam aus Arnstadt und blieb gleich ganz da.

Bach arbeitete wie ein Besessener. Er schrieb eine Orgelkomposition nach der anderen, tat seinen Dienst in der Schlosskirche, spielte seinen Cembalo- oder Violinenpart im Kammerorchester, wofür er die vorgeschriebene Heiducken-Uniform anzog, und musizierte mit Ernst August und Johann Ernst, den Neffen von Herzog Wilhelm Ernst, die im so genannten Roten Schloss residierten. Besonders zu dem jüngeren der beiden, zu Johann Ernst, fühlte er sich hingezogen, weil der besonders musikalisch und empfindsam war. Bach unterrichtete ihn mit besonderer Liebe, und je mehr er sich dieser Liebe bewusst wurde und sie in sich spürte, desto stärker meldete sich in ihm der Wunsch nach einem Sohn. Vor dem Einschlafen betete er zu Gott, er möge ihm seinen Wunsch erfüllen.

Und Gott erhörte sein Gebet.

Zwei Jahre nachdem Catharina Dorothea getauft worden war, am 22. November 1710, schrie Wilhelm Friedemann voll

Empörung über die Zumutung, in dieses winterkalte Dasein hinaus gestoßen zu werden, seinen ersten lang anhaltenden Ton in die Welt hinaus.

Da war er also, sein Sohn. Bach weinte vor Freude. Diese kleinen Händchen mit ihren winzigen Fingerchen, die einmal groß und stark genug sein würden, die Orgel zu spielen. Diese wonnigen Füßchen, die nur noch ein bisschen wachsen und sich kräftigen müssten, um auf dem Pedal herumzutanzen, dass Gott und die Menschen ihr Wohlgefallen daran hätten! Oh ja, er würde der Lehrer dieses kleinen Erdenmenschen sein, er würde ihm das Geigenspiel beibringen wie einst sein Vater ihm, und dann das Orgelspiel, wie sein Bruder in Ohrdruf. Und er würde mit ihm zusammen ein Klavierbüchlein anfertigen, ein Klavierbüchlein für Wilhelm Friedemann!

Weitergeben, was man geerbt hat. Weitergeben, was man gelernt hat. Weitergeben, was Gott einem geschenkt hat.

Weitergeben an dich, Wilhelm Friedemann.

Bach war glücklich. Er hatte noch nicht alles erreicht, was er wollte, beileibe nicht; da war eine Fülle, ja, ein Überreichtum von Musik in ihm, der darauf drängte, niedergeschrieben und gespielt zu werden, aber er hatte die Spur gefunden, auf der er die Kutsche seines Lebens lenken konnte. Er hatte ein gutes Ansehen und ein ansehnliches Einkommen, er war Organist, Kammermusiker, Familienvater, Lehrherr – und das mit seinen fünfundzwanzig Jahren. Er war ein erwachsener Mann, aber wenn Gott ihm die siebzig oder achtzig Jahre gönnte, von denen in der Bibel die Rede war, dann hatte er noch ein köstliches Leben voller Mühe und Arbeit vor sich. Erdmann, dem er von seinem Glück geschrieben hatte, antwortete einige Monate später mit einem Brief aus London.

Teurer Freund,

Dein Brief mit der frohen Botschaft von der Geburt Deines Sohnes erreichte mich noch in Paris, wo mein Prinz und ich uns während des Winters aufgehalten haben. Wir besuchten einige Male die Oper, waren oft zu musikalischen Soiréen und Matinéen eingeladen und hatten unter anderem das Glück, den Virtuosen Louis Marchand zu hören, der den Titel eines Organisten des Königs trägt. Wir hörten ihn nicht an der Orgel, sondern am Cembalo und waren außerordentlich beeindruckt. Überaus kunstvoll und melodiös ist sein Spiel, sowohl in der französischen als auch in der italienischen Manier. Er spielte einige Suiten alla francese und ein italienisch inspiriertes Stück mit dem Titel La vénitienne, *an das ich mich noch gern erinnere.*

Seit Anfang Februar haben wir Quartier in London genommen, in dieser mächtigen, modernen, aufregenden Stadt. Und hier traf ich zu meiner Freude Herrn Händel wieder, dessen Bekanntschaft ich in Halle gemacht hatte. Inzwischen hat er in Hamburg zwei Opern aufgeführt, ist dann nach Italien gereist und hat dort einiges Aufsehen erregt, was ich bezeugen kann. Als nämlich mein Prinz und ich auf unserer Grand Tour nach Rom und Florenz kamen, wurden wir immer wieder nach Il Sassone *gefragt, dem Sachsen, wie man Händel dort zu nennen pflegte. Nun also weilt Händel in London und hat hier gerade seine Oper* Rinaldo *aufgeführt. Er soll, wie es im Vorwort zum Textbuch heißt, nur zwei Wochen gebraucht haben, um sie zu komponieren! Der Ritter Rinaldo wurde von einem Soprankastraten dargestellt, der eine überaus anmutige Stimme hatte. Auch das Bühnenbild bezauberte. In einem orientalischen Garten flogen lebendige Spatzen herum, und die Zauberin Almida schwebte in einem von einem feuerspeienden Drachen gezogenen Wagen vom Bühnenhimmel herab!*

Der Spectator *machte sich allerdings ein wenig lustig über die*

Spatzen. Wobei ich wohl hinzufügen sollte, dass der Spectator *ein neues Blatt ist, eine Zeitung, die täglich erscheint, und die in allen Teestuben, Coffee-houses und Clubs ausliegt. Man kann sie sich sogar jeden Morgen ins Haus bringen lassen! Aber zurück zu den Spatzen. Sie sollten auf der Bühne nicht sich selbst darstellen, sondern Singvögel, weswegen man ihren Gesang hinter der Bühne mit Hilfe von Flöten und Flageoletts erzeugte.*

Aber ob man diesen Bühnenzauber nun geschmackvoll findet oder nicht (ich finde ihn ein wenig ridicul), die Musik eroberte in jedem Falle die Herzen, vor allem die Arien Cara sposa *und* Lascia ch'io pianga.

Ich muss, wo ich dies schreibe, naturgemäß an Dich denken, lieber Freund, und an Deine Circe. *Es ist doch schade, dass sie niemals zur Aufführung gelangte. Doch genug davon.*

Hast Du schon von der Stimmgabel gehört? Ein Lautenist namens John Shore *hat dieses nützliche Gerät gerade erfunden, es sieht wirklich aus wie eine Gabel mit zwei Zinken. Wenn man sie irgendwo anschlägt, gibt sie den Stimmton wieder, immer den gleichen, zu jeder Zeit, an jedem Ort. Natürlich kann man zum Stimmen auch weiterhin das Monochord benutzen, aber mit der Stimmgabel lässt sich ein einheitlicher Stimmton auf die einfachste Weise von einem Ort zum anderen tragen, so ähnlich, wie man seit der Erfindung der Taschenuhr die Zeit von einem Ort zum anderen tragen kann.*

Zum Schluss noch ein Wort zu Wilhelm Friedemann. Möge Euer Sohn ein langes und gesundes Leben führen, möge er das Talent, die Ausdauer und den Fleiß des Vaters erben, und möge er dem Vater und der Mutter eine ungetrübte Freude sein!

Mit diesen Wünschen verbleibe ich

Dein
Georg Erdmann

29. Die Jagdkantate

HERZOG WILHELM ERNST befahl Bach durch einen Boten zu sich. Er müsse in die Wilhemsburg kommen. Sofort. Bach gehorchte widerwillig. Sie feierten gerade den zweiten Geburtstag von Wilhelm Friedemann und waren dabei, Kinderlieder zu spielen, wozu Friedemann mit seinem glockenhellen Stimmchen begeistert jauchzte. Es hatte zur Feier des Tages Kaffee und Kuchen gegeben, und abends wollte man sich eine Gans genehmigen, mit Rotkohl und Rotwein, wie's sich gehörte zur Sankt Martins-Zeit. Friedalena Margaretha hatte alles vorbereitet, sie dirigierte den Haushalt mit fester Hand, während Maria Barbara mal wieder unpässlich war, die erneute Schwangerschaft setzte ihr zu.

Als Bach mit der gebührenden Verbeugung das Kabinett des Herzogs betrat, war schon ein anderer Hofbediensteter zugegen, der Konsistorialsekretär Salomon Franck. Franck verwaltete die Bibliothek des Herzogs, betreute sein kostbares Münz- und Raritätenkabinett und bekleidete den Posten des Hofdichters. Er war ein kleiner, schmächtiger Mann, Anfang Fünfzig, mit einem feinen Gesicht und einer vollen, wohltönenden Stimme, mit der er bei festlichen Anlässen Gedichte und Balladen rezitierte.

Er habe gerade eine großartige Eingebung gehabt, sagte der Herzog.

Bach machte eine leichte Verbeugung und ein interessiertes Gesicht.

Wie sie beide sicherlich wüssten, sei seine herzogliche Familie zwar nicht aufs Engste, aber doch um einige Ecken mit dem Zweig der albertinischen Wettiner verwandt, der unweit in Sachsen-Weißenfels regiere.

Bach und Franck nickten. Irgendwie waren bei den hohen Herren ja immer alle mit allen verwandt.

Nun sei ja im vergangenen März Herzog Johann Georg von Sachsen-Weißenfels gestorben, fuhr der Herzog fort, bedauerlicherweise, im Alter von nur vierunddreißig Jahren, und zwar ohne einen Erben zu hinterlassen. Daher trage nun der jüngere Bruder des Verblichenen, Christian von Sachsen-Weißenfels, die Herzogwürde und damit auch – er machte eine kleine Pause – die Herzogbürde.

Bach fing den ironischen Blick auf, den Salomon Franck ihm zuwarf.

Herzog Christian von Sachsen-Weißenfels sei nun, fuhr der Herzog fort, wie schon sein Bruder, sowohl ein großer Freund der Künste als auch ein Liebhaber Dianas, der Göttin der Jagd. Er selbst, sagte der Herzog, sei ja ebenfalls ein leidenschaftlicher Jäger, die Jagd sei überhaupt sein größtes Vergnügen und sein einziges Behagen. Ja, so ist es!, rief er in einem plötzlichen Anfall von Begeisterung aus: Was mir behagt, ist nur die muntere Jagd!

Kaum hatte er das ausgerufen, stutzte er und flüsterte wie vor sich selbst erschrocken: Aber das ist ja – POESIE! – Und zu Salomon Franck gewandt: Schreib' Er das auf! Potz Tausend! Das ist gut. Das ist vortrefflich! *Was mir behagt, ist nur die muntere Jagd!* Ei, fange Er nur an mit diesem Vers, alles andere ergibt sich dann von selbst. So ist es ja immer in der Kunst: Hat man erst den Anfang gefunden, dann ist der Rest ein Kinderspiel.

Bach wartete auf einen weiteren Seitenblick von Salomon Franck, aber der Blick blieb aus.

Herzog Christian, fuhr Wilhelm Ernst fort, feiere im Februar seinen einunddreißigsten Geburtstag, und zu diesem Anlass gebe er ein Fest, das sich über mehrere Tage hinziehen werde. Als Höhepunkt sei am Tag vor dem Geburtstag in den

Wäldern um Weißenfels eine Treibjagd geplant, und am Ende dieses Tages werde es eine Festtafel geben. Die Festmusik zu dieser Tafel aber werde er dem Herzog zum Geburtstag verehren, und zwar in Form einer Kantate, mit Concerto, Arie, Rezitativ, Chor und allem, was dazugehört. Eine Kantate, Bach, mit verschiedenen Rollen, darunter auch Diana, die Göttin der Jagd, das versteht sich ja von selbst. Also setze Er sich mit unserem Hofpoeten zusammen und komponiere Er ein schönes Stück. Und sehe Er zu, dass Er uns keine Schande mache. Gott befohlen!

DREI MONATE SPÄTER war es so weit. Bach verabschiedete sich im Morgengrauen von Maria Barbara, deren Bauch schon wieder mächtig angeschwollen war.

Sie saßen zu dritt in der Kutsche. Bach, der Hofmarschall und der Kammerdiener. Salomon Franck fuhr nicht mit. Bach bedauerte das. Die Arbeit mit ihm war sehr vergnüglich gewesen. Sie hatten weisungsgemäß mit dem Vers *Was mir behagt, ist nur die muntre Jagd!* begonnen, hatten ihn Diana in den Mund gelegt und ein kleines opernartiges Stück entwickelt, mit vier verschiedenen Figuren aus der griechischen Mythologie: Diana, die Göttin der Jagd, ihr Liebhaber Endymion, der Hirtengott Pan und schließlich Pales, die Göttin der Hirten und Felder. Diese Vier treten auf, um Herzog Christian von Sachsen-Weißenfels zu loben, indem sie ihn einen guten Hirten nennen, den Pan seines Landes und einen Sachsenhelden. Schon das Wort *Sachsenheld* hatte ihnen ein diebisches Vergnügen bereitet, weil sie wussten, dass der Herzog vor allem ein Held des Genusses und der Verschwendung war. Geradezu ins Kichern aber waren sie gekommen, als ihnen die Formulierung *durchlauchter Pan* eingefallen war. Sie hatten sich dabei mal den ziegenbockbeinigen Hirtengott mit Allongeperücke und Brokatrock vorgestellt und mal den Herzog mit zotteligen Bocksbeinen und Hörnern auf dem Kopf.

Darf man mitlachen?

Pardon?

Er hat gerade laut gelacht, sagte der Marschall, der Bach gegenüber saß.

Oh, sagte Bach geistesgegenwärtig, habe gerade daran gedacht, dass ich wieder Vater werde. Die Hebamme munkelt sogar etwas von Zwillingen. Aber mir soll es recht sein. Ich werde die Bälger schon durchbringen. Mit Gottes Hilfe.

Und mit der des Herzogs, sagte der Marschall gutmütig.

Daraufhin entspann sich eine Unterhaltung über Kinder, über die Erziehung und darüber, ob das Talent im Blute liege oder die Kunst von jedem erlernt werden könne, und dabei fiel dem Marschall ein, dass er den Herrn Hoforganisten und Kammermusicus schon lange etwas hatte fragen wollen. Bach sei doch, das habe er von verschiedenen Seiten gehört, besonders geschickt im Setzen seiner Füße und Finger, ob das wahr sei?

Nun ja, sagte Bach bescheiden, er habe in seiner Kunst einige Geschicklichkeit erreicht, aber das hätten viele andere auch. Sein Vetter Johann Walther zum Beispiel sei ein großer Virtuose und obendrein ein veritabler Musikphilosoph ...

Gut gut, unterbrach der Marschall. Aber von ihm, Bach, werde gesagt, dass er die Finger recht ungewöhnlich setze. Habe er nicht den Daumen auf eine ganz einzigartige Weise in das Spiel mit den Claves eingebracht?

Nun ja ...

Ja oder nein!

Bach zuckte zusammen. Der Marschall, ein fetter Mann mit rundem Gesicht und blassblauen Augen, konnte jovial und geradezu gemütlich sein, im nächsten Augenblick aber hart und befehlend. Er habe in der Tat einen Fingersatz entwickelt, antwortete Bach, der den Daumen mehr in das Spiel einbinde, als es zuvor üblich gewesen sei, und das sei …

Grandios!, rief der Marschall aus. Ausgezeichnet! Ganz hervorragend! Er ist mein Mann!

Um Gottes Willen, dachte Bach, will er mich rekrutieren?

Er müsse doch, sagte der Marschall mit gedämpfter Stimme, sich selbst und seinen Schülern für jedes Stück, das er spiele, einen exakten, wohl ausgetüftelten Fingersatz erfinden. Richtig?

Gewiss, antwortete Bach.

Er sei demnach ein Fachmann und Experte für den Fingersatz?

Nun ja …

Ja oder nein!?

Ja, sagte Bach, erneut vor Schreck zusammenzuckend.

Dann wird Er mir helfen!

Während die Kutsche weiterrumpelte, begann der Hofmarschall über die Armee, den Militärberuf und die moderne Kriegskunst zu räsonieren. Man könne ja heute nur noch den Kopf darüber schütteln, was für ein roher und unbeholfener Kerl ein Landsknecht der alten Schule gewesen sei. Wobei er das Wort *Schule* hier nur ironisch gebrauche, von Schule könne damals kaum die Rede gewesen sein. Man habe den Landsknechten einen Spieß oder eine Muskete in die Hand gedrückt, ihnen, wenn überhaupt, eine Uniform angezogen und gesagt: Da ist der Feind, und nun hau drauf. Ob Bach das etwa Kriegskunst nennen wolle?

Bach schüttelte den Kopf.

Oder aber, fuhr der Marschall fort, man habe das ganze Regiment wie eine Mauer behandelt, die sich dem Feind in den Weg gestellt habe oder langsam auf ihn zugerückt sei. Ein träger, klobiger Haufen das Ganze. Aber nun, wo die Muskete durch das Gewehr ersetzt worden sei, welches genauer ziele und besser treffe, müssten die Bataillone beweglicher sein, geschmeidiger, flexibler. Und nicht nur die Bataillone, auch jeder einzelne Soldat. In der heutigen Zeit müsse der Krieg eine Kunst werden, daran führe kein Weg vorbei. Jawohl, eine Kunst wie das Musizieren. – Was denn zum Beispiel die Grundregeln der Klavierkunst seien?

Nun, sagte Bach, zunächst mal: Üben, üben, üben. Dann aber: Äußerste Präzision bis in den kleinsten Finger hinein. Und drittens: Ökonomie der Bewegungen, so dass man ein gegebenes Stück mit dem geringsten Aufwand spielen könne. Je weniger man die Hände von der Klaviatur abhebe, je unabhängiger voneinander man die einzelnen Finger bewegen könne, je sparsamer die Bewegungen, desto flinker die Läufe.

Großartig, sagte der Marschall. Das seien genau die Grundregeln, die auch der Soldat beherzigen müsse: Übung, Präzision, Ökonomie. Er sei gerade dabei, ein Handbuch zu verfassen, in dem diese Grundsätze ein für alle Mal festgeschrieben würden. Und nicht nur die allgemeinen Regeln, sondern auch die notwendigen Exerzitien. Jede einzelne Bewegung des Soldaten müsse vorgeschrieben sein: Bewegung von Fußspitze und Hacke, Bewegung von Knie und Bein, Bewegung von Arm und Kopf, ja, sogar die Bewegung der Augen und der Finger, besonders wenn das Gewehr geladen, abgeschossen, gereinigt und wieder geladen werde. Da komme es genauso auf Präzision, Schnelligkeit und vollkommene Beherrschung der Bewegungen an wie beim Klavierspiel. Alles müsse bis ins Kleinste hinein festgelegt und geübt werden. Und nicht nur der einzelne Soldat müsse solchen Regeln folgen, sondern die ganze Armee. Auch das sei in der Musik ja nicht anders. Wenn ein Orchester zusammenspiele, dann könne doch nicht jeder machen, was er wolle, oder?

Bach schüttelte den Kopf.

Na bitte, sagte der Marschall. Ein Orchester sei nichts anderes als eine aus kleineren Maschinen zusammengesetzte größere Maschine, die einem einzigen Kommando gehorche. Alles in perfekter Harmonie. Und ebenso das Heer. Der Heerführer sei Komponist, Kapellmeister und Dirigent eines nach allen Regeln der Kunst aufspielenden Kriegsorchesters. Jeder Soldat müsse bis ins Kleinste hinein wissen, wie er seinen Part zu spielen habe. Alle folgen denselben Regeln, alle führen dieselben Bewegungen auf dieselbe Art aus, alle in derselben Abfolge, alle in derselben Zeit. Alles durchgeplant bis ins Kleinste, bis in den Fingersatz hinein! Und dafür, Bach, ist Er der Spezialist. Den Fingersatz wird Er mir ausarbeiten. Nein, keine Widerrede! Er beherrscht die Fingersprache wie kein anderer. Er ist mein Mann!

D IE PROBEN MIT DEM HOFORCHESTER gestalteten sich auf das Angenehmste. Die Instrumentalisten hatten Freude an ihrem Part, die Sängerinnen und Sänger der Weißenfelser Oper waren geradezu begeistert. Besonders die Sängerin der Diana war entzückt von ihren Arien und wurde nicht müde, auf Bach einzureden, er müsse unbedingt eine Oper für sie schreiben, am besten irgendetwas Mythologisches.

Die Aufführung fand im Jagdschloss statt, im Anschluss an die Jagd. Natürlich hörten die Gäste während der instrumentalen Einleitung nicht auf zu schwatzen und zu lachen, aber als dann Diana mit ihrem Rezitativ begann und *Was mir behagt, ist nur die muntre Jagd* sang, schlug sich Herzog Wilhelm Ernst an die Brust und verkündete stolz, der Text sei von ihm, wobei er den Eindruck erweckte, als hätte er das Ganze gedichtet und nicht nur die erste Zeile. Und Herzog Christian strahlte über beide Ohren, als er das erste Mal seinen Namen hörte:

Der teure Christian
Der Wälder Pan
Kann in erwünschtem Wohlergehen
Sein hohes Ursprungsfest itzt sehen

Er bedankte sich am Ende vor versammelter Tafel bei Herzog Wilhelm Ernst, der ihm dieses Herz und Seele erfreuende Geburtstagsgeschenk dargebracht hatte. Er wisse natürlich auch, fügte er schelmisch hinzu, wie zweischneidig dieses Geschenk in Wahrheit sei. Der Pan der Wälder! *Seines Landes Pan!* Alle würden ihn vermutlich jetzt für einen halben Bock halten. Aber, rief er unter dem fröhlichen Gelächter der adligen Festgesellschaft aus, der Bock sei immerhin ein Sinnbild der Fruchtbarkeit, daher nehme er den zotteligen Vergleich als Kompliment. Außerdem müsse die Kunst die Freiheit haben, auch den Herrscher ein wenig zu verspotten, wer das nicht zulasse, der verstehe nichts von Kunst!

Bach wünschte sich in diesem Moment, Herzog Christian würde ihm das Angebot unterbreiten, nach Weißenfels zu kommen und an diesem kunstsinnigen, wenn auch verschwenderischen Hof Kapellmeister zu werden. Und tatsächlich kam der Herzog auf ihn zu, nahm ihn beiseite und fragte ihn nach seiner Herkunft und seinem musikalischen Werdegang, fing dann aber an von Händel zu reden und davon, dass dessen Vater der Leibarzt seines herzoglichen Vaters gewesen sei. Der zwölfjährige Händel habe sogar einmal hier in der Schlosskapelle die Orgel gespielt. Ob Bach denn auch so ein Wunderkind gewesen sei wie dieser Händel?

E R FUHR ALLEIN nach Weimar zurück. Der Herzog, der Kammerdiener und auch der Marschall blieben noch in Weißenfels, er aber wollte so schnell wie möglich zurück zu Maria Barbara, die jeden Augenblick niederkommen konnte.

Als die Kutsche das Stadttor von Weimar passierte, war es, als ob die Luft schwerer geworden wäre. Es war schon dunkel geworden, und es stank in den Straßen nach Kot, nach Urin, nach Abfällen und Ausdünstungen von Schweinen, Hühnern und Pferden. Man roch es nicht mehr, wenn man sich lange genug daran gewöhnt hatte, man roch es nur, wenn man draußen gewesen war, in den Wäldern, außerhalb der Stadt. Aber das war es nicht. Es war die innere Spannung, die Erwartung, die Neugier, die Ungeduld.

Vielleicht war es schon da? Vielleicht hatte Maria Barbara ihn oder sie schon zur Welt gebracht, den Sohn, die Tochter oder die Zwillinge?

Er erschrak, als er das Haus betrat. Von oben herab hörte er eine Männerstimme salbungsvolle Sätze sprechen.

Das Wort *Nottaufe* schoss ihm durch den Kopf.

Er rannte die steilen Treppen hinauf, keuchend, und sah durch die offene Tür des Schlafzimmers gerade noch, wie der Pastor das Kreuzeichen schlug.

Maria Barbara saß im Bett, tränenüberströmt, und hielt ein Baby im Arm, dessen Gesicht blau angelaufen war. Es war, wie es schien, gerade gestorben.

Nein, nicht nur wie es schien. Der kleine Johann Christoph war auf die Welt gekommen, um sie gleich wieder zu verlassen. Seine Seele hatte den kürzesten Weg in den Himmel genommen.

Bach wollte Maria Barbara den Kleinen abnehmen, aber sie gab ihn nicht her. Womit hat er das verdient?, fragte sie schluchzend. Womit hat er das verdient?

Gott hat es so gewollt, sagte der Pastor.

Bach strich ihr übers Haar, küsste sie auf die Stirn. Das tote Baby verströmte einen ungüten, säuerlichen Geruch.

Warum?, fragte sie noch einmal mit hoher, erstickter Stimme.

Niemand wusste, warum Gott tat, was er tat. Warum er

dem einen ein langes und erfülltes Leben schenkte und dem anderen nicht einmal einen Tag.

Wir müssen IHM danken, dass ER uns noch die Zeit gegeben hat, das Kindlein zu taufen, sagte der Pastor. Nun wird der kleine Johann Christoph in das Himmelreich eingehen. Für das andere aber werden wir eine richtige Taufe ansetzen.

Das andere?

Jetzt erst sah Bach, dass Friedalena Margaretha, die still auf einem Stuhl am Fenster saß, noch ein Baby im Arm hielt. Es waren tatsächlich Zwillinge! Und eines lebte!

Neben Friedalena standen mit ratlos aufgerissenen Augen die vierjährige Catharina Dorothea und der zweijährige Wilhelm Friedemann.

Wird das andere auch sterben?, fragte Catharina.

Nein, sagte Friedalena, sie wird leben.

Und wie lange?

Das weiß Gott allein.

Gott allein wusste, dass Maria Sophia noch genau drei Wochen zu leben hatte. Dann wurde auch sie zu Grabe getragen.

30. Schwarze Vögel

AM 15. MÄRZ DES JAHRES 1713, auf den Tag genau dreizehn Jahre, nachdem er von Ohrdruf nach Lüneburg aufgebrochen war, stand Bach am Sarg der kleinen Sophie. Ihm war, während er Maria Barbaras Hand hielt, als defilierten all die Toten, die ihm in seinem Leben etwas bedeutet hatten, an dem winzigen Kindersarg vorbei, sein Bruder, seine Mutter, sein Vater, sein Onkel, Andreas Werckmeister, Dieterich Buxtehude, ja, sogar Georg Ahle, dessen Nachfolge er in Mühlhausen angetreten hatte.

Im November schlug der Schnitter mit der Sense noch einmal zu. Johann Sebastian Bach starb, der Sohn des Bruders, zu dessen Taufe Bach im September nach Ohrdruf gereist war. Bach hatte ein beklommenes Gefühl, als er am Grab des Kleinen stand. Sein verstohlener Blick traf den des Bruders, und da wusste er, dass sie beide dasselbe dachten. Erst der kleine Johann Christoph, jetzt der kleine Johann Sebastian – es war, als hätten sie einander gegenseitig zu Grabe getragen.

Bach träumte in dieser Zeit oft von seinem Vater. Einmal wanderte er an seiner Hand durch eine Heidelandschaft, wie er sie von Lüneburg her kannte, bis sie in der Ferne einen riesigen Baum sahen, dem sie sich näherten. Auf dem Baum hockten, verteilt über die ausladenden Zweige, schwarze Vögel. Der Vater zeigte auf die Vögel, und immer, wenn er auf einen bestimmten zeigte, nahm dieser für einen kurzen Augenblick menschliche Gestalt an, wozu der Vater etwas murmelte, was Bach nicht verstand. Schließlich hob der Vater ihn auf, warf ihn in die Luft, und in diesem Augenblick verwandelte er sich auch in einen Vogel und flog mit einer wunderbaren, nie gekannten Leichtigkeit auf den Baum zu, flog ganz nach oben, auf den höchsten Zweig und setzte sich nieder, stolz, beglückt. Aber er konnte sich nicht festhalten auf dem dünnen, wippenden Zweig, er rutschte ab und landete auf dem nächst tieferen, wo er aber auch keinen Halt fand, und so fiel er weiter und weiter und wurde immer ängstlicher und panischer, und zugleich bemerkte er mit Entsetzen, dass er gar kein Vogel war. Da wachte er auf.

Ein anderes Mal hatten sein Vater und er sich aufs Meer hinausgewagt, auf einem großen Schiff, von dessen Mannschaft nichts zu sehen war. Mit einem Male war auch der Vater verschwunden. Allein segelte Bach über die spiegelglatte Fläche, weit entfernt sah er zwei Gestalten am Strand entlang gehen, gestikulierend, mit ausladenden Armbewegungen. Er winkte ihnen zu, aber sie beachteten ihn nicht. Und während das Schiff geisterhaft und mit großer Geschwindigkeit auf den Horizont zuraste, kam wieder diese Panik über ihn, obwohl eigentlich, wie er sich nach dem Aufwachen sagte, nichts geschehen war.

IN DIESEM JAHR ertappte er sich immer häufiger dabei, dass er das Clavichord in seiner Komponierstube in die Werckmeister-Stimmung brachte und sich in entlegene Tonarten hineinwagte. Es war kein eigentliches Komponieren, es war mehr so ein Aus- und Herumprobieren, nichts Ernstes, wie er sich immer wieder vorsagte, eher ein Sich-Einspinnen oder Sich-Wegträumen, auch wenn es innerhalb dieser Träume wiederum sehr kühl und rechnerisch zuging. Er wollte wissen und erfahren, was möglich war in der neuen Stimmung, und da rein rechnerisch alles möglich war, so wollte er eben alles wissen. Der Quintenzirkel war geschlossen, das pythagoreische Komma beseitigt, aber die Töne und Intervalle klangen in dieser Stimmung doch anders, und es kam darauf an, sie auf neue Art zum Klingen zu bringen. Er versuchte sich an Fantasien, Fugen, Präludien, Suiten und Sonaten, transponierte die Stücke von C nach Cis oder von F nach Fis, um zu erfahren, wie sich ihre Klangfarbe und ihr Charakter dadurch veränderten, er improvisierte und modulierte, wie es ihm gerade in den Sinn kam, und versuchte sich an den ungewohnten Klang zu gewöhnen.

Seltsamerweise hatte er ein schlechtes Gewissen dabei, als ob er etwas Verbotenes täte, und in gewisser Weise war es auch so. Er wusste, dass Maria Barbara seit dem Dornheimer Fiasko nicht gut auf die neue Stimmung zu sprechen war, aber das war nicht das Entscheidende. Das Entscheidende war: die Zeit, die er damit zubrachte, war im Grunde verlorene Zeit, Müßiggang. Er hätte sie eigentlich für etwas Nützlicheres verwenden müssen, für Kompositionen, die ihm höhere Achtung bei seinem Fürsten einbringen konnten oder ein Honorar von irgendeinem Auftraggeber.

Aber sowie er am Abend einmal damit angefangen hatte, konnte er nicht loslassen, konnte nicht schlafengehen, er musste sich, wenn die Kerze niedergebrannt war, zwingen, nicht noch eine weitere anzuzünden und sich im Meer der unbegrenzten Möglichkeiten zu verlieren. Und oft genug verstieß er gegen das Gebot des Herzogs, der all seinen Untertanen befohlen hatte, zugleich mit ihm die Lichter zu löschen und sich zur Ruhe zu begeben, im Sommer um neun, im Winter um acht.

Maria Barbara fragte ihn nicht nach seinen nächtlichen Exkursionen, und Bach hütete sich, davon zu sprechen. Überhaupt sprach er mit niemandem darüber. Aber wenn er auch nicht darüber redete, so wurde er doch darauf angesprochen, und zwar unabhängig voneinander von zwei Menschen in seiner Umgebung. Der erste war sein Vetter Johann Gottfried Walther, der Organist der Stadtkirche.

Walther, ein schmächtiger Mann mit sorgfältig gestriegelter weißer Perücke, war nach der Beerdigung der kleinen Sophia auf Bach zugekommen, hatte ihm sein tiefstes Mitgefühl ausgesprochen und hinzugefügt, er würde gern einmal etwas länger mit ihm sprechen, ob Bach nicht mal zum Tee kommen wolle, gern auch zum Kaffee, wie es ihm beliebe.

Walther bewohnte ein Haus in der Nähe des Frauenplans, nicht weit von Bachs Haus entfernt. Er plauderte, nachdem eine verhuschte Bedienung ihnen Tee eingeschenkt hatte, des längeren und breiteren über ihre Familie, über seine Mutter, die ja eine Cousine von Bachs Mutter war, über den vor sechs Jahren verstorbenen Onkel Lämmerhirt, der ihnen beiden je ein kleines Sümmchen hinterlassen hatte, und kam dann zur Sache. Er trage sich seit geraumer Zeit mit dem Gedanken, ein musikalisches Lexikon zu verfassen, sagte er, also ein Buch, in dem alles gesammelt und geordnet sei, was mit Musik zu tun habe, alle bekannten und berühmten Musiker, alle Formen der Musik, alle Instrumente, alles über Tonarten, Harmonie, Stimmungen und so weiter. Was Bach davon halte?

Nun ja, sagte Bach.

Ordnung, rief Johann Walther aus, Ordnung und System, das sei das Gebot der Zeit. Alles zusammentragen, alles unter Dach und Fach bringen, alles verknüpfen und verbinden und in eine schöne alphabetische Reihenfolge bringen, das sei seine Idee! Ob Bach schon jemals von einem Wörterbuch der Musik gehört habe?

Ja, sagte Bach.

Von wem?, fragte Walther und erbleichte.

Er habe mit einem Schulfreund und Kameraden schon vor dreizehn Jahren darüber gesprochen, sagte Bach. Auf einem Spaziergang von Ohrdruf nach Lüneburg.

Und dieser Schulfreund arbeitet daran, fragte Walther mit Bestürzung in der Stimme. Seit dreizehn Jahren schon?

Nein, sagte Bach. Er hat, soweit ich weiß, nie damit angefangen.

Huhhh, machte Walther. Er stand auf, ging im Zimmer auf und ab und atmete einige Male tief durch. Huhhh!, machte er noch einmal erleichtert. Jesus, Maria und Joseph! Er habe nämlich, um es rundheraus zu sagen, das Ziel, der Erste zu sein, der in deutschen Landen und in deutscher Sprache ein solches Wörterbuch herausbringe. Deswegen bitte er Bach auch inständig, die Sache nicht an die große Glocke zu hängen.

Ich schweige wie das Grab, sagte Bach.

Gut, sagte Walther. Danke sehr. Nun aber – er atmete noch einmal tief durch – nun aber zu der eigentlichen Frage: Ob Bach sich vorstellen könne, daran mitzuarbeiten? Er könne doch einige Stichworte übernehmen. Über musikalische Persönlichkeiten wie Böhm, Reincken, Buxtehude oder Heinrich Schütz. Oder über Formen der Musik wie Kantate, Fuge, Präludium oder Capriccio. Oder über einzelne Instrumente wie Fagott, Theorbe, Violine oder Clavichord. Das sei doch ein Leichtes für ihn. Oder nicht?

Nein, sagte Bach.

Nun ja, gab Walther zu, ein bisschen Mühe mache es vielleicht schon, aber seit wann scheue ein Bach die Mühe?

Ob Mühe oder nicht, sagte Bach, er schreibe nicht gern. Noten ja, Worte nein. Er habe allerdings vor einiger Zeit begonnen, ein Orgel-Büchlein zu schreiben, worin einem *anfahenden Organisten* Anleitung gegeben werde, auf allerhand Art einen Choral durchzuführen. Das habe ja auch etwas mit Ordnung und System zu tun, wenn auch nicht alphabetisch. Es seien eben Noten. Das Schreiben von Worten überlasse er anderen.

Verstehe, sagte Walther und versuchte seine Enttäuschung zu verbergen. Verstehe.

Und dann kam er mit einem Male auf Andreas Werckmeister zu sprechen. Er habe, sagte er, den Halberstädter Organisten einmal persönlich kennen gelernt, das sei jetzt fast zehn Jahre her. Damals habe Werckmeister von einer neuen Stimmung gesprochen, in der man alles spielen könne, buchstäblich alles. Daran habe er sich jetzt, wo er über das Stichwort *Temperatur* in seinem Lexikon nachdenke, erinnert. Er habe sogar einige Male versucht, sein Clavichord in diese Stimmung zu bringen, es sei ihm aber nicht gelungen. Die Quinten rein zu stimmen, sei für ihn kein Problem, sie aber auf eine so feine und gleichmäßige Weise zu *verstimmen*, wie es die Werckmeister-Temperatur erfordere, das könne er nicht. Dazu brauche man ein akkurateres Ohr. Ob Bach schon einmal mit dieser Stimmung experimentiert habe?

Bach machte eine vage Handbewegung.

Es sei allerdings auch fraglich, ob es der Mühe wert sei, sagte Walther. Er habe bereits mit verschiedenen Kollegen darüber gesprochen, und alle seien sich einig gewesen, dass die Vorteile der gleichschwebenden Temperatur nur ein falscher Schein seien. Es sei offenbar, dass dadurch die Tonarten der Musik nur auf zwei heruntergesetzt würden, die harte und die weiche. Alle Dur-Töne wären dann transponierte Töne des C-Dur, und alle Moll-Töne transponierte Töne des a-Moll. Deswegen fielen alle Vorteile, die man aus der Mannigfaltigkeit der Tonarten ziehe, völlig weg.

Man müsse möglicherweise, antwortete Bach, für das Musizieren in einer solchen Stimmung anders komponieren. Man müsse den Mangel, von dem der Vetter spreche, vielleicht dadurch wettmachen, dass man mehr Dissonanzen wage und das drohende Gleichmaß durch kühnere Modulationen vermeide. Aber das sei eine rein theoretische Überlegung, fügte er hinzu und erhob sich von seinem Fauteuil, rein theoretisch. Er danke für den Tee.

DER ZWEITE, DER IHN DANACH FRAGTE, war Johann Lorenz, der kleine Wundergeiger, der damals auf der Hochzeitsfeier in Dornheim Bachs Spiel in der neuen Stimmung schräg und irgendwie aufregend gefunden hatte. Er war inzwischen sein Schüler geworden, und Bach hatte seine Freude an ihm. Johann Lorenz war begabt, fleißig, neugierig und erfüllt von einer unbändigen Freude an jeder Art von Musik. Genauso wie Bach kannte auch er keinerlei Hochmut gegen Bierfiedler oder Zigeuner. Manchmal spielte er auf seiner Geige einen wilden Zigeunertanz und stampfte dazu mit dem Fuß auf, als wäre dieser ein zweites Instrument. Oder er legte all sein Gefühl in eine traurige, wehmütige Volksmusik. Bach mochte diesen Jungen, aber immer wenn Johann Lorenz ihn auf die Dornheimer Musik ansprach, wich er den Fragen aus. Er wollte seine noch unfertigen Versuche genauso wenig an die große Glocke hängen wie Gottfried Walther seinen Plan mit dem Lexikon. Er wollte, das war ihm durch das Gespräch mit dem Vetter klar geworden, ebenfalls der Erste sein. Der Erste, der die Möglichkeiten der neuen Stimmung auslotete. Und er wollte nicht noch einmal ein Fiasko erleben. Aber manchmal, wenn er sich nachts auf seinem Clavichord von C-Dur bis nach H-Dur oder Fis-Dur hinunterwagte, hatte er das Gefühl, Johann Lorenz stehe an der Zimmertür und lausche. Einmal stand er auf, schlich sich zur Tür und riss sie auf, um ihn zu ertappen. Aber der Flur war dunkel und verwaist.

EIN JAHR NACHDEM DIE ZWILLINGE GESTORBEN WAREN, brachte Maria Barbara wieder einen Sohn zur Welt. Bach betete zu Gott, dass er nicht auch wieder vor der Zeit die Erde verlassen musste, und tatsächlich schien er von besserer Gesundheit zu sein. Georg Philipp Telemann, mit dem Bach seit einiger Zeit korrespondierte, übernahm, worum Bach ihn gebeten, die Patenschaft des kleinen Carl Philipp Emanuel.

Gottes Segen lag wieder über der Familie.

Wilhelm Friedemann war jetzt vier Jahre alt, blies mit Lust die Blockflöte und konnte auch schon kleine Stücke auf dem

Klavier spielen. Catharina Dorothea war bereits sechs, hatte ein hübsches Stimmchen und sang wie eine Nachtigall. Sie wollte unbedingt Sängerin werden, aber Maria Barbara sagte, soweit kommt es noch, dass du am Ende eine von denen wirst.

Bach war inzwischen zum Konzertmeister aufgestiegen und machte sich Hoffnungen auf die Nachfolge von Adolph Drese, dem Kapellmeister. Als dieser starb, und der Herzog nicht ihm den Posten anbot, sondern nach einem anderen Ausschau hielt, wusste er, dass seine Zeit in Weimar abgelaufen war. Als der junge Fürst Leopold von Anhalt-Köthen ihm ein lukratives Angebot machte, nahm er es kurzerhand an.

Kaum hatte er den Vertrag unterschrieben, wusste er, dass er einen Fehler gemacht hatte. Falsche Reihenfolge. Er hätte zuerst den Herzog um Entlassung bitten müssen. Bach schrieb eiligst ein Entlassungsgesuch und reichte es dem Herzog ein. Er bekam keine Antwort. Er wiederholte das Gesuch. Der Herzog antwortete wieder nicht.

So hing alles ungut in der Schwebe.

31. Der Wettstreit

IM OKTOBER 1717 kam ein Brief aus Dresden. Er wurde von einem livrierten Boten überbracht, und der Absender war kein Geringerer als der Geheime Rat und Kabinettsminister Reichsgraf von Flemming. In Dresden, so stand da, halte sich gegenwärtig der berühmte französische Klaviervirtuose Louis Marchand auf und reiße seine Zuhörerschaft zu Begeisterungsstürmen hin. Nicht wenige unter ihnen seien inzwischen der Überzeugung, dass es einen solchen Virtuosen in deutschen Landen nicht gebe und nicht geben könne. Er habe daher, schrieb der Reichsgraf, den Konzertmeister der Hofkapelle, Monsieur Volumier, gefragt, ob es nicht doch einen Deutschen gebe, der einem Wettstreit mit Monsieur Marchand gewachsen wäre, und Monsieur Volumier habe ihm die Namen Händel und Bach genannt. Händel sei augenblicklich in London und schwer zu erreichen, er dagegen, Bach, lebe und wirke in wettinischen Landen, deren Schutzherr Kurfürst August, genannt der Starke, sei. Bach möge sich daher unverzüglich auf den Weg begeben, die Kutsche stünde bereit. Im Übrigen und nur nebenbei erwähnt betrage der Preis für den Sieger fünfhundert Taler.

Fünfhundert Taler, dafür lohnte sich die Teilnahme allemal, abgesehen von dem Ruhm, den er sich damit erwerben konnte. Dresden war ja nicht bloß irgendeine Stadt mit irgendeinem Hof. Dresden war nach Versailles der glanzvollste Hof Europas. Eine Stadt, in der die Künste hoch geschätzt wurden, allen voran die Baukunst, aber auch Theater, Oper und Ballett.

Andererseits: Allzu sicher durfte er sich auch nicht fühlen. Marchand war der berühmteste Virtuose am Hofe Ludwigs XIV. gewesen, er hatte den Titel eines Organisten des Königs getragen, und sein Beiname lautete: le Grand.

Er war allerdings am Hofe des Sonnenkönigs in Ungnade gefallen. Die Geschichte, die man sich dazu erzählte, war die: Marchand hatte seine Frau verlassen, weil sie ihn, wie es hieß, vernachlässigt habe. Die Verlassene klagte auf Unterhalt, und der König verfügte, dass die Hälfte von Marchands Gehalt direkt an seine Frau zu zahlen sei. Als Marchand das nächste Konzert vor dem König gab, brach er mitten im Spiel ab, stand auf, trat vor die versammelte Hofgesellschaft und erklärte, da seine Gattin die Hälfte seine Gehalts bekomme, möge sie auch die zweite Hälfte des Konzerts bestreiten. Ludwig XIV. schmunzelte zunächst, dann verfinsterte sich seine Miene, und er verfügte die Entlassung seines Organisten. Seitdem reiste Marchand als fahrender Virtuose durch Europa und begeisterte alle, die ihm zuhörten.

Der Mann hatte Courage, so viel stand fest. Und wer so couragiert auftrat, der würde auch couragiert spielen. Bach musste sich etwas einfallen lassen, um ihn und das Dresdner Publikum so zu beeindrucken, dass er den Sieg davontrug.

Während der zweitägigen Kutschfahrt von Weimar nach Dresden versuchte er sich eine Strategie für den Wettstreit zurechtzulegen. Das gewöhnliche Reglement sah vor, dass beide Spieler einander wechselseitig Aufgaben stellten. Der eine spielte dem anderen ein kurzes Thema vor und sagte zum Beispiel: Jetzt mach eine vierstimmige Fuge draus. Natürlich musste er die Aufgabe nachher auch selbst bewältigen, damit er nichts Unmögliches verlangte. So ging es hin und her, bis Publikum und Kampfgericht genug hatten und den einen oder den anderen zum Sieger erkoren.

Mit anderen Worten: Es kam darauf an, eine Aufgabe zu finden, der der andere nicht gewachsen war.

Während die Kutsche ihn durchrüttelte, dass es nur so seine Art hatte, reifte in Bach eine Idee. Er würde Mut dazu brauchen, aber daran sollte es ihm nicht fehlen. Er war vielleicht nicht so couragiert wie Marchand, wenn es darum ging, seinem Fürsten die Stirn zu bieten, aber wenn es um das Klavierspiel ging, fürchtete er nichts und niemanden.

Am späten Nachmittag des zweiten Tages erreichten sie die Stadt an der Elbe. Der Fluss verband Dresden mit Hamburg, und das tat auch der Fluss der Gedanken, die in diesem Augenblick durch Bachs Kopf gingen.

Die Kutsche brachte ihn zu einem Gasthaus in der Neustadt, einem Viertel am nördlichen Elbufer, das vor einiger Zeit abgebrannt war und nun neu errichtet wurde. Die Häuser waren fünfstöckig, hatten breite Eingänge und wirkten großzügig und hell. Bachs Quartier bestand aus zwei hohen Räumen, die mit einer großen Flügeltür verbunden waren. Es war ein herrschaftliches Gefühl, hier zu logieren, auch wenn Bach insgeheim gehofft hatte, ein Zimmer im Palais Flemming zu bekommen, wo übermorgen der Wettstreit stattfinden sollte.

Zum Glück nicht schon morgen. Bachs Rücken war von der Kutschfahrt so steif, dass er weder stehen noch sitzen konnte. Er legte sich, kaum dass der Diener ihn allein gelassen hatte, angekleidet aufs Bett und schlief sofort ein.

Ein heftiges Klopfen weckte ihn. Er schreckte hoch, der Schmerz fuhr ihm in den Rücken, er ließ sich sofort wieder zurückfallen und rief mit schmerzverzerrter Stimme: Herein!

Herein kam ein elegant gekleideter junger Mann, der sich mit einer artigen Verbeugung als Abgesandter des Grafen Flemming vorstellte. Er bitte um Verzeihung, dass er den Herrn Musicus aus dem Schlaf gerissen habe, aber vielleicht werde er ihm diese Zudringlichkeit verzeihen, wenn er den Grund dafür erfahre. Es sei nämlich so, dass in weniger als einer Stunde ein Konzert beginne, das zu behorchen Bach möglicherweise einiges Interesse habe.

Jetzt? Mitten in der Nacht?, fragte Bach verwirrt.

Es ist – der junge Mann klappte eine Taschenuhr auf – kurz vor acht.

Morgens?

Abends.

Welcher Tag?

Der dreiundzwanzigste.

Aber dann habe ich ja nur …

… eine kleine Weile geschlafen, ergänzte der junge Mann. Das Konzert, zu dem ich Sie bringe, beginnt in weniger als einer Stunde.

Konzert? Bach war noch immer wie benommen. Von wem?

D AS KONZERT HATTE BEREITS BEGONNEN, als Bach mit dem Bediensteten eintraf. Man geleitete ihn in eine Loge, die er ganz für sich allein hatte, wofür er sehr dankbar war. So wurde niemand Zeuge seiner für ihn sehr schmerzhaften, für jeden anderen aber sicherlich sehr komischen Versuche, sich auf einen Stuhl zu setzen. Schließlich entschied er sich dafür, einfach stehenzubleiben.

Louis Marchand, der ehemalige Organist des Königs von Frankreich, spielte wie ein Gott. Seine Kunst kannte, wie es schien, keine Grenzen. Nicht nur bei schnellen, auch bei langsamen Stücken wusste er die Zuhörer zu begeistern. Er spielte melodiös und lieblich, anmutig und raffiniert, mit einem Wort: galant. Das Publikum war verzaubert, Bach sah es an den lächelnden Gesichtern. Die Damen flüsterten den Herren hinter vorgehaltenen Fächern anerkennende Worte zu, die Herren nickten und zogen bestätigend die Augenbrauen hoch, und schon bevor der letzte Ton verklungen war, brandete der Beifall auf, begleitet von Bravorufen und anderen Ausdrücken des Jubels.

Bach wandte schmerzverzerrt das Gesicht ab. Warum hatte man ihn hierher gebracht? Damit er schon jetzt einen Vorgeschmack seiner Niederlage bekam? Damit er entmutigt und verzagt die nächste Kutsche nahm und nach Weimar zurückfuhr?

In der Nacht beruhigten sich die Schmerzen. Das Bett war weich und angenehm, aber auch wieder nicht zu weich, so dass der Rücken sich erholen konnte. Am Morgen ging es ihm besser. Sein Mut kehrte zurück.

Kaum hatte er ein wenig Kaffee getrunken und ein Stück süßes Brot gegessen, kam erneut der Bedienstete des Grafen, um ihn abzuholen. Die Fahrt ging zum Palais Flemming in die Pirnaische Gasse, wo morgen der Wettstreit stattfinden sollte.

Das Cembalo stand für ihn bereit. Bach prüfte es und befand es für gut. Marchand würde auf einem anderen Instrument spielen, vermutlich wieder auf demselben wie gestern Abend.

Jetzt war der Augenblick der Entscheidung gekommen. Während der Fahrt von Weimar nach Dresden hatte Bach bereits die Möglichkeit erwogen, und gestern Abend war ihm klargeworden, dass er keine andere Chance hatte. Im virtuosen Spiel war Marchand schwerlich zu übertreffen. Außerdem hatte er sich bereits in die Herzen der Dresdner Gesellschaft hineingespielt, und selbst wenn Bach ihn um ein Weniges überträfe, würde Marchand den Sieg davontragen. Der Neue, der Unbekannte, musste mehr und anderes bringen als der Liebling des Hofes, er musste das Publikum überraschen und entwaffnen.

Bach brauchte inzwischen kaum mehr als eine halbe Stunde, um das Instrument in die gleichschwebende Stimmung zu bringen. Und während er das tat, brachte er auch sich selbst in Stimmung. Seine Lust zu spielen war wie immer unbändig. Er stellte sich vor, wie er mit Ernst und Anstand vor dem erlauchten Publikum zu seinem Instrument schreiten und, nachdem er einen Moment die Augen geschlossen hätte, mit den explodierenden Tonkaskaden der Chromatischen Fantasie in d-Moll beginnen und das Publikum schwindeln machen würde. Erst wenn sie alle nicht mehr wüssten, wo oben und unten war, würden die langsamen und harmonisch gewagten Passagen kommen, die sich so fremdartig anhörten und von den gewohnten Klangmustern abwichen.

Und danach? Vielleicht würde er dann die Fuge in d-Moll vorschlagen. Wäre das nicht – allein schon wegen des ungewöhnlich langen Themas – eine schöne Aufgabe für Monsieur Marchand?

Gerade als die erste und dann die zweite Stimme das Thema gespielt hatten und die dritte Stimme damit einsetzte, ging die Tür auf. Bach spürte es am Luftzug im Nacken. Er unterbrach sein Spiel nicht, er dachte nicht daran, mochte da kommen, wer wollte, und wenn's der Reichsgraf persönlich wäre.

Aber es war nur ein Lakai. Er hielt ein Tablett mit rotem Wein, klarem Wasser und ein wenig Gebäck in den Händen. Während Bach die Fuge weiter entwickelte, stand er mit unbewegter Miene neben dem Cembalo und hörte zu.

Stell Er es nur auf das Tischchen dort, sagte Bach noch im Weiterspielen und machte eine entsprechende Handbewegung.

Der Lakai stellte das Tablett ab und blieb stehen. Er war nicht sehr groß gewachsen, hatte ein schmales Gesicht mit einer geraden, langen Nase, einem schön geschwungenen Mund, hohen Wangenknochen und dunklen, wehmütigen Augen.

Nun?, sagte Bach, als er die Fuge zu Ende gebracht hatte.

Ich höre mit Étonnement, sagte der Lakai mit französischem Akzent, die große Kunst des Maitre.

Nur Fingerübungen, sagte Bach. Nicht der Rede wert. Wenn Er ein wenig zuhören möchte …?

Avec plaisir, sagte der Lakai.

Was lag näher, als mit einer Ouvertüre im französischen Stil aufzuwarten? Bach spielte sie in h-Moll, der Schwestertonart von D-Dur, zwei Kreuze, mehr nicht. Das ließ sich in jeder Stimmung des Cembalos bewältigen. Er spielte die Ouvertüre, dann die Courante, sah das zufriedene Lächeln des Lakaien und brach sein Spiel ab.

Langweilig, sagte er.

Mais non, widersprach der Lakai, c'était superbe, exceptionnel! Allerdings, l'accordage, die Temperatür, c'est étrange, c'est ne pas correct.

Doch, doch, sagte Bach, die Temperatur ist durchaus korrekt. Sie ist ein wenig anders, als man es gewohnt ist, aber man kann alles Mögliche damit spielen. Alles, was möglich ist.

Ah, oui?, sagte der Franzose mit skeptischem Lächeln. Par exemple?

Statt einer Antwort legte Bach die Finger auf die Tasten und begann mit einer Fuge in Fis-Dur. Er hatte geglaubt, er bräuchte dafür mehr Vorbereitung, mehr Überlegung und dürfte seine Hände nicht einfach so in Fis auf den Claves herumlaufen und springen lassen wie ein Fingerkomponist, aber jetzt durfte er, jetzt musste er es sogar, jetzt kam es darauf an. Aufgabe Nummer eins, Monsieur Marchand: eine Fuge in Fis!

Als er geendet hatte und den Blick hob, gewahrte er einen verwirrt und entsetzt dreinschauenden Lakaien, der fluchtartig das Zimmer verließ und dabei immer wieder murmelte: Diable! C'est le diable! C'est vraiment le diable!

AM NÄCHSTEN TAG war Bach schon eine Stunde vor der angesetzten Zeit in der Pirnaischen Gasse. Die Räume hatten sich bereits gefüllt. Man trank Champagner, einen Schaumwein, der seit einigen Jahren die höfische Gesellschaft erobert hatte. Ein Benediktinermönch mit Namen Pérignon hatte ihn erfunden. Besonders die Damen liebten dieses prickelnde Getränk, obwohl sie andererseits auch wieder emsig darin herumrührten, um nicht allzu viele Luftbläschen schlucken zu müssen. Man war geschminkt und festlich gekleidet, in Seide, Brokat und andere edle Stoffe, die Damen trugen nach neuester französischer Mode Reifröcke, darüber den Manteau, manche auch noch, obwohl die Mode inzwischen darüber hinweg gegangen war, Fontange-Hauben über dem gelockten Haar. Die Herren hatten sich mit Allongeperücken geschmückt und trugen ihren blauen, roten, silbernen oder goldgelben Justaucorps über ihren Westen aus Silber- oder Goldbrokat.

Bach trug einen schlichten Bürgerrock, schmucklos, einfach, wie ein Spatz unter Papageien. Man beachtete ihn auch nicht. Er setzte sich in eine Ecke in der Nähe des Cembalos, verschränkte seine Hände und dehnte seine Finger.

Wo blieb Marchand?

Die Zeit für den Beginn des Wettstreits war gekommen. Volumier oder, wie er eigentlich hieß, Woulmyer, tänzelte auf Bach zu und fragte ihn flüsternd, ob er Marchand gesehen habe?

Bach schüttelte den Kopf.

Er sei noch nicht da, sagte Woulmyer besorgt. Man müsse nach ihm schicken. Vielleicht habe er sich in der Zeit geirrt. Oder ihm sei etwas zugestoßen. Das wäre unausdenkbar, une catastrophe!

Nun ja, sagte Bach achselzuckend, spielen könne er auch allein.

Comment? – Es brauchte eine Weile, bis Woulmyer begriff, was Bach gemeint hatte, dann lachte er kurz auf und tänzelte davon.

Eine Stunde später trat Woulmyer-Volumier vor die versammelte höfische Gesellschaft und verkündete in einer umständlich formulierten, mit französischen Wendungen arabeskenhaft verzierten Ansprache, der berühmte Organist des Sonnenkönigs, der ausgezeichnete Virtuose und Maitre Louis

Marchand, der noch vorgestern Abend den ganzen Hof zu Begeisterungsstürmen hingerissen habe, sei aus Gründen, die niemandem bekannt seien, heute morgen in aller Frühe abgereist. Mit der Extrapost.

Ein allgemeines Ohhhh der Enttäuschung fegte wie ein heftiger Windstoß durch den Saal.

Er habe daher die Ehre, fuhr Woulmyer fort, den anwesenden Hoforganisten und Konzertmeister Monsieur Bach, der zu diesem Wettstreit eigens aus Weimar angereist sei, zum Sieger des Wettstreits auszurufen. Kampflos, wenn man so sagen dürfe. Aber: Monsieur Bach habe sich freundlicherweise bereit erklärt, trotzdem ein Konzert zu geben. Wenn sein Gegner an diesem Abend nicht antreten könne, so habe Monsieur Bach gesagt, dann werde er eben für zwei spielen. Mesdames et Messieurs, je vous présente le grand organiste, cembaliste, maitre de la composition et maitre du concert: Jean Sébastien Bach!

Und während Bach unter dem höflichen Applaus des Publikums zum Cembalo ging, musste er seltsamerweise an die Walnuss denken, die damals im Garten von Dornheim in sein Glas gefallen war.

32. Senesino

SEIN TRIUMPH währte genau einen Abend.
So begeistert die höfische Gesellschaft von seinem Spiel
auch gewesen war, so schnell vergaß sie ihn wieder. Am nächsten Tag sprach alle Welt nur noch von Senesino.

Das war nicht sein richtiger Name. Getauft war er auf den
Namen Francesco Bernardi. Er galt als der größte Stimmvir-
tuose der Opernwelt. Schon als Knabe hatte er alle mit seinem
klaren, hellen Sopran in Entzücken versetzt. Damit er diese
wunderbare Stimme nicht verlöre, hatte man ihn kastriert.

Er war gerade aus Venedig gekommen, wo der Kurprinz
sich am Ende seiner acht Jahre währenden Grand Tour für
eine längere Weile aufgehalten hatte. Der Kurprinz war ein
großer Liebhaber und Kenner der Musik, hatte in Venedig ein
eigenes Orchester unterhalten und am Ende seines Aufenthaltes gleich eine ganze Operntruppe für den kursächsischen
Hof engagiert: Den Komponisten Antonio Lotti, seine Frau
Santa Stella als erste Sopranistin, die berühmte Margherita
Catterina Zani als zweite Sopranistin und vor allem den Kastraten Senesino. Die Summen, die man für das Ensemble ein-
schließlich der Bühnenmaler und -maschinisten ausgegeben
hatte, gingen ins Astronomische. Allein der Kastrat Senesino
bekam, so hieß es, ein Jahresgehalt von siebentausend Talern!

Es war Heinichen, von dem Bach dies erfuhr. Johann David Heinichen war auch in Venedig gewesen und jetzt seit
einem Jahr königlich-polnischer und kurfürstlich-sächsischer
Kapellmeister. Er war ein wohlgenährter Mann mit hoher
Stirn, gerader Nase und einem an einen Frosch erinnernden
Doppelkinn, kaum älter als Bach und trotz seiner glänzenden Position frei von allem Hochmut. Er hatte eine unauf-
dringliche, sehr zurückhaltende Art, blühte aber sofort auf,

wenn ihn ein Gesprächsgegenstand interessierte. Schon am gestrigen Abend nach dem Konzert hatte er Bach auf einige Eigentümlichkeiten seines Spiels und vor allem auf die ungewohnte Stimmung hin angesprochen, Bach wiederum hatte zu verstehen gegeben, dass er Heinichens Traktat über den General-Bass kannte, und am Ende hatte Heinichen den Vorschlag gemacht, ihm den Großen Garten zu zeigen.

Sie fuhren in einer offenen Kutsche, Bach fröstelte leicht, aber er genoss die Luft, da der Gestank der Stadt sich hier verlor. Im Zentrum des Gartens stand das Palais, ein klassisch kühler Bau im italienischen Stil. Heinichen ließ die Kutsche vor der von zwei Seiten rhombenförmig nach oben führenden Freitreppe halten und stieg mit Bach zusammen hinauf. Von oben hatten sie einen guten Überblick über die mit geometrischer Exaktheit konstruierte Parkanlage. Vor ihnen standen die zu Spitzkegeln zurechtgestutzten Bäume wie Soldaten in Reih und Glied. Während Bach noch die ausgeklügelte Ordnung des Gartens und der pavillonartigen Gebäude bewunderte, die alle zu dem Palais hin ausgerichtet waren, hörte er wie Heinichen mit Blick auf die strammstehenden Bäume Rührt Euch! rief.

Sie rühren sich nicht, sagte Heinichen nach einer kleinen Weile.

Hätte ich auch nicht erwartet, sagte Bach.

Normale Bäume rühren sich aber, sagte Heinichen. Sie laufen natürlich nicht weg, sie treten auch nicht von einem Bein aufs andere, aber ihre Zweige und Blätter bewegen sich im Wind. Diese hier hat man in ein Korsett gezwungen, kastriert, verstümmelt. Sie stehen da, als wären sie aus Eisen. Und dieser ganze Garten, sagte er und streckte seltsamerweise wie segnend beide Arme aus, ist nichts als eine Konstruktion. Aber diese Konstruktion ist nicht lebendig, sie ist künstlich und unlebendig wie diese Bäume hier.

Er machte eine kleine Pause und fuhr fort: Nun ja, es sind Bäume, könnte man sagen, warum sollte man nicht ein paar von ihnen beschneiden, wilde Wälder gibt es genug. Wir schaffen eben Ordnung um uns herum. Ja, einverstanden, aber muss es denn gleich eine mathematische Ordnung sein? Muss ein Park so aussehen wie eine Maschine? Wäre es nicht eine größere Kunst, wenn man die Natur so nachahmte, dass sie uns weiterhin natürlich erschiene? Warum lässt man den Bäumen nicht eine freie Entwicklung, so dass sie atmen und sich entfalten können? Warum pflanzt man sie in Reih und Glied, als salutierten sie? Und wenn es nur die Bäume wären, Bach, aber es sind ja auch die Menschen!

Bach schaute zu Boden und versuchte sich nicht anmerken zu lassen, dass er sich getroffen fühlte. Er hatte inzwischen dem Drängen des Marschalls nachgegeben und ihm eine Art Partitur für die Hand- und Fingerbewegungen der Soldaten im Umgang mit dem Gewehr geschrieben. Alles bis ins Kleinste festgelegt. Er war versucht, Heinichen davon zu erzählen.

Den Schülern, fuhr Heinichen fort, wird mit einem ausgeklügelten Tagesplan das Leben versauert, als käme es nur darauf an, Automaten aus ihnen zu machen. Die Kinder in den Waisenhäusern, die Armen in den Arbeitshäusern, die Gefangenen in den Gefängnissen, sie alle werden gestutzt, verkrüppelt wie diese Bäume hier. Wir leben in einem Zeitalter der Zurechtstutzung.

Bach ahnte, was nun kommen würde, und es gefiel ihm nicht.

Wir Musiker aber, sagte Heinichen und hakte sich bei Bach ein, um mit ihm die Freitreppe wieder hinabzusteigen, sollten uns ein Beispiel an den Italienern nehmen! War Er schon einmal in Italien? Nein? Dann nichts wie hin! Ich sage Ihm: Da singt und klingt alles nach Herzenslust! Das einfache Volk singt in den Straßen wie auf einer Opernbühne, und die Sänger auf der Bühne singen, als kämen sie direkt von der Straße. Ja, die Italiener! Ich habe sie kennen gelernt, ich war in Venedig, ich habe dort Opern komponiert und aufgeführt! Man hat mich sogar mit Händel verglichen! – Hat Er schon einmal eine Oper komponiert?

ER HABE IHM ETWAS ZUM ANZIEHEN MITGEBRACHT, sagte Heinichen, als er Bach am Abend für die Oper abholte. Aus einer riesigen Stofftasche kramte er einige Kleidungsstücke hervor. Einen roten Rock aus goldbestickter Seide, dessen Ärmel mit breiten, abgerundeten Aufschlägen versehen waren; eine gelbe Satinweste mit einem Bataillon von Brokatknöpfen; und lange weiße Seidenstrümpfe. Nur Schuhe waren nicht dabei.

Bach besah sich die Teile, schaute Heinichen fragend an, blickte wieder auf das Kostüm und schüttelte den Kopf.

Gut, sagte Heinichen, aber die Zahlungsanweisung über fünfhundert Taler werde er wohl annehmen, oder?

Bach nahm das parfümierte Kuvert, schaute hinein, sah die vom Grafen Flemming unterschriebene Anweisung und verstaute das Kuvert in der linken Brusttasche seines Rocks. Er würde sich als erstes ein neues Cembalo kaufen. Mit zwei Manualen und aus Zedernholz. Achtzig Taler würde er dafür schon hinlegen müssen. Dann blieben immer noch vierhundertzwanzig.

Die Oper wurde im Redoutensaal des Zwingers aufgeführt, einer erst halbfertigen Anlage aus Pavillons und Bogengalerien, die zwischen der äußeren und der inneren Festungsmauer lag. Man bezeichne diese Anlage auch als die Römische Schauburg, sagte Heinichen, wegen des Baustils. Das, was er hier sehe, sei übrigens erst der Anfang. Geplant seien noch ein prächtiger Schlossbau und ein neues Opernhaus.

Nachdem Heinichen ihn an seinen Platz geführt hatte, ließ er Bach allein und schloss sich dem Orchester an. Bach saß am Rande des Saals in einer Nische und wurde, womit er durchaus einverstanden war, überhaupt nicht beachtet. Dann erkannten ihn einige und nickten ihm verhalten zu. Andere, die dadurch auf ihn aufmerksam wurden, klopften ihm auf die Schulter und sagten, er habe gestern recht wacker die Tasten traktiert, aber es sei doch schade, dass Marchand nicht gekommen sei. Bach war froh, als endlich die Oper begann.

Ganz klug wurde er aus der Handlung nicht. Den Text der Arien verstand er ohnehin kaum, aber auch mit den Rezitativen hatte er seine Mühe, da alles in italienischer Sprache vorgetragen wurde, und so blieb ein Geheimnis über dem Ganzen. Der Kern der Sache bestand darin, dass Giove oder Jupiter, verkleidet als Hirte, der Schäferin Iside alias Isis gewisse Versprechungen macht, um sie zu verführen. Aber auf die Handlung kam es auch gar nicht so sehr an, sie diente ohnehin nur als Anlass für die Arien. Und die Sängerinnen und Sänger waren ausgezeichnet. Vor allem Senesino riss zu Begeisterungsstürmen hin! Er war ein langer, sich ungelenk bewegender Kerl, über den man, wenn er auftrat, erst einmal lachen musste, aber er hatte eine so himmlisch klare, helle und doch angenehm tiefe Sopranstimme, eine so reine Intonation und einen so schönen Trillo, dass einem das Herz aufging. Er war, daran gab es keinen Zweifel, ein begnadeter Sänger. Und doch – war es nicht etwas seltsam, ausgerechnet einen Kastraten mit der Rolle eines Liebhabers zu besetzen? Und überhaupt – war es denn in Ordnung, dass man einen Menschen verstümmelte, um seine Knabenstimme zu bewahren? *Wir leben in einem Zeitalter der Zurechtstutzung, Bach.* Was wäre geschehen, dachte er, wenn ich statt in Eisenach und Ohrdruf, in Florenz oder Venedig aufgewachsen wäre? Dann stünde ich jetzt vielleicht auch da oben auf der Bühne und hätte weder Frau noch Kind, weder Familie noch Zukunft. Nur das Hier und Jetzt der Kunst, vergoldet allerdings mit einer Gage, von der ich nicht einmal zu träumen wage.

Während er noch darüber nachdachte, schweifte sein Blick über die Köpfe der versammelten Hofgesellschaft, und während seine Augen mit jupiterartiger Kühnheit von einer schönen Dame zur anderen wanderten, traf ihn der Blick.

In seinem Kopf stürzte alles durcheinander. Sein Herz raste. Er spürte die roten Flecken auf seinen Wangen.

Die Luft im Saal war heiß und stickig. Er wäre gern aufgesprungen und hinaus gerannt. Zugleich aber wünschte er sich, alle, die hier im Saal waren, würden wie durch einen Zauber verschwinden, sich in Nichts auflösen. Nur er und sie sollten bleiben. Sie beide, ganz allein.

Der Vorhang wurde zugezogen. Es war Pause. Man stand auf, ließ sich Champagner reichen, wanderte mit dem Glas in der Hand hin und her.

Die, wie er jetzt bemerkte, in ein rotes Satinkleid mit grünem Manteau gekleidete Dame schwebte am Arm eines hässlichen alten Mannes aus dem Saal hinaus. Bach folgte ihnen in gebührendem Abstand. Er hielt die rechte Hand an der Brust, um sein Herz zu beruhigen. Er wollte etwas denken, aber es gelang ihm nicht.

Sie gingen durch das Wallpavillon hindurch in den Hof und flanierten unter den Bogengängen, die von einem Pavillon zum nächsten führten. Der alte Mann ließ die Dame allein und verschwand in der Dunkelheit. Die Dame wartete, bis Bach auf ihrer Höhe angelangt war.

Schnell, sagen Sie mir, wo Sie wohnen.

In Weimar, sagte er.

Nein, hier in Dresden.

Er nannte den Namen des Hotels.

Ich werde Sie morgen besuchen. Oder nein, kommen Sie zu mir. Morgen um elf. Ich habe etwas für Sie.

Sie nannte ihm die Adresse.

Er wollte ihr sagen, dass er nicht kommen könne, dass die Kutsche für die Rückfahrt schon bestellt sei, auf morgen gleich nach Sonnenaufgang. Er wollte sagen, dass er verheiratet sei und vier Kinder habe. Bevor er jedoch etwas sagen konnte, sah er den alten Mann zurückkommen.

Gehen Sie jetzt, sagte sie.

Er fühlte sich zurückversetzt nach Hamburg, als er an ihrer Tür gestanden und im Hintergrund die Baritonstimme gehört hatte. Er fühlte sich, als wäre er noch immer achtzehn Jahre alt.

33. Das Manuskript

DAS HAUS IN DER ALTSTADT machte einen traurigen, heruntergekommenen Eindruck. Die Fassade war grau, verwittert, das große Tor zum Hinterhof hing schief in den Angeln und sah aus, als sei es seit Jahren nicht mehr geschlossen worden.

Bach fragte einen mürrischen Mann, der gerade aus dem Haus herauskam, nach Madame Petersen.

Der Mann schaute ihn ratlos an.

Die Sängerin.

Madame Sieveking?, fragte der Mann.

Heißt sie jetzt so?

Hinterhaus, dritter Stock, sagte der Mann.

Bach ging über den Hinterhof, an einer kahlen Kastanie vorbei. Oben, auf dem höchsten Ast, saß eine Amsel und schwieg.

Die Tür zum Hinterhaus war schmal und niedrig. Bach stieg zum dritten Stock hinauf. An der Tür sah er einen Klopfer mit Schlangenkopf.

Als er Sophie Agneta in der geöffneten Tür stehen sah, spürte er eine heftige und fast unwiderstehliche Anwandlung, sie in die Arme zu schließen und zu küssen, als sei nichts gewesen, keine Zeit, keine getrennten Lebenswege, nichts.

Wollen Sie nicht hereinkommen?

Er folgte ihr durch eine kleine, ärmlich eingerichtete Küche in einen dahinter liegenden Raum, in dem ein Bett, ein Stuhl und eine bemalte Truhe standen.

Setzen Sie sich doch, sagte Sophie Agneta und zeigte auf den Stuhl. Sie selbst setzte sich auf das Bett, ein Himmelbett, wie damals in Hamburg. War es dasselbe? An der Wand neben dem Fenster hing wie ein Wandschmuck das Festkleid, in dem er sie gestern Abend gesehen hatte. Jetzt trug sie ein einfaches grünes Tageskleid, darüber ein gelbes Brusttuch und Stulpen an den Handgelenken. Es war kühl. Die Sonne schien auf die Hauswand gegenüber. Vielleicht würde sie am Abend einmal kurz zum Fenster hineinschauen, bevor sie sich davonmachte.

Seine Augen irrten in dem kleinen Zimmer umher, ohne dass er genau wusste, was er suchte.

Ich musste es verkaufen, sagte sie.

Ach ja, das Clavichord.

Singen Sie denn nicht mehr?

Nein. Das ist vorbei.

Es war eine nüchterne Feststellung.

Aber warum?, wollte er fragen.

Ich war einige Zeit mit anderen Dingen beschäftigt, sagte sie. Und als ich zur Oper zurück wollte, war es zu spät. Es geht für uns Sängerinnen nicht immer nur um die Schönheit der Stimme.

Schade, sagte er, schade um die schönste Stimme, die ich je gehört habe.

Sie sah ihn erstaunt an. Danke, sagte sie leise. Dafür bekommen Sie – sie machte eine kleine Pause – einen Tee.

Er folgte ihr in die Küche. Während sie das Wasser kochte, den Tee aufbrühte und mit ihm zurück ins Zimmer ging, wo sie den Tee in kleine Tongefäße goss und mit etwas Honig süßte, begann sie zu erzählen, wie es ihr ergangen war.

Sie hatte in Dresden an der Oper große Erfolge gefeiert. Das Publikum liebte sie. Überhaupt war die Oper sehr beliebt, aber anders als in Hamburg war es keine bürgerliche, in die jedermann hineinkam, wenn er nur das Eintrittsgeld bezahlte, sondern eine höfische, die dem Kurfürsten gehörte. Und Kurfürst August liebte die Oper nicht besonders, er ging lieber ins Schauspiel oder ins Ballett. Schon bald nachdem sie ihr Engagement angetreten hatte, wurde das Ensemble aufgelöst und das Opernhaus in eine Kirche verwandelt. Sie bewarb sich in Kassel, in Wolfenbüttel, in Leipzig, in Weißenfels und ging schließlich zurück nach Hamburg, wo sie am Gänsemarkt wieder ein Engagement bekam, wenn auch kein festes.

Und dort, sagte sie, begegnete mir die Liebe meines Lebens.

Durch das Fenster sah er die blattlose Krone des Baumes und die schweigende Amsel. Wieso verspürte er diesen Schmerz in seiner Brust?

Der Mann, dem diese Liebe zukam, war ein wohlhabender Hamburger Kaufmann, der wieder und wieder in die Oper ging, um sie zu sehen und ihre Stimme zu hören, und der ihr schließlich einen Antrag machte. Getraut wurden sie in der Katharinenkirche, Adam Reincken spielte die Orgel, und weder Sophie Agneta noch ihr Mann ließen sich dadurch beirren, dass die Verwandten ihres Mannes die Ehe für eine Mesalliance hielten und sich beharrlich weigerten, sie zu empfangen. Immerhin gab es genügend Freunde und Bekannte, die den hochmütigen Dünkel der Verwandtschaft nicht teilten. Ihren Beruf gab sie nach der Hochzeit auf, aber sie veranstaltete Liederabende und kleine Konzerte in ihrem an der Alster gelegenen Haus, so dass sie ein reiches gesellschaftliches Leben führten und es niemals einsam wurde um sie. Als nach einem Jahr ihr Sohn zur Welt kam, schien ihr Glück vollkommen zu sein. Er war gesund und kräftig, und sie tauften ihn auf den Namen Matthias.

Drei Jahre lang genossen sie ihr Glück, dann wendete sich das Schicksal.

Von einem Geschäftspartner überredet, warf ihr Mann sein gesamtes Vermögen in ein Geschäft, von dem er sich gewaltigen Gewinn versprach: Ein Schiff sollte mit bunten Glasperlen und allerlei Tand beladen nach Afrika segeln, von dort mit Negersklaven beladen nach Havanna fahren und schließlich mit einer Schiffsladung Toback und Gewürzen nach Amsterdam und Hamburg zurückkehren. Bis Havanna ging alles gut. Als das Schiff zur Rückkehr beladen und reisefertig war, wartete der Kapitän mit der Abfahrt noch zwei Tage, bis eine aus elf Schiffen bestehende spanische Schatzflotte sich auf den Weg nach Europa machte. Im Gefolge dieser Flotte wäre das Schiff, so dachte er, vor Seeräubern sicher. Kaum aber hatten sie mit der spanischen Flotte zusammen Havanna verlassen, gerieten sie in einen schweren Sturm, der sie in die Keys von Florida trieb. Ausnahmslos alle Schiffe wurden von den turmhohen Wellen geschluckt oder zerschellten an der felsigen Küste. Mehr als tausend Seeleute kamen ums Leben. Auch das Schiff, in das ihr Mann sein ganzes Vermögen eingebracht hatte, war verloren.

Mein Mann, als er von seinem Ruin erfuhr, griff sich ans Herz und starb, sagte sie.

Sie stand auf, ging zum Fenster, lehnte sich gegen die Wand und blickte hinaus, als sehe sie dort Hamburg, die Alster, ihren Mann.

Die Gläubiger, fuhr sie fort, jagten mich aus dem Haus, die Familie meines Mannes strafte mich mit Verachtung, die Freunde und Bekannten waren auf einmal keine Freunde mehr. Einzig eine frühere Nachbarin aus Dresden, mit der ich in all den Jahren Briefe gewechselt hatte, erbarmte sich meiner. Sie besorgte mir diese Wohnung und nahm meinen Sohn zu sich nach Potsdam, wohin sie vor einiger Zeit umgezogen ist, damit er dort zur Schule gehen kann. Er ist jetzt fünf Jahre alt, und der König in Preußen hat gerade eine Schulpflicht eingeführt. Ich selbst werde auch nach Potsdam umziehen, sobald meine Mittel das zulassen. Im Augenblick komme ich noch einer Verpflichtung nach, die ich dem Herrn gegenüber eingegangen bin, mit dem Sie mich gestern Abend in der Oper gesehen haben.

Bach fragte nicht, was für eine Verpflichtung das war.

Ich bin froh, dass wir uns wiederbegegnet sind, sagte sie.

Bach machte Anstalten, etwas Ähnliches zu sagen.

Nein, lassen Sie mich ausreden, sagte sie. Ich stehe schon lange in Ihrer Schuld und will Ihnen endlich geben, was Ihnen gehört. Natürlich hätte ich Ihnen längst schreiben und alles der Post anvertrauen können, ich weiß nicht, warum ich es nicht getan habe. Vielleicht wollte ich Sie nicht beunruhigen, vielleicht wollte ich nicht etwas aufrühren, was Sie längst vergessen hatten. Vielleicht habe ich auch nur auf den richtigen Augenblick gewartet, ich vermag es nicht zu sagen. Jetzt aber ist der Augenblick gekommen.

Er saß auf seinem Stuhl und blickte sie fragend an.

Ich will dir mein Herze schenken, sang sie ganz leise. *Ruderst du auch jetzt schon heim.* Sie haben damals diese wunderschöne Oper geschrieben und sie mir zu Füßen gelegt.

Nun ja, sagte er. Ich war jung.

Ja, sagte sie, wir beide waren es! Wie alt mögen Sie gewesen sein, sechzehn, siebzehn?

Er nickte.

Und so voller Hoffnung, voller Begeisterung! Sie hatten eine glänzende Karriere als Opernkomponist vor sich!

Aber nein, sagte er, was reden Sie da, Sie haben mir damals den Kopf zurechtgerückt. *Musik muss singen, besonders in der Oper. Diese hier singt nicht.*

Die Worte hatten ihn, wie ihm jetzt zu Bewusstsein kam, tiefer getroffen, als er es all die Jahre über hatte wahrhaben wollen. Sie waren so etwas wie ein dunkles Leitmotiv gewesen, das ihn immer und überall begleitet hatte, das Leitmotiv des Bedauerns, ja, der Trauer darüber, dass er es schwerer hatte und sich schwerer machen musste als andere. Wie oft hatten ihm die Menschen die Hand gedrückt und ihm gedankt, weil er sie mit seinem Spiel gehoben, getröstet, berührt und beseligt hatte! Und doch hatte er sich erst gestern wieder ertappt und entlarvt gefühlt, als Heinichen davon sprach, dass gewisse Formen der Musik so gekünstelt seien wie der Große Garten mit seinen geometrisch angelegten Wegen und seinen strammstehenden Bäumen.

Nichts davon ist wahr, sagte sie. Ihre Oper ist wunderschön, sie hätte bestimmt die Herzen der Hamburger erobert, aber …

Sie stockte mit einem Male und sprach nicht weiter.

Keiser hat sie nicht gefallen, sagte Bach und zuckte mit den Achseln.

Nein, flüsterte sie, und ihre Wangen röteten sich mit plötzlicher Heftigkeit. Keiser hat sie nie gesehen.

Er starrte sie mit offenem Mund an und versuchte den Sinn ihrer Worte zu begreifen. Keiser hatte doch diese Sätze gesagt, die ihn so entmutigt hatten, dieses vernichtende Urteil, durch das ihm klar geworden war, dass er bei seinem Leisten bleiben sollte, der Orgelmusik, der Klaviermusik, den Kantaten, den Konzerten.

Ich habe sie ihm nicht gegeben, sagte sie leise. Er war so eifersüchtig, Keiser. Er hätte mich auf die Straße geworfen, wenn er erfahren hätte, dass ich, dass wir … Vielleicht hätte ich mutiger sein sollen, ja, bestimmt, das hätte ich. Aber es war auch so, dass Keiser selbst eine Circe komponiert hatte, und dass Ihre – nun ja, Ihre war so viel besser, glauben Sie mir. Er hätte seine eigene verwerfen müssen. Das wollte ich ihm nicht zumuten. Ich ... ich war ja noch so jung.

Sie löste sich von ihrem Platz am Fenster, ging zu der bemalten Truhe und öffnete sie. Ich habe sie all die Jahre aufgehoben, sagte sie. Ich weiß nicht, ob Sie noch Gefallen daran finden, aber sie gehört Ihnen.

Und damit holte sie ein unansehnliches Bündel Papier hervor.

Woher haben Sie das?, fragte er verblüfft.

Ich hatte damals etwas Eiliges zu besorgen, aber ich war nicht lange fort. Als ich zum Dovenfleet zurückkehrte, sah ich das Bündel auf dem Boden. – Hier, nehmen Sie es. Und verzeihen Sie mir. Bitte. Ich weiß, dass ich das nie wieder gut machen kann.

Er nahm das Manuskript, und es wog schwer in seiner Hand. Wie ein Klumpen Blei oder ein Klumpen Gold. Sein ganzer Lebensweg schien darin zu liegen. Für einen Augenblick ballten sich Wut und Empörung in seiner Brust zusammen. Was wäre geschehen, wenn seine Circe damals aufgeführt worden wäre? Wäre er dann ein gefeierter Opernkomponist geworden wie Keiser oder Händel?

Sie müssen jetzt gehen, sagte sie, nachdem sie stumm die Schläge der Kirchturmuhr gezählt hatte. Ich werde in einer Viertelstunde abgeholt. Es wäre nicht gut, wenn man Sie hier sähe. Ich danke Ihnen, dass Sie gekommen sind.

Er hatte Tränen in den Augen, als sie ihn durch die armselige Küche zur Tür geleitete. Er war aufgewühlt, gerührt. Er hatte noch keine klare Vorstellung davon, was und wie viel es ihm bedeutete, was er gerade erfahren hatte, aber es war nicht wenig, das spürte er.

Darf ich Sie umarmen?, fragte er. Er konnte ihr nicht böse sein, was auch immer sie getan hatte.

Sie breitete ihre Arme aus und drückte ihn zum Abschied an sich.

Gott sei mit Ihnen, sagte sie.

Und mit Ihnen auch, sagte er und wandte sich zur Tür. Dort drehte er sich noch einmal um und sagte: Ich habe auch etwas für Sie. Sie dürfen es aber erst morgen früh öffnen. Versprechen Sie das?

Aber ja, sagte sie mit einem Ausdruck der Verwunderung. Was immer es auch ist.

Es liegt mir am Herzen, sagte er lächelnd. Dann griff er in die linke Innentasche seines Rocks, holte den Umschlag hervor und reichte ihn ihr. Es ist nur eine Kleinigkeit. Und ich danke Ihnen – für alles!

34. Der Untertan

DER RÜCKEN TAT IHM ÜBERHAUPT NICHT MEHR WEH, als es von Dresden zurück nach Weimar ging. Hatte der Kutscher Kissen um die Räder gewickelt? Oder war er selbst, Bach, so viel leichter geworden, dass er das harte Ruckeln nicht mehr spürte? Er hatte alles richtig gemacht, alles war gut. Auch dass er ihr das Geld gegeben hatte. Er zweifelte ein wenig daran, dass ihre Geschichte in allen Einzelheiten der Wahrheit entsprochen hatte, aber was machte das für einen Unterschied? Sie war arm, sie brauchte das Geld, und er würde ihr ein Leben lang dafür dankbar sein, dass sie ihn einst in die Liebe eingeführt und dazu gebracht hatte, eine Oper zu komponieren. Er war ihr sogar dankbar dafür, dass sie ihn zurückgewiesen hatte. Erst ihre Zurückweisung hatte ihn auf den rechten Weg gebracht. Wenn seine Musik hernach an Tiefe gewonnen hatte, an der Tiefe, die Böhm noch vermisst hatte – lag es nicht auch an dieser Erfahrung?

Nein, er bereute nichts. Dresden war ein Triumph – auch ohne das Geld. Ein bisschen ungemütlich wurde es nur, als Maria Barbara ihn fragte, ob er denn auch das Preisgeld bekommen habe?

Ja, sagte er, oder nein, er sei – den Satz hatte er sich so zurechtgelegt – durch die Untreue eines gewissen Bedienten darum gebracht worden und habe sich mit der erworbenen Ehre als Belohnung begnügen müssen.

Wieso begnügen, rief Maria Barbara empört aus. Es ist doch nicht deine Schuld, wenn die Herren einen untreuen Bedienten haben! Schreib an Graf Flemming, fordere es ein! Sackerment, fünfhundert Gulden! Das ist das Gehalt von zwei Jahren!

Er gab ihr in allen Punkten Recht und versprach, zu gegebener Zeit einen Brief an den Grafen aufzusetzen. Im Augenblick aber könne er an nichts anderes denken als an die Feierlichkeiten zum Reformationstag. Also bitte, ich muss jetzt arbeiten.

Das mit den Feierlichkeiten war nicht aus der Luft gegriffen. Es handelte sich in diesem Jahr nicht um irgendeinen Reformationstag: Gefeiert wurde die zweihundertste Wiederkehr des Tages, an dem der Doktor Luther seine 95 Thesen an die Tür der Schlosskirche zu Wittenberg genagelt hatte. Das war das Fanal der Reformation gewesen, die Loslösung vom Ablass-Aberglauben, den der Antichrist in Rom und sein umherziehender Mönch Tetzel in der Christenheit verbreitet hatten. Zweihundert Jahre Befreiung von dem Irrglauben, man könne sich die Gnade Gottes erkaufen. Aber nein, das konnte man nicht, weder durch Geld noch durch gute Werke.

Mit der Gnade des Fürsten verhielt es sich leider ähnlich. Was half es Bach, dass er die Kantate *Ein feste Burg ist unser Gott* in der Schlosskirche zur Aufführung brachte. Was half es, dass er dem Herzog untertänige Blicke zuwarf, die bedeuten sollten: Was ist denn jetzt mit meiner Entlassung? Bitte, Euer Durchlaucht. Die Zeit drängt!

Nachdem er am Samstag die Kantate aufgeführt hatte, ohne vom Herzog eines Blickes gewürdigt zu werden, erinnerte er sich an Louis Marchand. Der hatte dem Sonnenkönig einfach die Arbeit verweigert. Vielleicht war das das richtige Mittel.

Am Sonntag überließ Bach die Orgel in der Schlosskirche seinem Schüler Daniel Schubart und ging zum Gottesdienst in die Stadtkirche.

Wie würde der Herzog darauf reagieren?

Am Montag, Dienstag und Mittwoch wartete Bach vergeblich auf eine Reaktion. War dem Herzog gar nicht aufgefallen, dass er fortgeblieben war?

Auch am Donnerstag rührte sich der Herzog nicht. Bach beschlich ein ungutes Gefühl.

Freitag?

Nichts.

Am Samstagfrüh erhielt Bach die Aufforderung, sich unverzüglich in die Wilhelmsburg zu begeben.

Er zog seinen Rock über und machte sich auf den Weg.

Der Herzog erwartete ihn im Audienzzimmer.

Er habe also einen Vertrag mit Fürst Leopold I. von Anhalt-Köthen abgeschlossen?, fragte der Herzog nach einigen Begrüßungsfloskeln beiläufig.

Ja, sagte Bach, das habe er.

Als Hof-Kapellmeister und Musikdirektor des Landes?

Er habe davon in seinem Entlassungsgesuch Meldung gemacht, antwortete Bach.

Und dafür bekomme er – welche Rekompensation?

Nun, darüber sei eigentlich Stillschweigen vereinbart worden, sagte Bach zögernd.

Ob der Herr Hoforganist von ihm erwarte, dass er seine Frage noch einmal wiederhole?, fragte der Herzog und zog die Brauen zusammen.

Vertraglich festgelegt sei ein Grundgehalt von vierhundert Talern, sagte Bach.

Das war viel. Sein Jahresgehalt in Weimar betrug trotz einiger Erhöhungen nur die Hälfte.

Alle Wetter, sagte der Herzog anerkennend. Da lässt sich der Gute die Abwerbung ja richtig was kosten!

Bach schluckte. Das Wort *Abwerbung* ließ nichts Gutes ahnen.

Er hat also des Geldes wegen unterzeichnet?

Bach wusste nicht, was er antworten sollte. Sagte er ja, dann war er ein Judas, der seinen Herrn für ein paar Silberlinge verrät. Sagte er nein, dann würde der Herzog nach anderen Gründen fragen. Sollte er ihm sagen, dass er die verbitterte, freudlose Atmosphäre an diesem Hof nicht mehr ertragen könne? Dass er auch keine Lust hätte, immer nur Kirchenkantaten zu schreiben? Seit er mit Georg Walther zusammen die Italiener studiert hatte, Albinoni, Corelli und Vivaldi, vor allem Vivaldi, lockte es ihn zunehmend, Instrumentalmusik zu schaffen. Natürlich hatte er mit dem Hoforchester auch Instrumentalmusik gespielt, aber in Köthen hätte er weitaus bessere Solisten und könnte sich sogar ganz auf weltliche Musik verlegen.

Nun?

Er sei Familienvater, sagte Bach ausweichend. Er habe eine Frau, vier Kinder und eine Schwägerin zu versorgen. Von Lehrlingen und Gesellen ganz zu schweigen.

Zweifellos, sagte der Herzog. Zweifellos. Und dann kam die gefürchtete Frage, ob er das Salär aus Köthen bereits beziehe und wenn ja, seit wann? – Nun?

Seit August, sagte Bach.

Er bezieht also seit – der Herzog streckte nacheinander Daumen, Zeigefinger und Ringfinger in die Höhe – drei Monaten ein doppeltes Gehalt?

Bach senkte den Kopf.

Ob er sich, fragte der Herzog, noch an das Gespräch erinnern könne, das sie vor neun Jahren anlässlich seiner Einstellung geführt hätten?

Ja, das konnte er. Er erinnerte sich an jedes Wort. *Lakai in Weimar, Organist in Arnstadt, Organist in Mühlhausen. Er ist recht unbeständig, wie es scheint.* Und er hatte geantwortet: *Nur bis Gott mich an die richtige Stelle versetzt.*

Gott hat ihm also kundgetan, sagte der Herzog, dass Weimar nicht mehr die richtige Stelle für ihn ist? – Nun?

Bach sagte immer noch nichts.

Niemals hätte er gedacht, sagte der Herzog leise und Bach bemerkte mit einem Male die Enttäuschung in seinen von Alter und Einsamkeit gezeichneten Augen –, niemals hätte er gedacht, dass Bach einen Vertrag mit einem anderen Fürsten abschließen würde – hinter seinem Rücken! Dass er einen Landesherrn, der so lange schützend seine Hand über ihn gehalten hatte, derart verraten würde. Ich hätte Ihn doch gehen lassen, Bach. Ich hätte Ihm doch die Entlassung nicht verweigert. Warum hat Er sich mir nicht anvertraut?

Seine Stimme klang weich und zart, als er das sagte. Bach hatte ihn noch nie so erlebt. Sein Gesicht zeigte für einen Augenblick den Ausdruck tiefer Ratlosigkeit, als wisse er nicht, wie es weitergehen werde, als warte er auf eine Eingebung, eine Offenbarung. Bis er sich schließlich einen Ruck gab und mit harter Stimme sagte, er werde Bachs Bitte um Entlassung auf keinen Fall stattgeben. Bach werde in Weimar bleiben. Auf welcher Position, sei noch nicht entschieden. Und das Gehalt, das er von Fürst Leopold bekommen habe, habe er unverzüglich an die Landeskasse abzuführen. Und damit ...

Er machte eine Handbewegung und bedeutete Bach, dass er entlassen sei.

Bach trat reflexartig zwei, drei Schritte zurück, beugte ansatzweise den Rücken, hielt inne und richtete sich dann plötzlich auf. Nein!, stieß er hervor.

Wie?, machte der Herzog. Widerworte?

Bei allem Respekt, sagte Bach, er habe sein Entlassungsgesuch schon vor Monaten eingereicht. Seine Durchlaucht, der Herzog, habe niemals geruht, sein untertäniges Gesuch zu beantworten, weder so noch so. Nun aber sei es entschieden. Er wolle und müsse seinen Posten als Kapellmeister in Köthen antreten. Und zwar noch diesen Monat. Sein Entschluss stehe fest.

Und da man sich gerade wieder der mutigen Lutherworte erinnert hatte, fügte er hinzu: Hier stehe ich und kann nicht anders. So wahr mir Gott helfe.

Noch in derselben Stunde brachten ihn die Wachen auf die Landrichterstube.

35. Landrichterstube

E S GAB DREI ARTEN VON GEFÄNGNISSEN in Weimar: Das Stadtgefängnis für die verurteilten Verbrecher; das Zucht- und Waisenhaus, wohin man auch die Zigeuner brachte, die man auf den Straßen aufgriff; und die Landrichterstube, auf der man für unbestimmte Zeit die Bettler, Landstreicher und sonstiges Gesindel verwahrte.

Bach war sonstiges Gesindel.

Als der Wärter ihn nach seinem Namen fragte, fing er an zu grübeln. Er konnte seinen Namen nicht mit dieser Umgebung zusammenbringen. Der hier war, musste ein anderer sein.

Hat Er keinen Namen?

Bach, sagte er schließlich.

Na also. – Der Wärter stieß ihn in die Zelle und schob den Riegel vor.

Es war ein kleines Verlies, acht Fuß lang, fünf Fuß breit, mit einer hoch oben in die dicken Mauern eingelassenen schmalen Fensteröffnung, durch die der Novemberwind pfiff. Auf dem Boden ein Strohsack, in der Ecke ein alter Holzeimer für die Notdurft. Es stank nach Schimmel, Kot und Urin.

Es gab drei Möglichkeiten: stehen, sitzen oder liegen. Bach stand. Er konnte nicht anders. Er stand wie betäubt.

Erst nach und nach löste sich die Lähmung, und die Gedanken kehrten zurück. Und mit den Gedanken die Gefühle. Angst schnürte ihm die Kehle zu. Er hätte weglaufen mögen, weit, weit weg, um sich von dieser Angst zu befreien. Aber was, wenn du zum Weglaufen nur acht Fuß Platz hast? Du kannst auf und ab gehen. Zwei Schritte hin, zwei Schritte zurück, zwei Schritte hin, zwei Schritte zurück. Du kannst schreien, aber das wollte er nicht. Du kannst beten. Das Gebet verschaffte ihm Erleichterung. Kaum hatte er jedoch seine

Hände wieder voneinander gelöst und die Augen geöffnet, spürte er nur noch, wie kalt, feucht, eng und stinkend es war.

Als die Dämmerung dem winzigen Fenster dort oben das Licht zu entziehen drohte, hämmerte er an die Tür. Aus einer Nebenzelle grölte jemand etwas. Aus einer dritten schrie jemand wie verrückt. Bach hörte, wie eine Zellentür geöffnet wurde, wie die Schreie in ein Kreischen übergingen, dann in ein Wimmern und schließlich verstummten.

Er hämmerte wieder.

Nichts.

Und noch mal. Und noch mal.

Schließlich öffnete sich die Tür.

Bach machte sich auf Schläge gefasst.

Der Wärter sah ihn fragend an.

Zur Angst kam die Scham hinzu, die Scham, einen Kerl mit stumpfen Augen und faulen Zähnen um etwas bitten zu müssen. Bach bat ihn untertänigst darum, Maria Barbara zu benachrichtigen. Werde auch dafür bezahlen, fügte er hinzu.

Wie viel?

Zwei Groschen. – So viel verdiente der Kerl in einer Woche nicht.

Werde morgen darüber nachdenken, sagte der Wärter.

Vier Groschen!

Morgen, wiederholte der Wärter und verriegelte die Zelle.

Zu Angst und Scham gesellte sich das Gefühl der Demütigung. Der Herzog hatte ihn kleingekriegt. Ja, es war falsch, was er getan hatte. Es war ein Fehler gewesen, den Vertrag für Köthen zu unterschreiben, ohne vorher um Entlassung zu bitten. Eine Unbotmäßigkeit. Es wäre ein Leichtes gewesen, vorher zu fragen. In seinen Gedanken versetzte Bach sich zurück in die Situation, in der er das Angebot bekommen hatte. Ich fühle mich geehrt, sagte er in seiner Phantasie zu Leopold von Köthen, ich bin versucht, das Angebot auf der Stelle anzunehmen, aber ich kann noch nicht verbindlich zusagen, ich muss erst meinen Herzog fragen. Und der Herzog gewährte ihm allergnädigst die Entlassung. In seiner Phantasie spielte er wieder und wieder diese Variante durch. Und wieder und wieder schüttelte er den Kopf, um sich in die Gegenwart zurückzurufen und sich klarzumachen, dass das, was er da phantasierte, genau das war, was er nicht getan hatte.

In der Nacht lag er starr auf dem kalten Stroh und war jetzt beinahe einverstanden mit seinem Los. Als es in einer Ecke seiner Zelle raschelte, kam die Angst zurück. Er richtete sich in der Dunkelheit auf und starrte in die schwarze Luft. Was, wenn er ewig hier eingesperrt bliebe? Wenn der Herzog ihn einfach vergaß?

Warum war er nicht so berühmt, dass man gar nicht auf die Idee kam, ihn ins Gefängnis zu werfen? Marchand le Grand wurde nicht ins Gefängnis gesteckt. Der Sonnenkönig hatte seinen Hoforganisten entlassen, aber eingesperrt hatte er ihn nicht. Ihn, Bach, durfte man in eine Zelle sperren! Aber wieso, dachte er dann wieder, wieso sollte er etwas Besseres sein als die Gefangenen in den anderen Zellen? Wieso sollte er etwas Besseres sein als unser Herr Jesus Christus? Der hatte auch nicht gedacht: Einen Jesus von Nazareth schlägt man doch nicht ans Kreuz!

Erbarme dich, dachte er. Eine Melodie erklang in seinem Inneren. *Erbarme dich, mein Gott, um meiner Zähren willen.*

A M NÄCHSTEN MORGEN brachte der Wärter ihm Wasser in einem Holzbecher und trockenes Brot, das nach Schimmel roch. Bach bat ihn erneut, Maria Barbara zu benachrichtigen.

Wenn die Zeit dafür gekommen ist, sagte der Wärter.

Oder Gottfried Walther, sagte Bach. Den Organisten der Stadtkirche. Ein paar Schritte nur. Damit er Bescheid weiß.

Wenn die Zeit gekommen ist.

So vergingen die Tage.

Anstatt sich an die Zelle zu gewöhnen und sich mit Gleichmut darin einzurichten, mit stillem Gebet und Vertrauen auf Gott, wurde Bach immer unruhiger. Die Zelle wurde nicht größer, sie wurde kleiner, enger, als kämen die Wände auf ihn zu. Das kleine Fenster da oben ließ nicht genügend Luft herein, nachts wachte er schweißgebadet auf und fürchtete zu ersticken. Manchmal hatte er das Gefühl, die Zelle bewege sich und schaukele wie eine Kutsche. Dann wieder schien es, als sinke sie auf den Grund des Meeres, so dass er den Druck in den Ohren spürte und vor Kälte bibberte.

Wenn er wenigstens Genaueres wüsste! Aber andererseits – die Ungewissheit hatte auch ihr Gutes. Zu wissen, dass er am nächsten Tag geprügelt oder sogar um eine Hand kürzer gemacht werden würde, wäre noch schlimmer. Der Herzog hatte die Macht dazu. Er konnte sich nach Belieben diese oder jene Strafe einfallen lassen. Oder ihn hier schmoren lassen, bis Krankheit und Tod ihn dahinrafften.

Der Gedanke an den Tod ergriff von ihm Besitz. Er versuchte ihn abzuwehren, aber es gelang ihm nicht. Was würde aus seiner Familie werden? Hatte er vorgesorgt? Maria Barbara würde seine Noten verkaufen, seine Bücher, seine Instrumente und käme damit ein paar Monate über die Runden. Danach bliebe nur noch das Armenhaus. Catharina Dorothea würde vielleicht einen Mann finden, der sie versorgte, aber ohne Mitgift? Vielleicht würden die Paten sich der anderen Kinder annehmen. Darauf bauen konnte er nicht.

Und was bliebe von ihm, Johann Sebastian Bach? Hatte er irgendetwas von Rang geschaffen, durch das die Nachwelt sich seiner erinnern würde? So wie man sich an Heinrich Schütz erinnerte oder an Dieterich Buxtehude? Bach? Das war doch der mit – ja, was? Der Jagdkantate? Der Ratswechselkantate? Die war immerhin in Kupfer gestochen worden, wenn auch weniger zu seinem Ruhme als zu dem der Ratsherren in Mühlhausen.

Er ging in seiner Zelle hin und her, während die Stimmen in seinem Kopf ihn zunehmend in Verzweiflung stürzten, zwei Schritte in die eine Richtung, zwei Schritte in die andere, zwei Schritte hin, zwei Schritte zurück.

Er hatte in Weimar eine Menge Kirchenkantaten komponiert, aber bei allem Respekt, Monsieur Bach, was war das schon? Kantaten kann jeder. Vielleicht nicht ganz so tief gefühlt und gut durchdacht wie er, aber wer wusste das schon? Eine Kantate wurde einmal aufgeführt, dann verschwand sie im Schrank und wartete darauf, dass das Jahr herumging und der Anlass sich wiederholte. Wer kannte schon seine Kantate *Gottes Zeit ist die allerbeste Zeit*, auf die er sich etwas zugute hielt? Oder *Ich hatte viel Bekümmernis*. Oder *Komm, du süße Todesstunde*.

Die Furcht, sein Leben vergeudet zu haben, legte sich auf ihn und schnürte ihm die Luft ab. Er musste die Arme ausbreiten, seinen Brustkorb öffnen, tief einatmen, um nicht zu ersticken.

Ich habe kein Werk.

Panik ergriff ihn. Ich muss arbeiten, dachte er. Ich muss etwas schaffen, das der Rede wert ist. Ich muss etwas komponieren, das mich überdauert, wenn ich gestorben bin.

Vielleicht war es ja kein Zufall, dass Gott ihn hier an diesen Ort geschickt hatte. Draußen, wo Kirche und Orchester, Schüler und Familie seine ganze Kraft beanspruchten, hatte er keine Zeit gehabt, darüber nachzudenken. Es war immer mehr zu tun, als er bewältigen konnte. Aber hier, an diesem unwirtlichen Ort, in dieser absoluten Abgeschiedenheit, hier kamen solche Gedanken. Was ist mein Werk? Die Frage ließ ihn nicht mehr los, sie bohrte sich so heftig in seinen Kopf hinein, dass die Schmerzen kaum zu ertragen waren. Was ist mein Werk?

Tagelang quälte er sich mit dieser Frage herum.

Eines Morgens wachte er auf und glaubte geträumt zu haben, was es war. Er konnte sich nicht an den Inhalt des Traums erinnern, aber das Gefühl, eine Antwort gefunden zu haben, war noch da. Etwas in mir weiß, was mein Werk ist, dachte er halb hoffnungsfroh und halb verzweifelt. Und so viel wusste er doch: Es hatte etwas mit der wohltemperierten Stimmung zu tun.

36. Der Hofmarschall

A M NÄCHSTEN TAG KAM der Hofmarschall.
Das ist das Todesurteil, dachte Bach und spürte, wie alles Leben von ihm wich.

Der Marschall forderte ihn auf mitzukommen. Bach folgte ihm mit bangem Herzen in ein Zimmer, das etwas mehr nach Landrichterstube aussah als die enge Zelle. Es gab hier einen Tisch aus rohem Holz und zwei Stühle. Die Wände waren weiß getüncht. In einer Ecke stand ein Rohrstock.

Der Marschall bot ihm einen Stuhl an und setzte sich auf den anderen. Missliche Lage, sagte er.

Hoffe auf baldige Änderung, sagte Bach.

Würde nicht vorschnell damit rechnen. Der Herzog ist bereit, zum Äußersten zu gehen. Aber wir werden ihn davon abhalten.

Bach wusste nicht, wen er mit Wir meinte.

Der Herzog sei in seiner Würde tief getroffen, fuhr der Hofmarschall fort, und das sei eine schlimme Sache. Viel mehr als seine Würde habe er ja nicht. Er habe keine Frau, keine Kinder, keine Mätresse, keine Freunde. Mit seinem Neffen liege er im Streit, von seinen Untertanen werde er gehasst, und wer ihn näher kenne, habe Furcht vor ihm und Mitleid, weil er so unglücklich, so verhärtet sei. Der einzige Trost des Herzogs sei immer die Musik gewesen. Und die Jagd, versteht sich.

Christian Schubart, sagte Bach mit unbewegter Miene. Der ist ein rechtschaffener Nachfolger für mich.

Rechtschaffen ist das richtige Wort, nickte der Hofmarschall. Der Herzog kennt den Unterschied sehr wohl. Er weiß, was er an Ihm hatte, Bach. Er gönnt es Leopold von Köthen nicht, *seinen* Bach zu haben. Und dieser ungeschickte, eigenmächtige Vertragsabschluss! Warum hat Er die Sache nicht mir überlassen, Bach? Ich hätte das regeln können. Ohne

Diplomatie wird es Monate dauern, bis Er hier wieder herauskommt. Vielleicht Jahre.

Jahre?, flüsterte Bach mit heiserer Stimme. Ich habe Familie. Ich habe den Vertrag mit Köthen. Wenn ich noch länger an diesem Ort bleiben muss, bin ich vernichtet.

Er kann schon froh sein, sagte der Marschall mit Blick auf den Rohrstock an der Wand, dass man Ihn nicht prügelt. Oder noch Schlimmeres mit ihm anstellt.

Was kann ich tun?, fragte Bach, indem er versuchte, seine erneut aufkommende Panik zu verbergen.

Den Herzog um Gnade zu bitten …, begann der Hofmarschall.

Gut, sagte Bach, das will ich tun.

… wird nicht reichen, beendete der Hofmarschall seinen Satz. Was ihn allein umstimmen kann, ist Diplomatie. Ich weiß, dass Graf Flemming große Stücke auf Ihn hält, Bach. Er soll ja im Palais des Grafen einen höchst beeindruckenden Auftritt gehabt haben, ein wenig verworren die Musik, so wurde mir berichtet, ungewohnt, aber virtuos und außerordentlich beeindruckend. Graf Flemming wird sich bei König August für Ihn stark machen, und der König wird Herzog Wilhelm Ernst einen dezenten Wink geben. Das ist der Plan. Wenn der König darum bittet, dann kann der Herzog nachgeben, ohne dass sein Stolz verletzt wird.

Und wie lange …?

Geduld, man darf die hohen Herren nicht zur Eile drängen, sonst stellen sie sich stur. Mache Er es sich hier einstweilen gemütlich, und warte Er ab. Fürst Leopold von Köthen haben wir übrigens auch benachrichtigt. So wird der Herzog von zwei Seiten in die Zange genommen. Nur Mut!

Er stand auf, klopfte Bach auf die Schulter und wollte gehen.

Ich bitte ergebenst …

Mich braucht Er nicht zu bitten, Bach, sagte der Marschall

in jovialem Ton. Die Sache mit dem Fingersatz, den Er mir ausgetüftelt hat, war großartig, sehr effektiv. Meine Soldaten sind jetzt viel schneller schussbereit. Es ist nur schade, dass wir kein großes Heer haben. Wünschte, ich wäre Hofmarschall in Preußen, Bach, da könnte ich Großes bewirken. Ich sage nur: Strengstes Befolgen der Regeln, aber auch Mut zur Improvisation. Hier das strenge Gerüst der Fuge, dort die Freiheit des Präludiums. Ich bin Ihm gewogen. Adieu!

Er wandte sich erneut zum Gehen.

Pardon, sagte Bach. Könnten Sie das noch einmal wiederholen?

Wünschte, ich wäre Hofmarschall von Preußen, meint Er das?

Nein, nein, sagte Bach, das andere. Hier das strenge Gerüst der Fuge ...

... dort die Freiheit des Präludiums. Die Worte habe ich von Ihm, Bach, es sind Seine Worte.

Das ist es, flüsterte Bach, das ist es.

An dem ratlosen Gesicht des Marschalls sah er, wie entrückt oder sogar verrückt er in diesem Augenblick aussehen musste. Er gab sich einen Ruck und sagte mit fester Stimme, beinahe im Befehlston: Ich brauche Notenpapier. Tinte. Federn. Außerdem ein Federmesser und ein Rastral. Ich muss arbeiten.

Ein Clavichord kann ich Ihm aber nicht in die Zelle stellen.

Brauche kein Clavichord. Nur etwas zum Schreiben. Und vielleicht ... Er hielt inne, weil er den Großmut des Marschalls nicht überstrapazieren wollte.

Nun?

Einen anderen Raum tagsüber. Wie diesen hier. So dass ich arbeiten kann.

Was hat Er denn vor? Neue Kantaten? *Was mir behagt, ist nur die muntere Jagd?*

Nein, sagte Bach. Keine Kantaten. Jetzt ist die Zeit für etwas anderes gekommen.

37. Köthen

Dichte schneeflocken trieben ihm ins Gesicht, als er das Gefängnis verließ. Der gepflasterte Platz vor der Landrichterstube war menschenleer. Niemand erwartete ihn. Niemand war zu sehen. Für einen Augenblick war Bach verwirrt, wie abwesend, und wusste nicht, wohin er sich wenden sollte. Dann kam er zur Besinnung und stapfte durch den Schnee nach Hause.

Es roch nach Gänsebraten und Rotkohl.

Der Vater ist da, der Vater ist da, schrie Wilhelm Friedemann, der ihn vom Fenster aus gesehen hatte. Maria Barbara kam ihm entgegen, nahm ihm das Bündel aus der Hand, umarmte ihn und weinte. Was haben die mit dir gemacht, schluchzte sie. Was haben die mit dir gemacht? Und: Wir durften ja nicht zu dir, ich habe immer wieder darum gebeten, aber sie haben mich nicht gelassen.

Ich weiß, sagte er. Die Zeit war noch nicht gekommen.

Es gibt Gänsebraten und Rotkohl, sagte sie. Weil du doch die Martinsgans verpasst hast.

Die ganze Familie saß mit ihm um den langen Tisch herum, und alle bestürmten ihn mit Fragen. Wie es dazu gekommen sei, dass man ihn eingesperrt habe? Warum der Herzog so zornig geworden sei? Ob Bach ihm Widerworte gegeben habe? Wie es in der Landrichterstube aussehe? Wie groß die Zelle gewesen sei? Wie die Aufseher ihn behandelt hätten? Ob man ihn geschlagen habe? Ob er Todesfurcht gelitten? Ob er mit den anderen Gefangenen habe sprechen dürfen? Ob er habe arbeiten können? Wie es gekommen sei, dass man ihn freigelassen habe? Ob er es dem Marschall zu verdanken habe oder Fürst Leopold?

Er kam nicht so ins Erzählen und Ausschmücken, wie sie

es gern von ihm gehabt hätten. Er schämte sich. Er empfand es als Demütigung und Schande, dass man ihn ins Gefängnis geworfen hatte. Sie aber sahen in ihm einen Helden, der es gewagt hatte, dem Landesherrn Paroli zu bieten. Er sagte, ihm wäre es lieber, wenn er sich klüger verhalten hätte. Die Dinge in der richtigen Reihenfolge tun. Erst um Entlassung bitten, dann den neuen Vertrag unterschreiben.

Und wenn der Herzog die Entlassung verweigert hätte?, fragte Maria Barbara.

Dann hätten wir bleiben müssen, sagte Bach.

Das wäre für dich die Hölle, hast du gesagt. Die Landrichterstube war auch die Hölle, ich glaub's, mein Liebster, aber das ist ja nun vorbei.

Und Köthen?, fragte er zweifelnd.

Köthen wird das Glück.

ANHALT-KÖTHEN war ein heiteres kleines Fürstentum. Der Landesherr regierte über nicht mehr als zehntausend Untertanen. Ein Fünftel von ihnen lebte in dem Städtchen Köthen, in dem sich auch das Schloss befand. Sie alle blickten mit Freude auf ihren jungen, kunstsinnigen Fürsten, der von seiner Mutter Gisela Agnes davor bewahrt wurde, allzu verschwenderisch zu sein. Das geistige Klima in dem kleinen Land war offen und tolerant. Ein Vorgänger des Fürsten war Gründungsmitglied und erstes Oberhaupt der Fruchtbringenden Gesellschaft gewesen, die sich seit ziemlich genau hundert Jahren um die Pflege der deutschen Sprache kümmerte. Der Fürst war Calvinist, seine Mutter Lutheranerin, auch das begünstigte eine tolerante Haltung. Fürst Leopold war ein großer Kenner und Beförderer der Musik, er spielte Violine, Gambe und Cembalo und sang einen guten Bass.

Die Bachfamilie bezog ein großes Stadthaus in der Nähe des Schlosses und der St. Agnuskirche. Es hatte Zimmer für sie alle, eine große Küche, und außer der Komponierstube noch einen großen Raum, in dem Bach mit dem Orchester proben konnte. Während Maria Barbara zusammen mit Friedalena Margaretha und den Lehrlingen den Umzug besorgte, durfte er sich wieder an die Arbeit machen. Am zehnten Dezember, nur acht Tage nach seiner Entlassung, sollte eine Kantate zum Geburtstag des Fürsten aufgeführt werden. Fürst Leopold hatte sich das ausdrücklich gewünscht.

Bach hatte noch keinen Text dafür und konnte auf die Schnelle keinen Dichter finden, Salomon Franck stand natürlich nicht mehr zur Verfügung. So blieb ihm nichts anderes übrig, als selbst ein paar Verse zusammenzustoppeln:

Durchlauchtster Leopold,
Es singet Anhalts Welt
Von neuem mit Vergnügen
Dein Köthen sich dir stellt,
Um sich vor dir zu biegen,
Durchlauchtster Leopold!

Und so weiter. Er wusste selbst, dass die Verse lausig waren, aber er vertraute darauf, dass die Musik es schon richten würde. Und das tat sie dann auch.

KAUM HATTE ER DIE KANTATE AUFGEFÜHRT, reiste er nach Leipzig, um die neue Orgel der Paulinerkirche zu prüfen. Johann Kuhnau, der Thomaskantor, der auch in St. Pauli die Orgel spielte, hatte ihn schon vor längerer Zeit darum gebeten, und Bach hatte nicht abgesagt. Er bewunderte den Kollegen, weil er nicht nur ein geachteter Musiker, sondern auch ein Mann des Wortes war. Kuhnau hatte vor Jahren den Roman über den Musikalischen Quacksalber verfasst, den Bach damals in Arnstadt mit Maria Barbara zusammen gelesen hatte.

Er sei jetzt sechsundsechzig Jahre alt, sagte der Thomaskantor, als sie die Orgelprüfung beendet hatten und zum Abschluss einen Rehbraten verspeisten. Und er sei nicht bei bester Gesundheit. Gott allein wisse, wie lange er seinen Dienst noch werde ausüben können. – Die Stadtväter schauen sich hinter meinem Rücken schon nach einem Nachfolger um, sagte er und lachte grämlich. Das haben sie allerdings schon vor fünfzehn Jahren getan. Sie dachten, ich sterbe bald. Ich war ja damals schon krank. Die Ärzte haben mir das baldige Ende vorausgesagt. Inzwischen sind meine Ärzte tot, und ich habe überlebt. Schmeckt das Reh?

Ja, sagte Bach, ausgezeichnet.

Zu zäh, sagte Kuhnau und schüttelte den Kopf. Aber Er hat ja noch mehr Zähne im Maul. Das Kauen nicht vergessen, Bach! Man muss bei Fleisch immer aufpassen, dass man nicht zu hastig isst. Gab einen Ratsherrn hier, der ist am Hasen erstickt. Wahre Geschichte! Konnte den Hals nicht vollkriegen, der Herr Rat, war zu faul, das Fleisch gehörig kleinzuschneiden, Sauce war wohl auch nicht genug dabei, der Brocken blieb im Halse stecken, alles Würgen und alle Schläge auf den Rücken halfen nicht. Ja, so kann's gehen. Eben noch quicklebendig und im nächsten Augenblick mausetot. Was ich damit sagen will: Früher oder später werde ich auch in die Grube fahren. Da wird dann ein neuer Kantor gebraucht. – Hat Er schon einmal daran gedacht, Kantor zu werden?

Gedacht schon, sagte Bach. Aber der Weg ist mir versperrt.

Ei wie, warum?, fragte Kuhnau.

Habe keine Universität besucht, sagte Bach. Bin nicht studiert.

Hm, machte Kuhnau und dachte nach. Nun ja, sagte er schließlich, ist vielleicht auch angenehmer, in einer herausragenden Stellung an einem glänzenden Hofe zu musizieren, als sich mit irgendwelchen ungeratenen Lateinschülern herumzuärgern.

Wohl wahr, erwiderte Bach und gab einige Anekdoten aus seiner Zeit in Arnstadt zum Besten. Am Ende lachten sie beide über die Geschichte mit dem Zippelfagottisten Geyersbach und das mit knapper Not vermiedene Duell.

A̓propos Duell, sagte Kuhnau, hat Er von dem Duell gehört, das Mattheson und Händel sich in Hamburg geliefert haben?

Nein, sagte Bach, was für ein Duell?

Ei nun, sagte Kuhnau, die beiden waren damals an der Oper in Hamburg. Händel war gerade aus Halle gekommen und spielte Geige und Cembalo, Mattheson führte seine *Cleopatra* auf und sang den Antonius. Bei der Premiere überließ er Händel das Cembalo und damit auch das Amt des Dirigenten, aber eine halbe Stunde vor Schluss, nachdem Antonius sich entleibt und Mattheson seinen Part beendet hatte, begab er sich ins Orchester und wollte den Platz am Cembalo übernehmen. Händel fand es beleidigend, mitten in der Aufführung abgelöst zu werden, und weigerte sich, den Platz zu räumen. So kam es zu einem peinlichen Gerangel, bei dem Mattheson den Kürzeren zog. Händel dirigierte zu Ende, Mattheson bekam seinen Beifall als Sänger und Komponist, und alles hätte friedlich enden können, wenn nicht Mattheson, von falschen Freunden aufgestachelt, draußen auf dem Gänsemarkt eine Entschuldigung gefordert hätte. Es ergab sich ein heftiges Wortgefecht, Mattheson zog seinen Degen, Händel dito, der Kampf wogte hin und her, mal hatte der eine die Oberhand, mal der andere, schließlich überwand Mattheson Händels Deckung und traf ihn mitten auf die Brust. Bei Gott, Händel wäre auf der Stelle tot umgefallen, wenn – ja, wenn nicht eine Kleinigkeit ihn gerettet hätte, eine Kleinigkeit übrigens, die seiner großen Eitelkeit und seiner Vorliebe für teure Kleidung geschuldet war: Mattheson Klinge prallte auf einen großen, silbernen Zierknopf und zerbrach. Erst jetzt kam den Streithähnen zu Bewusstsein, welch schreckliches Unglück sich um ein Haar ereignet hätte, einer wie der andere fasste sich an die Stirn, beide ließen ihre Klingen fallen, und dann umarmten sie einander unter dem Beifall der zahlreich um sie herum gruppierten Premierengäste.

N EIN, DACHTE BACH, als ihn die Kutsche zurück nach Köthen brachte, Thomaskantor, das wäre nichts für mich. Leipzig ist mir zu laut, zu hektisch, zu marktschreierisch. Und London erst! Stell dir vor, du müsstest in London leben wie Händel, in einer Stadt mit sechshunderttausend Einwohnern! Da lobe ich mir einen kunstsinnigen Hof in einem kleinen, von Gott gesegneten Land, wo es recht ordentlich und heiter zugeht.

Der Jahreswechsel wurde im Fürstentum mit einem großen Fest begangen. Bach komponierte die Festmusik und probte bis zur letzten Sekunde mit der Hofkapelle.

So ging das Jahr des Herrn 1717 zu Ende.

Als zur Begrüßung des neuen Jahres die Böllerschüsse donnerten und mit prasselndem Geräusch künstliche Sternschnuppen vom Himmel regneten, dachte Bach für einen kurzen Augenblick an das Werk, das er sich im Gefängnis vorgenommen hatte, die Fugen und Präludien in der wohltemperierten Stimmung. Und er ahnte bereits, dass er dazu im neuen Jahr kaum Zeit finden würde.

M ARIA BARBARA WAR SEIT DEM UMZUG wie verwandelt. Sie lebte auf. Es gefiel ihr, in diesem überschaubaren Rahmen eine geachtete Person zu sein, die Umgang mit der höfischen Gesellschaft pflegen durfte und endlich nicht mehr jeden Pfennig umdrehen musste. Zur Neujahrsfeier trug sie ein neues Kleid, und Bach, der in Weimar manches Mal unter ihrer unzufriedenen und nörgeligen Art gelitten hatte, fand sich zu seiner Überraschung in den Nächten immer häufiger mit ihr vereint. Auch wenn es nie so überwältigend war wie einst mit Sophia Agneta oder so frei von Scham wie mit Angela Brinckmann, so hatte er in diesen Tagen und Wochen doch wieder seine Lust an Maria Barbara, zumal – oder weil – der Anstoß dazu erstaunlicherweise von ihr ausging. Was war los mit ihr? Wollte sie noch ein Kind? Jedenfalls dauerte es nicht lange, und sie war wieder schwanger. Schon bald bekam sie etwas Mildes und Lächelndes, etwas Anschwellendes und Aufblühendes, wie er es lange nicht mehr bei ihr gesehen hatte.

E R GENOSS SEINE STELLUNG BEI HOFE nicht nur wegen des höheren Gehalts und des gesellschaftlichen Aufstiegs, obwohl auch das nicht zu verachten war. Anders als in Weimar, wo er in Rang und Salär noch hinter dem Hofgärtner hatte zurückstehen müssen, wurde er in Köthen nicht geringer bezahlt als der zweithöchste Beamte des Fürstentums, Hofmeister von Nostiz. Vor allem aber begrüßte er es, nicht mehr jeden Sonntag für einen freudlosen Fürsten die Orgel spielen und jeden Monat eine Kantate komponieren zu müssen. Kirchenkantaten waren im calvinistischen Köthen gar nicht erwünscht.

Bach war das nur recht. Er schrieb Konzerte für das hervorragende Orchester. Fünf der sechzehn Musiker hatte Fürst Leopold vor einigen Jahren aus Berlin geholt, nachdem der neue König in Preußen, den man den Soldatenkönig nannte, das Orchester seines verschwenderischen Vorgängers kurzerhand aufgelöst hatte. Bach freute sich, wenn der junge Fürst sich mit seiner Violine zu ihnen gesellte. Kurzum, es herrschte eine schöne Harmonie zwischen ihnen, und das gehörte auch zum Glück in Köthen.

W ENN IHM DANACH WAR, und ihm war ziemlich oft danach, schwärmte der Fürst von seiner Grand Tour, der großen Bildungsreise durch die europäischen Länder, wie sie fast alle Adligen unternahmen und unternehmen mussten, um nicht hinter den anderen zurückzustehen. Er war in Amsterdam gewesen und im Haag, er war nach England hinübergesegelt bei Wind und Wetter und hatte, wovon er lachend erzählte, *vomiert* wie all seine Begleiter, er war die Themse hinaufgeschippert bis Greenwich, das er Gronwitz aussprach, und war von dort mit der Kutsche nach London gefahren, wo ihn eine schwere Krankheit ans Bett gefesselt hatte, Krankheit und scheußlicher Regen, es hatte gar nicht mehr aufhören wollen zu regnen, drei Wochen lang, ununterbrochen. Kaum war er genesen, hatte er den Tower of London besichtigt, das Schloss Windsor, die Westminster Abbey und das House of Parliament. In Oxford hatte er die Universität inspiziert und hatte im Anatomischen Theater die präparierte Leiche eines Pygmäen gesehen. Dieser Pygmäe sei Vater von drei Kindern gewesen, berichtete der Fürst, und es hätte ihn wahrlich interessiert, auch dessen Kinder zu sehen. Wie klein müssen die erst gewesen sein!

Nach gut drei Monaten Aufenthalt in England hatte der Fürst mit seinen sechs Begleitern wieder aufs Festland übergesetzt, diesmal ohne zu *vomieren*, hatte sich den Rhein hinauf begeben und war schließlich nach Italien gekommen, in das unverzichtbare Ziel jeder Grand Tour. Holland und England waren schön und gut, Italien war ein Muss. Es gab kein Land im ganzen christlichen Abendland, das so viele verschiedene Staatsformen auf kleinem Raum versammelte wie dieses; kein Land, das so sehr die Wiege der christlichen und auch schon der heidnischen Kultur genannt werden konnte; kein Land, das so sehr ein Zentrum der Künste war, vor allem der Architektur, der Malerei und der Musik. Wer nicht nach Italien gereist ist, der hat an seiner Zeit vorbei gelebt, sagte der Fürst nicht nur einmal, der Satz war Leitmotiv und ceterum censeo seiner Rede. Ja, Italien, Bach, Venedig! Florenz! Rom! In Rom war Heinichen sein Lehrer gewesen, Heinichen, Bach, Sapperlot, der versteht sein Handwerk! Kennt Er ihn? Ach ja, Er hat ihn in Dresden getroffen, nicht wahr? Ja, Dresden das ist natürlich etwas anderes als Köthen. Und London erst! Parbleu! Er kann sich gar nicht vorstellen, wie riesig diese Stadt ist! Und nicht zu vergessen: London ist die Hauptstadt der Musik, die Hauptstadt des Theaters und der Oper. Wir haben das Glück gehabt, Händels *Rinaldo* im Queens Theatre zu erleben, eine Sternstunde, Bach, einzigartig, unvergesslich! Ganz London jubelt ihm zu!

Weiß schon, sagte Bach. Es flogen Spatzen über die Bühne, und die Zauberin schwebte in einer von einem feuerspeienden Drachen gezogenen Kutsche herab.

War Er auch dort?, fragte der Fürst erstaunt.

Hab mir aus London davon berichten lassen, sagte Bach. Die Sache mit den Spatzen stand im *Spectator*.

Berichten lassen?, sagte der Fürst verständnislos. Nein, das ist nicht genug. Man muss da gewesen sein. Das ist ja gerade die Quintessenz der Grand Tour: Wir hätten niemals einen Eindruck von der Größe und Lebendigkeit dieser Stadt bekommen, wenn wir nicht selbst dorthin gereist wären! Ja, Bach, das ist die Wahrheit, man muss sich auf den Weg machen, hinaus, hinaus, man muss die Welt kennen lernen!

IM MAI, JUNI, JULI begleitete Bach den Fürsten zur Kur nach Karlsbad, das vom Kaiser gerade erst wieder als eine erfreuende Königsstadt bezeichnet worden war. Als sie im Juli nach Köthen zurückkehrten, war Maria Barbara bereits im fünften Monat schwanger. Am 15. November war es so weit: Sie brachte wieder einen Sohn zur Welt, ein zartes Kind mit einer weiß schimmernden Haut, durch die hindurch man das Geflecht der blauen Adern sah. Bach verkündete scherzhaft und nicht ohne Stolz, sein Sohn habe blaues Blut. Der Scherz lag aber auch nahe. Das Kindlein wurde auf den Namen Leopold Augustus getauft und bekam blaublütige Paten: Den

Landesfürsten Leopold höchstselbst, der mit gönnerhafter Freude dem Wunsch seines Kapellmeisters und vor allem dessen Frau gefolgt war; den Bruder des Fürsten, der nun auch nicht nachstehen wollte und den Namen Augustus beisteuerte; und sogar die Schwester Eleonore Wilhelmine, die eigens zu diesem Anlass aus Weimar angereist kam.

Bei dem kleinen Umtrunk, der auf die eigentliche Taufe folgte, behauptete der Fürst aus einer prophetischen Laune heraus, der kleine Leopold Augustus werde zweifellos ein ganz großer Musiker werden, einer wie Händel oder Heinichen. Seht doch nur die Fingerchen unseres kleinen Leopold Augustus, rief er vom Champagner beschwipst aus, so beweglich, so grazil, ich sage nur: Fugenfinger! Ja, Fugenfinger, Bach, sieht Er denn nicht, wie der Kleine schon jetzo in die Claves greifen will!

Oh ja, es war eine schöne Taufe! Maria Barbara war stolz und überglücklich, und Bach fühlte sich geehrt wie nie in seinem Leben.

I M JUNI DES DARAUF FOLGENDEN JAHRES erreichte Bach ein Brief von Georg Philipp Telemann.

Telemann berichtete von den Passionen, die gerade in Hamburg aufgeführt worden waren. Johann Mattheson hatte das Passionsgedicht *Der für die Sünde der Welt gemarterte und sterbende Jesus* des Hamburger Dichters Bertold Hinrich Brockes vertont. Auch Reinhard Keiser hatte die Passion vertont, er war sogar der erste gewesen. Von Telemann gab es ebenfalls eine Version, die schon vor zwei Jahren in Frankfurt aufgeführt worden war – und noch einer hatte eine Brockes-Passion komponiert: Georg Friedrich Händel. Alle vier Werke waren jetzt in Hamburg aufgeführt worden.

Bach erzitterte vor Empörung, als er davon las. Dass man in der Karwoche vier verschiedene Versionen derselben Passion aufführte, das bedeutete doch, dass es gar nicht mehr in erster Linie um die gläubige Vergegenwärtigung des Leidens Christi ging, sondern um einen Komponistenwettstreit! Es bedeutete, dass die Kunst sich über den Glauben erhob und ihn zum bloßen Anlass ihres eigenen Zweckes machte, ihrer Virtuosität, ihrer Wirkungsmacht.

Aber noch während er sich darüber empörte, fragte er sich, ob der geheime Grund seiner Empörung nicht ein anderer war: In Hamburg waren die Großen unter sich gewesen. Und er war nicht dabei!

Er fühlte sich an seine Kindheit erinnert, wo er sich auch oft ausgeschlossen gefühlt hatte, wenn die Älteren unter sich bleiben wollten. Aber der Vergleich stimmte nicht so ganz. Wenn es nur Mattheson, Telemann und Keiser gewesen wären, dann hätte er das denken können. Die drei waren tatsächlich älter als er. Aber in Hamburg war auch Händel dabei gewesen, und der war im selben Jahr geboren wie Bach. Händels Passion war in der Hamburger Domkirche aufgeführt worden, und eine Abschrift dieser Passion hatte Telemann jetzt mitgeschickt.

Bach las sie fiebernd, hin und her geworfen zwischen Neid, Bewunderung und Empörung, und während er sie las und dabei vor seinem inneren Ohr die Musik vernahm, eine wunderbare, anrührende, dramatische Musik, dachte er immer wieder: Ich muss ihn sehen.

Telemann hatte geschrieben, dass Händel gerade auf dem Weg nach Halle sei, um dort seine Mutter zu besuchen.

Bach setzte einen Brief auf, worin er sein Kommen ankündigte, und bat um ein Treffen. Er müsse ohnehin nach Halle, log er, und es sei doch höchste Zeit, dass sie einander kennen lernten. Wann, wenn nicht jetzt? Er werde bei Tagesanbruch in die Kutsche steigen und könne schon gegen Mittag da sein. Nicht morgen, aber übermorgen. Vielleicht sei Zeit genug für ein gemeinsames Mahl?

38. Händel

D**A WAR WIEDER DIESER SCHMERZ IM RÜCKEN**, als die Kutsche aus der Stadt herausholperte. Vielleicht war der Schmerz eine Warnung, vielleicht sollte er besser nicht fahren? Bach war versucht, die Kutsche anzuhalten und auszusteigen, dann beruhigte er sich mit dem Gedanken, dass es immer so war. Er vertrug die Kutschfahrten einfach nicht. Er hasste das Reisen. Was für kräftige und geschmeidige Rücken mussten die anderen haben, die nach Italien gereist waren bis hinunter nach Rom oder nach Frankreich, England, in die Niederlande? Er würde Händel fragen, wie er es fertig brachte, sich wieder und wieder solchen Strapazen auszusetzen.

Bach schloss die Augen. Er war nicht müde, er war es gewohnt in aller Herrgottsfrühe aufzustehen, aber er wollte nicht reden. Sein Gegenüber, ein Handlungsreisender in Modesachen, hatte ihn schon genug inkommodiert, als sie auf die Abfahrt der Kutsche warteten. Der Herr war ein Stutzer, er trug einen seidenen Rock und hatte eine Puppe von der Größe einer Geige auf dem Schoß, die nach der neuesten französischen Mode gekleidet war. Zwei weitere Puppen saßen still und brav auf dem Sitz neben ihm. Es waren Modepuppen, die dazu dienten, den Damen der Gesellschaft vorzuführen, wie sie aussehen würden, wenn sie seine teuren Stoffe kauften und sich die entsprechenden Kleider anmessen ließen. Bach war nicht unempfänglich für die Reize der Puppendamen, sie inspirierten ihn sogar zu allerlei hübschen Einfällen für eine Gigue oder ein Menuett, aber er wollte nicht mit dem Händler reden, sondern in Ruhe an die bevorstehende Begegnung mit Händel denken.

Nein, er würde es natürlich nicht tun. Er würde nicht fragen, wie es war, sich auf so weite Reisen zu begeben. Händel würde ihn nur ungläubig anstarren und denken, was ist denn das für einer? War der überhaupt schon in Italien? Vielleicht würde er ihn sogar ganz direkt fragen: Und Er? War Er auch in Rom? Oder nur in Venedig?

Weder noch, Herr Händel.

Will Er damit sagen, er war überhaupt nicht in Italien?

Mit Verlaub, antwortete er in seiner Phantasie, mit Verlaub, Herr Händel, ich wäre der Letzte, der zu leugnen wagte, dass die Italiener sich unermessliche Verdienste um unsere Kunst erworben haben. Ich schätze die Italiener weit höher als die Franzosen, weit höher auch als manchen Deutschen, ich will jetzt keine Namen nennen (ja, das ist gut, dachte er, vielleicht denkt er, ich denke an ihn, obwohl ich eben gar nicht an ihn gedacht habe), aber muss einer nach Italien reisen, um die italienischen Meister zu studieren? Ich, zum Beispiel, habe mich auf das Genaueste mit den Werken von Monteverdi, Corelli, Scarlatti und Vivaldi befasst, vor allem Vivaldi, ich habe schon in Weimar seine Konzerte für Orgel und Cembalo eingerichtet, und seit ich in Köthen zum Kapellmeister und Kammermusicus berufen wurde, komponiere ich auch selbst solche Konzerte, die aber selbstverständlich weit darüber hinausgehen. Nein, mein Herr, man muss nicht nach Italien reisen, um sich auf das Gründlichste mit der dortigen Musik vertraut zu machen.

Auf das Gründlichste, sagte Händel.

Auf das Gründlichste, bestätigte Bach.

Und wenn es eben das wäre?, fragte Händel lächelnd, und Bach bemerkte zu spät, dass der andere ihn in eine Falle gelockt hatte. Es ist alles nur in meinem Kopf, dachte er, aber das tröstete ihn nicht, im Gegenteil.

Wenn es was wäre?

Er weiß genau, was ich meine, sagte Händel. Ich rede von dem Gründlichsten, das ja wohl die Steigerung des Gründlichen ist. Er wird sicherlich nicht leugnen wollen, dass Vivaldi oder Corelli durchaus gründliche Komponisten sind, sie schlampen oder hudeln ja nicht, aber sie sind Italiener, sie haben die Leichtigkeit, das Melodiöse, das Singende, ja Trällernde, ich sage das bewundernd, nicht abwertend – und dann kommt ein Deutscher daher, der niemals italienischen Boden betreten hat, niemals die Sonne dort gesehen, den Dunst über der Lagune von Venedig, das azurne Meer, niemals den mediterranen Himmel, die Hügel der Toscana, die Zedern mit ihren Tänzerinnenarmen, die schlank aufragenden Zypressen, die Ölbäume, die duftenden Zitronen, das flirrende Licht …

Hab's begriffen, sagte Bach. Und?

… und dieser Deutsche, fuhr Händel ungerührt fort, hockt in einer engen, freudlosen Kleinstadt wie Weimar und studiert die Italiener *auf das Gründlichste.* Und was kommt dabei heraus?

Er kennt mich nicht, sagte Bach und dachte zugleich, er kennt mich doch, er kennt mich nur allzu gut.

Nein, sagte Händel, ich kenne Ihn nicht, und vielleicht hat Er ja auch die Leichtigkeit mit Löffeln gefressen, was weiß denn ich. Ich wundere mich nur, dass Er sich so getroffen fühlt.

Getroffen, ich?, fragte Bach, bemüht, seine Fassade aufrecht zu halten. Nein, ich fühle mich durchaus nicht getroffen, ich fühle mich sogar geschmeichelt! Aber bitte, reden wir doch über die Leichtigkeit der Italiener und über den Ernst der Deutschen! Es gibt Unterschiede, ja und? Ein jeder, wie er kann! Ein jeder, wozu er geboren ist! Fatal, um nicht zu sagen, dégoûtant, wird es doch erst, wenn der Deutsche sich selbst verkennt! Wenn er sich für einen Italiener hält und trällert, wo es nichts zu trällern gibt. Wenn er sich über das bitterste Leid und den blutigsten Ernst hinweg trällert, als wäre das Leid etwas Lustiges und Heiteres, das man dem Auditorium zum Vergnügen vorführt.

Ah, sagte Händel, es geht um meine Passion.

Ja, sagte Bach. Um die eine wie um die andere. Die Oper ist Seine Passion. Und Seine Passion ist eine Oper.

Oh, ein Wortspiel, sagte Händel spöttisch. Das hätte ich Ihm gar nicht zugetraut, so miserabel wie Er dichtet.

Ja, spotte Er nur, sagte Bach und ärgerte sich über den Überlegenheitsgestus des anderen; der hatte gut spotten, er war reich, berühmt und spielte auf der Bühne der ganz Großen mit, während er, Bach, da unten im Orchestergraben saß und mit den vielen anderen den Basso Continuo dazu strich. Ja, spotte Er nur! Ich habe sie gelesen, Seine Passion, ich habe sie vor meinem inneren Ohr gehört, und ich bebe noch immer vor Zorn und vor Wut! Kann man denn so mit dem Leiden unseres Herrn umgehen?

Kann man nicht?, fragte Händel zurück.

Nein, kann man nicht, darf man nicht. Es ist Frevel!

Ah, machte Händel, höre ich da den Pietisten?

Bach hatte die Augen einen winzigen Spalt geöffnet und blinzelte durch den Wimpernschleier hindurch. Und tatsächlich: Da saß Händel, wie er leibte und lebte, mit seinem wohlgenährten Gesicht, seiner seidigen Perücke, seinen gepflegten, weichlichen Fingern und dem zufriedenen Lächeln auf den Lippen. Da saß er und arrangierte die Puppen, alle hübsch angezogen nach der neuesten Mode, die Mariapuppe, die Puppe der Gläubigen Seele und die Puppe der Tochter Zion, wie sie sang *Was Bärentatzen, Löwenklauen trotz ihrer Wut sich nicht getrauen, tust du verruchte Menschenhand*. Ein Wunder nur, dass er die Jesus-Puppe nicht auf seinem Schoß hielt und sie mit gefälligem Bass die Arie *Das ist mein Leib, kommt, nehmet, esset*, singen ließ oder *Mein Vater, mein Vater! Schau, wie ich mich quäle*, wozu die Streicher ihr stechendes Staccato spielen. Bach schloss erneut die Augen.

Verstehe ich es recht, fragte Händel. Meine Arien gefallen

Ihm nicht, weil sie Ihm *zu sehr* gefallen? Das ist doch mal ein hübsches Paradox. Aber es hat ganz den Anschein, als wollte der gestrenge Herr Bach jetzt auch die italienischen Nachtigallen aus der Kirche verbannen. Hat Er die Seiten gewechselt und ist zum Superintendenten Frohne übergelaufen?

Ich darf mich nicht provozieren lassen, dachte Bach. Wenn ich sage, die Brockes-Passion ist zu opernhaft, dann heißt es sofort: Er ist Pietist. Aber gibt es nicht auch Maß und Ordnung? Gibt es zwischen Alles-ist-verboten und Alles-ist-erlaubt nicht auch noch Abstufungen und mittlere Wege?

Nein, Herr Händel, antwortete er, es geht mir nicht darum, Arien und Rezitative aus der Kirche zu verbannen. Aber dürfen wir denn aus dem Leiden unseres Herrn Jesu Christi eine opéra comédie machen?

Wir dürfen, sagte Händel. Die Kunst ist frei. Aber, wenn ich eine Frage stellen darf …

Nur zu, sagte Bach.

…, so sage Er mir doch, ob seine Empörung den Worten gilt oder der Musik? Mir scheint, Er schlägt den Komponisten und meint den Dichter.

Ja, das war eine berechtigte Frage. Bach hatte auch darüber nachgedacht, woran es lag, dass ihn Händels Passion so erregt hatte. Lag es nicht wirklich an der Dichtung? Es war schon höchst ungewöhnlich, was für ein drastisches Schauerdrama Bertold Hinrich Brockes aus dem Leiden Christi verfertigt hatte. *Die zarten Schläfen sind bis ans Gehirne durchlöchert und durchbohrt.* So klang es Bach noch immer in den Ohren. Oder: *Wie durch die Heftigkeit der Schläge der beulenvolle Scheitel kracht; wie sie sein heil'ges Hirn zerschellen, wie seine Taubenaugen schwellen …* Es war ein blutiger Schrecken, den Brockes da entfaltet hatte. Doch dann, und das war doch der eigentliche Skandal!, wurde dieser drastische, blutige Text durch Händels wunderschöne Musik genießbar gemacht! Ja, es war ein Genuss, die Arien seiner Passion zu hören, kein Ton war Bach entgangen, als er die Partitur las, er hatte gestaunt und sogar geweint über die Schönheit mancher Arien oder über die wundervolle Führung der Geigen. Aber war es denn in Ordnung, den Schrecken schön zu machen? War es erlaubt, den Schauder der Schönheit und die Schönheit des Schauders zu genießen, während man vernahm, wie unser Herr Jesus Christus die Kreuzigungsmarter erlitt? War es erlaubt, eine große Oper aus dem Leiden unsres Heilands zu machen? Jesus Christus – Opernheld?

Nein, Herr Händel, antwortete er in seiner Phantasie, ich meine beide, den Dichter und den Komponisten. Der Herr Brockes ist ein großer Dichter, zweifellos, und Sie, Herr Händel, sind ein großer Komponist, ich empöre mich ja gerade, weil Sie es sind! Säße ich hier in dieser Kutsche und führe nach Halle, um Sie zu treffen, wenn ich Sie für einen Stümper hielte? Aber bitte, gerade weil Sie es *nicht* sind, haben Sie eine Verpflichtung vor Gott und den Menschen, mit Ihrem Talent und Ihrem Können verantwortungsvoll umzugehen.

Danke für die Ermahnung, sagte Händel wie um das Thema abzuschließen.

Es gab noch eine Fülle anderer Themen, die Bach mit Händel besprechen wollte, und die er in seiner Phantasie bereits mit ihm besprach, während die Kutsche auf Halle zu holperte, mit knirschenden, eisenbeschlagenen Rädern, die mit ihrem mahlenden Geräusch zugleich Zeit und Raum vernichteten. Bach wusste gar nicht, wo er anfangen und wo er aufhören sollte. Da war zum Beispiel eine Sache, die ihn sehr berührt hatte, als er in Weißenfels davon erfuhr: Dass Händels Vater seinem Sohn verboten hatte zu musizieren, und dass der kleine Händel sich gegen das Verbot durchsetzen musste. Bach konnte sich eine solche Auflehnung gegen die Autorität des Vaters kaum vorstellen. Für ihn war das Musizieren die Erfüllung dessen, was der Vater von ihm erwartet hatte, er stand auf dessen Schultern und auf denen seiner Vorväter und führte die Tradition der Familie weiter, und seine Söhne Friedemann und Carl Philipp Emanuel würden wiederum auf seinen Schultern stehen und sein Werk weiterführen. Händel aber hatte den Weg des Vaters verlassen, war in die Welt hinausgegangen und hatte sie mit seiner Musik erobert. Wie war das damals, Herr Händel, würde er ihn gern fragen, hat Ihr Herr Vater Ihnen wirklich verboten zu musizieren, damit Sie Mediziner würden wie er?

Oder das Duell mit Mattheson. Hatte das wirklich stattgefunden oder war es nur eine erfundene Anekdote? Und auch – aber danach konnte er ihn beim besten Willen nicht fragen –, ob der Herr Händel sich wirklich nicht für das schöne Geschlecht erwärmen konnte, wie Dorothea Cathrin damals angedeutet hatte, als sie auf dem Marktplatz von Lübeck die Juweliersauslagen bestaunten?

Bach hörte den gleichmäßigen Trab von sechzehn Pferdehufen, er hörte das Lied, das der Kutscher draußen brummte, er hörte seinen eigenen Atem und meinte das Klopfen seines Herzens zu hören. Weit konnte es nicht mehr sein bis Halle. Er öffnete die Augen. Der Modehändler schien eingenickt zu sein. Er hielt eine besonders attraktive Puppe auf dem Schoß, sein Zeigefinger fuhr versonnen über ihre Hüften, seine Augen waren geschlossen. Vielleicht träumte er gerade davon, sie in voller Größe im Arm zu halten und ihr Leben eingehaucht zu haben wie Pygmalion. Das Bild beschwor eine Erinnerung in Bach herauf. Ich hätte sie fragen können, dachte er, ob sie damals in Händels *Nero* mitgesungen hat oder in *Almira*? Er würde Händel beiläufig darauf ansprechen, wenn sich die Gelegenheit dazu ergäbe. Und wenn sie dann beim Thema Oper wären, dann würde er vielleicht auch seine eigene erwähnen ...

Verstehe ich es recht, meldete Händel sich wieder zu Wort, Er hat auch eine Oper komponiert?

Eine *Circe*, ja, antwortete Bach beiläufig. Es sollte klingen wie: Na und, das kann doch jeder.

Und Seine *Circe* ist in Hamburg aufgeführt worden?

Nein, dazu ist es nicht gekommen.

Und wo ist sie jetzt, diese Oper? Hat Er sie noch? Ist sie der Rede wert?

Das waren genau die Fragen, auf die Bach gewartet hatte. Ob sie der Rede wert ist, antwortete er bescheiden, mögen andere beurteilen, aber ...

Schon vergeigt!

Wie bitte?

Er hat's vergeigt, wiederholte Händel. Wir vom Theater können uns Bescheidenheit nicht erlauben. Wie sollen wir unser Publikum ins Theater locken, wenn wir sagen, wir wüssten nicht, ob unsere Oper der Rede wert sei? Nein, Herr Bach, wir müssen laut herausposaunen: Wer unsere Oper nicht gesehen hat, der hat das Allerwichtigste verpasst!

Nun denn, sagte Bach und gab sich eine zweite Chance, meine Oper ist durchaus der Rede wert. Allein die Schlussarie macht es zur Notwendigkeit, diese Oper zu hören. *Ich will dir mein Herze schenken.* Diese Arie wird die Welt erobern! Man könnte am Orchester vielleicht noch dieses oder jenes verbessern, man könnte hier und da noch eine Fuge ...

Nein! Keine Fuge!

Wie beliebt?

Keine Fuge in der Oper. In der Ouvertüre vielleicht, aber nicht, nachdem der Vorhang aufgezogen wurde.

Auch keine Chorfuge? Der Chor der Gefährten des Odysseus, wenn sie wieder davon rudern?

Niemals! In einem Oratorium vielleicht, er bringt mich da auf eine Idee, aber in einer Oper – nein.

Bach überlegte, ob er an dieser Stelle sein Opernmanuskript hervorziehen sollte oder erst später. Er hatte es dabei. Er stellte sich vor, wie Händel einen Blick hineinwerfen würde, ein wenig befremdet, weil es so verschmutzt war, und wie er begeistert fragte, ob er es mit nach London nehmen dürfe, er müsse diese *Circe* unbedingt aufführen, mit Senesino als Odysseus. Er sei nämlich im Begriff, nach Dresden zu reisen, um Senesino nach London zu holen, koste es, was es wolle.

Brrrrr!

Die Kutsche verlangsamte ihre Fahrt. Sie waren am Stadttor von Halle angelangt und wurden aufgefordert, ihre Papiere zu zeigen. Bach konnte seine Aufregung kaum verbergen. Er war, spätestens seit Händel ihm versprochen hatte, seine Oper aufzuführen – in London! In einer Stadt mit sechshunderttausend Einwohnern! –, voller Sympathie für den anderen. Die Bewunderung, die ohnehin schon da gewesen war, schlug um in Liebe. Ja, er liebte Händel, das war die Wahrheit. Und wenn er vorgehabt hatte, sich mit ihm um die Passion zu streiten, dann war das nur eine verquere Art der Werbung gewesen. Er selbst, Bach, würde eine andere Passion schreiben, freie Dichtung ja, Arien ja, Rezitative ja, aber auch die Worte der Bibel, auch Choräle und Psalmen. Gewiss, er würde es anders machen, aber konnte man nicht gerade den lieben, der anders war, der es anders machte, der den Weg ging, den man selbst nicht gehen konnte, weil nun einmal jeder nur einen Weg gehen kann, auch wenn ihm am Anfang viele offenstanden? Musste man den anderen nicht lieben, wenn er so wunderbare Arien komponierte wie Händel? Und noch etwas Ungeheuerliches kam Bach in den Sinn, während er mit kaum zu zügelnden Schritten zu Händels Elternhaus eilte. Er hatte während der ganzen Kutschfahrt mit dem anderen geredet, sie hatten Argumente ausgetauscht und ihre Lebenswege verglichen, aber da sich das alles nur in seiner Phantasie abgespielt hatte, war dieser Händel niemand anderer als er selbst. Er war Händel, und Händel war er! Aber war es nicht auch in der Wirklichkeit so? Sie waren gleich alt, gleich begabt, gleich fleißig, gleich virtuos! Ja, sie waren unterschiedliche Wege gegangen, aber es hatte auch Überschneidungen gegeben, Orte, an denen sie beide gewesen waren, Hamburg, Lübeck, Dresden, Weißenfels; Menschen, denen sie beide begegnet waren, wenn auch zu verschiedener Zeit: Dieterich Buxtehude, Dorothea Catrin, Sophie Agneta, Adam Reincken, Johann Mattheson, Johann David Heinichen, Fürst Leopold, Herzog Christian von Sachsen-Weißenfels. Es gab so viele Ähnlichkeiten zwischen ihnen! Ja, im Grunde waren sie trotz aller Unterschiede Zwillinge wie Castor und Pollux, Jakob und Esau, Romulus und Remus. Sie waren beide Söhne der Frau Musica.

Sein Herz schlug rasend schnell, seiner Kehle entrang sich ein Jauchzer, verschämt schaute er sich um, als er den schmiedeeisernen Klopfer gegen die Tür schlug. Ein Schlangenkopf übrigens. Wieso jetzt hier ein Schlangenkopf?

Er wartete. Lauschte auf Schritte im Inneren des Hauses.

Nichts.

Er klopfte noch einmal, heftiger.

Keine Antwort.

Eine alte Frau kam auf das Haus zu. Sie ging sehr aufrecht, mit durchgedrücktem Rücken. Sie war schwarz gekleidet, ihre weißen Haare waren hinten sehr sorgfältig zu einem Dutt zusammengeknotet.

Mein Herr?, sagte sie, als sie bei ihm war.

Bach, sagte er.

Sie wünschen?

Ich bin mit Herrn Händel verabredet. Mein Besuch ist angekündigt.

Davon weiß ich nichts, sagte sie misstrauisch. Wie war Sein Name?

Bach.

Nein.

Ich muss es doch wissen, sagte er.

Nein, sagte sie, der Name ist nicht gefallen.

Gleichviel, sagte er, ich muss ihn sprechen. Bin gerade mit der Kutsche aus Köthen, habe mich angekündigt. Mein Brief muss gestern mit der Extrapost gekommen sein.

Mit der Extrapost?

Bach nickte.

Nein, sagte sie nach einigem Überlegen und schüttelte den Kopf, davon weiß ich nichts.

Nun, wie auch immer, sagte er. Wo kann ich ihn treffen? Wohnt er hier? Oder im Gasthof? In welchem?

In der Goldenen Rose, sagte sie. Dem besten Haus am Platz. Sein altes Zimmer war ihm nicht gut genug. Kennt Er meinen Sohn?

Er macht eine wunderbare Musik, sagte Bach. Man könnte sagen: begnadet.

Es freut mich, das zu hören, sagte sie, machte aber keine Anstalten, das Gespräch noch weiter fortzusetzen.

Nun, sagte Bach, dann danke ich. Wo, bitte, geht es zur Goldenen Rose? Da lang? Er zeigte in die Richtung, aus der sie gekommen war.

Ja, sagte sie. Und dann nach links, direkt hinter dem Marktplatz.

Gott befohlen, sagte er und machte sich auf den Weg.

Aber ..., rief sie hinter ihm her.

Ja? Er wendete sich noch einmal um, höflich, aber unwillig.

Sie werden ihn dort nicht antreffen, Herr Bach. Mein Sohn ist heute in aller Frühe nach Dresden abgereist.

39. Das Werk

NEIN, ER FUHR NICHT NACH DRESDEN. Er fuhr zurück nach Köthen. Er aß schweigsam zu Abend, kramte nach dem Essen ein wenig in seiner Komponierstube herum, spitzte Federn, stellte sein Tintenfass zurecht und ordnete Manuskripte. Dann legte er sich schlafen.

In der Nacht hatte er wieder einen dieser Träume. Er ging an der Hand seines Vaters durch die Gassen von Eisenach. Die Stadt war wie ausgestorben, kein Mensch war zu sehen. Vielleicht war es so früh am morgen oder so spät in der Nacht, oder alle waren zu einer Hinrichtung gelaufen, um das Schauspiel nicht zu verpassen. Gehen wir auch dahin?, fragte er. Der Vater antwortete nicht. Sie kamen aus der Stadt heraus, und Bach sah die Burg oben auf dem Berg, die Wartburg. Ihm war, als hörte er den Choral *Ein feste Burg ist unser Gott.* Gott war für ihn so etwas wie die Wartburg, und wenn sie jetzt hinaufgingen, dann gingen sie zu Gott.

Sie begannen den steilen Anstieg durch einen düsteren Wald. Bach fürchtete sich sehr, aber der Vater hielt ihn fest bei der Hand, so dass die Furcht von ihm wich. Nichts konnte ihm passieren, nichts konnte ihn schrecken, mochte der Wald auch noch so finster sein. Aber es war gar nicht mehr finster! Sie standen jetzt auf einer Lichtung, einer blumenreichen Wiese, durchzogen von einem kleinen Wasserlauf, an dessen Ufern eine Trauerweide stand. Auf der anderen Seite der Lichtung blühten Holunderbüsche, Brombeersträucher, Hagebutte. Bach wunderte sich darüber, weil sie schon einige Male zur Wartburg gewandert waren, ohne jemals über diese Lichtung zu kommen. Der Vater bückte sich, hob einen dünnen, spitz zulaufenden Zweig vom Boden auf und berührte damit die Blüte eines Löwenzahns. Eine Melodie erklang. Oder ein Motiv. Fünf Töne, mehr nicht. Der Vater ging hinüber zum Holunderbusch und berührte jetzt diesen. Wieder erklang eine kleine Melodie, eine andere diesmal, als wollte der Busch sich zu erkennen geben und sagen: Hör nur zu, dies ist mein Klang und Hall. Als der Vater die Trauerweide antippte, hörte man deutlich eine chromatisch absteigende Folge von Tönen, einen *passus duriusculus*. Die Heckenrose dagegen gab eine aufsteigende Melodie von sich, mit einem lustigen Triller am Ende.

Die Freude wich der Enttäuschung, als sie sich plötzlich wieder in dem dunklen Wald befanden und auf ein düsteres Tor zu gingen. So unheimlich und abweisend das Gebäude auch war, es war nicht die Wartburg. Es war ein niedriges Gemäuer, einstöckig, aus dunkelroten Ziegeln, quadratisch angelegt, mit einem Innenhof, einem umlaufenden von Säulen gesäumten Kreuzgang, von dem auf der inneren Seite Türen abgingen, eine Tür nach der anderen, wieviele mochten es sein? Manche waren geöffnet, manche geschlossen. Durch die geöffneten Türen sah man Gestalten in braunen Mönchskutten, eine Kerze neben sich, über Bücher oder Manuskripte gebeugt, lesend, murmelnd, schreibend, betend. Jeder hatte ein Bett in seiner Zelle, ein Bett, einen Stuhl, den Tisch, sonst nichts. Bach musste an seine Zelle auf der Landrichterstube denken, nicht an die, in der er gearbeitet hatte, sondern an die, in der er geschlafen hatte, acht Fuß lang, fünf Fuß breit. Beklemmung legte sich auf seine Brust, als sie an eine leere Zelle kamen, deren Tür offenstand. Auf dem kleinen Tisch am Ende der Zelle lagen Rabenfedern, Papier, Tinte und ein Rastral. Bach ahnte, was jetzt kommen würde. Da, sagte der Vater, da ist jetzt dein Platz. Bach ging, einen Kloß in der Kehle, ein, zwei Schritte auf den Tisch zu, drehte sich noch einmal um und wollte sich vom Vater verabschieden. Aber der Vater war nicht mehr da.

E R NAHM DIE ARBEIT an dem Werk in der wohltemperierten Stimmung wieder auf. Er hatte sie nie aufgegeben,
aber er hatte sie doch vernachlässigt, seit er aus dem Gefängnis
freigekommen und nach Köthen umgezogen war. Wie lange
war das jetzt her? Anderthalb Jahre? Er war immer fleißig
gewesen, er hatte unaufhörlich gearbeitet, er hatte Toccaten
komponiert, Fantasien, Sonaten, Suiten, Konzerte, er hatte
mit dem Orchester geprobt, mit dem Fürsten musiziert, seine
Lehrlinge unterwiesen und auch Wilhelm Friedemann unterrichtet, der jetzt bald neun wurde. Bisweilen gab es auch
andere Dinge zu besorgen wie die Reise nach Karlsbad vor
einem Jahr oder die im vergangenen März nach Berlin, wo
er ein Cembalo für den fürstlichen Hof gekauft hatte. Er
arbeitete rastlos und hatte viel Freude daran, besonders an
den Konzerten *avec plusieurs instruments*. Das waren durchaus keine leichten oder leichtgewichtigen Aufgaben gewesen,
es ging ihm um etwas, zum Beispiel darum, die Form des
Konzertes weiterzuentwickeln, Neues zu schaffen, sich selbst
und die anderen Musiker auf bisher unbefahrene Wege zu
führen. Aber das, was er auf der Landrichterstube in Weimar
begonnen und alsbald über den Aufgaben des Tages vergessen
hatte, oder nein, vergessen nicht, aber vernachlässigt, das war
doch etwas anderes. Etwas, das nichts mit Fürstenlob oder
Publikumserfolg zu tun hatte. Etwas, das nur der Wahrheit
verpflichtet war. Ein Werk.

Georg Böhm hatte ihm einst von Nicolaus Listenius erzählt,
einem Musiktheoretiker aus der Zeit des Doktor Luther. Listenius hatte drei Arten von Musik unterschieden, die Musica
theoretica, die Musica practica und die Musica poetica. In
der Musica theoretica dachte man über die Ordnung der
Musik nach, über Harmonie, Modi, Rhythmus und dergleichen. Die Musica practica war das tägliche Musizieren in den
Kirchen und an den Höfen, zur Erbauung, zur Unterhaltung

und zum Tanz. Die Musica poetica aber brachte das *opus perfectum et absolutum* hervor, das vollkommene und absolute Werk. Absolut: das hieß unabhängig von einem bestimmten Aufführungszweck, sei es nun Oper, Tanz, Ratswechsel oder Gottesdienst. Aber es hieß auch: abgelöst von der Person des Komponisten. Der Komponist stirbt – das Werk lebt weiter. Das ist das Ziel, Bach, hatte Böhm gesagt.

Soli Deo Gloria! Nur zum Ruhme Gottes wollte Bach komponieren und vielleicht noch zum Ruhme seines Vaters. Von ihm hatte er zuallererst gelernt, dass Musik die universelle Sprache war, die Sprache, die Körper, Geist und Seele des Menschen in einer schönen Harmonia zusammenklingen ließ.

Aber dazu, um eine wirklich universelle Sprache zu sein, musste die Musik den ganzen Raum ausschreiten, der ihr zu Gebote stand, den ganzen Kosmos. Sie durfte nicht Halt machen an der E-Dur-Grenze oder vor dem Fis-Dur-Tabu. Sie musste den Kreis ihrer Möglichkeiten vollenden. Das war die Aufgabe, die jetzt gestellt war.

Auch andere versuchten sich an ihr. Gerade hatte Johann Mattheson in seiner *Exemplarischen Organistenprobe* Generalbass-Übungen in allen Tonarten geschrieben. Und schon vor mehr als zehn Jahren hatte Johann Caspar Ferdinand Fischer seine *Ariadne musica* geschrieben, eine Sammlung schöner und geistvoller Musikstücke, die wie an einem Faden chromatisch aufwärts durch das Labyrinth der Tonarten wanderten – allerdings ohne Cis-Dur, Fis-Dur, es-Moll, gis-Moll und b-Moll. Immerhin, man war auf dem Weg, man hatte die Vision. Aber einer musste den ganzen Weg zu Ende gehen. Einer musste die Erde umsegeln, die weißen Flecken auf der Landkarte auskundschaften und zeigen, dass man sie besiedeln konnte. Einer musste den Quintenzirkel schließen, und zwar auf eine Weise, die so überzeugend war, dass niemand mehr an der wohltemperierten Stimmung vorbei kam.

Sie entsprach dem wahren Christentum, Werckmeister hatte es *mathematicé* und *mysticé* bewiesen, jetzt kam es darauf an, die Menschen auf diesen Weg zu führen und sie mit ihren Gedanken und Gefühlen erkennen zu lassen, dass dieser Weg der einzig richtige war.

Aber wie? Er konnte ja nicht einfach ein Stück nehmen, was immer es auch sei, es von der einen Tonart in die andere transponieren, dann in die nächste und so weiter und sagen: Seht her, es geht!

Nein, so ging es nicht. Was gezeigt werden musste, war: dass es nicht nur möglich war, in allen Tonarten zu spielen, *sondern auch notwendig*. Dass die wohltemperierte Stimmung es nicht nur erlaubte, jeden der zwölf Halbtöne zum Grundton für ein eigenes Stück zu machen, sondern dass dabei jeweils etwas Eigenes und ganz Besonderes herauskam.

Auf der Landrichterstube hatte er die Eingebung gehabt, den Kreis der Tonarten in der wohltemperierten Stimmung mit einem Reigen von Präludien und Fugen auszuloten. Zunächst hatte er gedacht, er könnte einfach alle Fugen und alle Präludien sammeln, die er je in seinem Leben komponiert hatte, da hätte er schon mal einen Grundstock für den Reigen. Aber bald war ihm klar geworden, dass er die alten Kompositionen kaum gebrauchen konnte, nicht für dieses Werk. Es sollte ja nicht nur ein Kompendium sein, nicht nur eine lose Sammlung wie etwa ein Kantatenjahrgang oder eine Anzahl von Sonaten, sondern ein Werk, das sowohl vollständig als auch vollkommen war, so stimmig zusammengefügt, dass man es ein einziges Bauwerk mit vierundzwanzig Stützpfeilern nennen konnte und nicht bloß eine Ansammlung von vierundzwanzig Hütten. Deswegen konnte er auch nicht einfach so drauflos komponieren, Tonart für Tonart, sondern brauchte einen Plan.

Es ging darum, jeden der zwölf Halbtöne zum Grundton zu machen, einmal in Dur, einmal in Moll, einmal mit einem

Präludium, einmal mit einer Fuge. Präludium und Fuge sollten zwar, anders als bei Buxtehude, nicht nahtlos ineinander übergehen, aber doch innerlich miteinander verbunden sein, paarweise aufeinander bezogen wie zwei Geschwister, zwei Liebende oder Vater und Sohn.

Und auch die Paare untereinander sollten in Beziehung gesetzt werden. Sie durften ja nicht alle gleich aussehen. Jedes Paar musste sich vom anderen unterscheiden – und stünde allein dadurch wieder in einer Spannung zu allen anderen.

Vollständigkeit und Vollkommenheit, Einheit und größtmögliche Verschiedenheit, das war das Ziel. Zweistimmige, dreistimmige, vierstimmige, ja auch fünfstimmige Fugen würde es geben, Tanzfugen, Ricercarfugen, pathetische und ungebundene Fugen. Und ebenso unterschiedlich sollten die Präludien werden. Tanzpräludium, Sinfonia, figuriertes Präludium, Aria und so fort.

Wie aber das einzelne Präludium und Fuge-Paar gestaltet würde, hing wiederum von der Reihenfolge ab, in der er die Tonarten anordnete. Die Reihenfolge stand ja nicht von Anfang an fest. Es gab zumindest zwei Möglichkeiten: Er konnte den Quintenzirkel abschreiten – von C nach G, von G nach D, von D nach A und so weiter, bis er den Gang durch die Tonarten beendet hatte und wieder bei C ankam. Er konnte aber auch chromatisch vorgehen, von C nach Cis, von Cis nach D, von D nach Dis, von Dis nach E und so weiter, Halbton für Halbton nach oben, bis er bei der Oktave angelangt war, also auch wieder bei C.

Er entschied sich für die zweite Möglichkeit, weil man auf diese Weise nicht gleich darauf gestoßen würde, dass die Quinten unrein gestimmt waren. Man brauchte zwar ein feines Gehör, um die Verstimmung zu hören, aber die Zuhörer, um die es ihm ging, hatten ein feines Gehör. So wie er selbst. Also: chromatischer Aufstieg.

Wobei es auch hier wieder nicht selbstverständlich war, dass auf C-Dur die Tonart c-Moll folgte und nicht etwa a-Moll. C-Moll gehörte, von den Vorzeichen her gesehen, eigentlich zu Es-Dur, während a-Moll die Paralleltonart zu C-Dur war. Warum also nicht C-Dur mit a-Moll zusammenpaaren? Aber gerade dieser Vorzeichenwechsel von C-Dur zu c-Moll und so weiter kam Bach sehr entgegen: Er erhöhte den Reiz des Reigens, er schuf Abwechslung, Spannung, Überraschung. Denn dass es ein riskantes Unterfangen war, ein Präludium- und-Fuge-Paar an das nächste zu reihen, bis alle vierundzwanzig Tonarten durchlaufen waren, das wusste er nur allzu gut.

Zumal sich durch die gleichschwebende Temperatur die Tonarten in ihrem Charakter einander annäherten. War Es-Dur wirklich noch die Tonart der heroischen und tragischen Empfindungen? War G-Dur immer noch die Tonart des Landlebens und der Bauernhochzeiten, C-Dur die Tonart der aufgehenden Sonne, der Klarheit und Reinheit, oder h-Moll die Tonart tiefster Trauer und Zerknirschung? Oder klangen sie jetzt, wo sie sich nur noch durch die Tonhöhe, aber nicht mehr durch die Tonabstände unterschieden, nicht alle gleich? Die Gefahr bestand jedenfalls und daher die Notwendigkeit, ihr auszuweichen.

Deswegen musste er auch die Tempi wechseln, sowohl innerhalb der Stücke als auch in ihrer Abfolge, und ebenso die Taktart, mal Dreiviertel, mal Viertel, mal Dreiachtel, mal Sechs- oder gar Neunachtel, Abwechslungsmöglichkeiten gab es ja genug. Vor allem aber musste er Dissonanzen riskieren, immer neue Harmoniefolgen, die den Laien befremdeten und den Kenner in Erstaunen versetzten. Ich zeige euch den Kosmos der Musik, das war sein Bestreben. Ich zeige euch, was alles möglich ist. Ich zeige euch das ganze System.

Nein, es ging nicht ohne Plan, deswegen waren alle früheren Versuche, in der wohltemperierten Stimmung zu spielen und zu komponieren, nur Vorstudien gewesen, das war ihm im Laufe der letzten Monate klar geworden. Nun aber, nachdem er die wichtigsten Entscheidungen getroffen hatte, begann er den chromatisch aufsteigenden Gang mit den Präludien und Fugen durch alle Tonarten, in Dur und in Moll.

40. Der Pfeil

ENDE SEPTEMBER STARB LEOPOLD AUGUSTUS, der Kleine mit den Fugenfingern. Fürst Leopolds launige Prophetie, er werde ganz sicher einer wie Händel oder Heinichen, hatte sich nicht bewahrheitet.

Bach nahm es gottergeben hin, Maria Barbara aber war untröstlich. Sie hatte ihren Spätgeborenen ganz besonders geliebt, weil er von so zarter Konstitution gewesen war. Sie war auch stolz gewesen auf die drei fürstlichen Paten und hatte damit in der Gesellschaft ein wenig renommiert. Nun aber war der Kleine tot, erstickt, mitten in der Nacht. Niemand hatte etwas gehört. Maria Barbara war voller Vorwürfe. Warum hatte Catharina Dorothea nichts bemerkt oder Friedalena Margaretha, sie hatten doch beide im selben Zimmer geschlafen? Warum hatte sie selbst den Kleinen nicht im eigenen Zimmer schlafen lassen? Nur weil er so oft geschrien hatte und Bach nicht schlafen konnte bei dem Geschrei? Warum war sie ihrer inneren Stimme nicht gefolgt, die gesagt hatte, du musst nach dem Kleinen schauen, steh auf und geh. Sie war so müde gewesen in dieser Nacht, so müde, und hatte beruhigend zu sich selbst gesagt, bleib liegen, es ist doch alles gut, und wenn du immer aufstehen und nach dem Kleinen schauen wolltest, dann kämest du überhaupt nicht mehr zum Schlafen. Sie hatte sich auf die andere Seite gedreht und war wieder eingeschlafen, und nun kam sie aus den Selbstvorwürfen nicht mehr heraus.

Bach versuchte sie zu trösten, mit ihr zu beten oder ihre Stimmung mit Musik aufzuhellen, aber vergeblich. Ihre Stirn blieb umwölkt, ihr Blick düster und verschlossen. Lass uns noch ein Kind zeugen, sagte er, Gott schenkt uns einen weiteren Sohn, einen der kräftiger ist, gesünder, vertraue mir, vertraue IHM.

Sie warf ihm Herzlosigkeit vor. Vielleicht war er herzlos. Aber war es nicht auch eine Sünde, in der Trauer um das Kind zu verharren, das Gott zu sich genommen hatte? Die anderen Kinder brauchten sie doch auch! Aber es war nun einmal so, dass sie sich selbst nicht mehr verzeihen konnte.

Zu Weihnachten riss sie sich noch einmal zusammen, um den anderen Kindern das Fest nicht zu verderben, Catharina Dorothea, Wilhelm Friedemann, Carl Philipp Emanuel und Johann Gottfried Bernhard. Sie sang die Weihnachtslieder mit und lächelte wehmütig, als Wilhelm Friedemann die Weihnachtsgeschichte vortrug und zu der Stelle kam, wo es hieß, Maria behielt alle diese Worte und bewegte sie in ihrem Herzen, aber kaum war das Fest vorbei, sank sie zurück in tiefste Melancholie. Auch der Frühling konnte sie nicht aufheitern. Das Licht der Sonne, die nun länger schien, warf nur noch größere Schatten auf ihre Seele. Die Welt begann zu blühen, Maria Barbara welkte dahin.

In manchen Augenblicken hasste Bach sie dafür, dass sie nicht auf Gott vertraute und wieder Mut fasste. Er wollte es nicht zugeben, aber es war so.

Als der Fürst im Mai erneut zur Badekur nach Karlsbad aufbrach und er ihn auch diesmal wieder begleiten durfte, war Bach froh, das freudlos gewordene Haus für eine Weile verlassen zu können.

I N KARLSBAD TRAF SICH DIE WELT. Selbst Peter der Große war zweimal hier gewesen, voll des Lobes für die Kuren, denen er sich unterzogen hatte. Das Leben in Köthen war ehrenvoll, angenehm, beschaulich, aber auch ein wenig langweilig. In Karlsbad lebte man auf. Man badete im salzigen Wasser der Heilquellen, man trank das Wasser aus silbernen Schnabelkännchen, man ließ sich von schönen Masseuren und Masseurinnen durchwalken und entspannte sich unter den Moorpackungen. Die adligen Damen und Herren aus Sachsen, Polen, Österreich oder Russland schwärmten von den wundersamen Heilwirkungen des Wassers, wenn sie am Abend zusammensaßen und Wildbret, Kapaun, Fasanen und Pasteten verschlangen und dazu Unmengen von Wein oder Champagner tranken. Zu ihrer Unterhaltung dienten Glücksspiele, Theatervorführungen und vor allem Musik, Musik, Musik. Aus allen großen Häusern hörte man die festlichen Tänze, die Menuette, die Rondi, die Sarabanden und die Polonaisen.

Bach genoss auch in diesem Jahr wieder die Gelegenheit, mit anderen Musikern zu spielen. Es war nicht immer angenehm, darauf gestoßen zu werden, dass er zwar ein Kapellmeister von hohem Rang, aber doch nur aus einem zwergenhaft kleinen Fürstentum war, mit einem Fürsten, der von den anderen als eher unbedeutend eingeschätzt wurde. Umso erfreulicher war es, dass er mit seinem Spiel für seinen Fürsten Ehre einlegen konnte, auch wenn er diesmal auf sich allein gestellt war, ohne die Musiker seiner Kapelle, die vor zwei Jahren noch mit von der Partie gewesen waren. Diesmal hatte der Fürst sie zu Hause gelassen, aus Kostengründen.

Ein besonderes Vergnügen war es, wenn die Musiker zwanglos zusammenkamen, um miteinander zu improvisieren. Es war ein fröhliches Durcheinander, das dabei herauskam, sowohl im Wettstreit miteinander als auch im harmonischen Zusammenspiel. Bach fühlte sich so manches Mal an die Tage in Hamburg erinnert, wo er unter der Leitung des Engländers im Kaffeehaus musiziert hatte. *What a wonderful jam!*

Mitte Juni offenbarte Hofmeister von Nostitz Bach hinter vorgehaltener Hand, dass sie die Rückreise nach Köthen früher antreten müssten als geplant. Die Preise in Karlsbad hätten seit der letzten Reise erheblich angezogen, die Teuerung sei beträchtlich, die Schatulle des Fürsten so gut wie leer. Als Bach ein enttäuschtes Gesicht machte, fügte er tröstend hinzu, sie würden wahrscheinlich nicht auf dem schnellsten Wege zurückkreisen, sondern noch das eine oder andere Mal Station machen.

EINE DER STATIONEN, die letzte, war Sachsen-Weißenfels. Bach kannte den Hof aus Weimarer Zeiten, er hatte dort die Jagdkantate aufgeführt und freute sich darauf, dem kunstliebenden Herzog wiederzubegegnen.

Herzog Christian gab am Tag ihrer Ankunft eine musikalische Soirée, und natürlich wurden sie dazu eingeladen. Als Bach an der Seite seines Fürsten die breite Treppe zum Festsaal hochstieg, hatte die Musik schon begonnen. Sie waren kaum auf halber Höhe angelangt, da öffnete sich oben die hohe Flügeltür, weil irgendjemand hineinging oder herauskam, und durch die geöffnete Tür hörte man eine Sopranstimme, die gerade mit einer Arie begann.

Bachs Hand tastete nach dem marmornen Geländer, die andere griff nach seinem Herzen, er blieb stehen, schloss die Augen. Seine Beine drohten zu versagen.

Es war nicht möglich. Es konnte nicht sein. Der Teufel spielte ein grausames Spiel mit ihm. Er foppte sein Gehör, ausgerechnet sein Gehör, das doch zu dem Kostbarsten und Unbestechlichsten gehörte, das er sein eigen nannte. Er hatte sich schon manches Mal ver*sehen*, aber ver*hört* hatte er sich noch nie.

Und doch: Was er vernahm, was aus dem Saal heraus an sein Ohr drang, das war *seine* Stimme, die Stimme seiner Sängerin, die Stimme der Eurydike, der Circe. Er wusste, dass es ein Irrtum war, ein Traum, ein Wahn. Er wünschte sich, aus dem Traum zu erwachen, und wünschte sich zugleich, die Stimme ewig zu hören, für immer und immer. Er öffnete die Augen und richtete sie nach oben, auf die Saaltür, die sich nun wieder schloss, so dass die Stimme gedämpft wurde und beinahe verstummte, er blickte hinauf zur Decke über der Tür – und da sah er ihn: den kleinen, nackten, goldlockigen, geflügelten Kerl, der harmlos lächelnd Pfeil und Bogen in den dicklichen Kinderhänden hielt.

Ist ihm nicht gut?

Doch, doch.

Halte Er sich nur gut fest und falle Er mir nicht die Treppe hinunter.

Geht schon. Es ist nur ...

Gewiss, die Luft ist stickig. Das Wetter macht zu schaffen. Bin herrgottsfroh, wenn wir zurück nach Köthen kommen. Vielleicht sollten wir morgen gleich wieder abreisen, was meint Er?

Nein, nein, stammelte Bach und riss sich zusammen. Nicht morgen, morgen noch nicht. Es geht schon wieder. – Geht schon, wiederholte er und stieg mit weichen Knien die Treppe höher hinauf.

Als sie den Saal betraten, erklang erneut die kurze Einleitung der Flöten und gleich darauf der liebliche Sopran: *Schafe können sicher weiden, wo ein guter Hirte wacht.*

Er hörte die Musik, seine Musik, es war die Arie der Pales aus der Jagdkantate, und als er die Sängerin sah, war ihm, als würde er erneut vom Pfeil getroffen.

Nein, es war nicht Sophie Agneta Petersen, die da sang, auch wenn die Stimme zum Verwechseln ähnlich klang. Sie war auch nicht blond, sondern dunkelhaarig, hatte nicht graublaue, sondern braune Augen und ihr schmales, feines Gesicht wurde umrahmt von natürlichen Locken, die ihr in voller Pracht hinab auf die Schultern fielen.

Niemals zuvor hat jemand die Arie meiner Pales so zauberhaft gesungen, sagte Bach, als er ihr in der Pause vorgestellt wurde.

Ihrer Pales?, fragte sie stirnrunzelnd.

Ich habe sie komponiert.

Sie sind *der* Bach?

Einer von vielen, sagte er bescheiden.

Der Bach, dessen Jagdkantate hier aufgeführt wurde?

Bach machte eine kleine Verbeugung.

Meine Lehrerin hat mir davon erzählt, Pauline Kellner. Sie hat damals die Pales gesungen.

Ja, sagte er, ich erinnere mich. Sie wollte, dass ich eine Oper für sie komponiere.

Und? Haben Sie es getan?

Nein.

Vielleicht komponieren Sie ja für mich eine Oper, sagte sie scherzhaft.

Es ist nicht mein Metier, sagte er, aber für Sie würde ich es tun.

Für Sie würde ich alles tun.

Sie errötete ein wenig, verhielt sich aber nicht anders, als hätte er ihr ein ganz normales Kompliment gemacht. Wie lange er hier in Weißenfels bleibe, fragte sie.

Das hänge von seinem Fürsten ab, antwortete er. Aber morgen werde er auf alle Fälle noch da sein. Ob er sie wiedersehen dürfe?

S IE WOHNTE BEI IHREN ELTERN, und er besuchte sie dort am nächsten Morgen. Ihr Vater war Hoftrompeter von Weißenfels, ihr Bruder Johann Caspar Hoftrompeter von Zerbst, ihr Schwager Georg Christian Hoftrompeter in Gera – es war eine Familie von Trompetern. Sie selbst war ausgebildete Sängerin, und ihr Traum war es, an einem großen Opernhaus zu singen, in Hamburg oder in Dresden. Bach musizierte ein wenig mit ihr und mit ihrem Vater, war aber nicht recht bei der Sache. Er hatte den Wunsch, mit ihr allein zu sein, er wusste nur nicht, wie er es anstellen sollte. Nach dem Mittagessen, zu dem man ihn freundlicherweise eingeladen hatte, verabschiedete er sich schweren Herzens und machte sich auf den Weg zurück zum Schloss. Kaum aber hatte er das Haus verlassen, rief eine Stimme seinen Namen. Er drehte sich um und sah zu seiner großen Freude, wie Jungfer Anna Magdalena auf ihn zu kam.

Ich begleite Sie ein wenig, sagte sie. Sie gehen doch zurück zum Schloss?

Sie gingen den gewundenen Pfad zu dem auf einem Felsen gelegenen Schloss Neu-Augustusberg hoch, und als sie oben waren und sich erstaunt umblickten, weil sie gar nicht mitbekommen hatten, wie die Zeit vergangen war, schlug Bach vor, sie nun seinerseits nach Hause zu begleiten, was sie dankend annahm. Als sie aber unten, nicht weit von ihrem Haus entfernt waren (auch jetzt war nur ein kurzer Augenblick vergangen, nicht länger als ein Kuckucksruf), kehrten sie erneut um und wanderten noch einmal zum Schloss hinauf, immer in ein Gespräch vertieft, das nicht enden wollte, nicht enden durfte, weil sie einander so viel zu sagen hatten, so unendlich viel. Vor allem Bach hatte viel zu sagen, er war normalerweise kein Mann von vielen Worten, aber wenn Anna Magdalena ihm eine Frage stellte, nach seiner Kindheit in Eisenach, nach seinem Bruder in Ohrdruf, nach seiner Wanderung nach Lüneburg, nach seinem Besuch in Hamburg und der Oper am Gänsemarkt, nach Arnstadt, Lübeck, Mühlhausen oder Weimar, dann sprudelte es nur so aus ihm heraus, so kannte er sich gar nicht. Ins Stocken geriet er nur, als sie nach seiner Familie fragte, nach seinen Kindern und nach seiner Frau. Er war normalerweise stolz auf seine Familie, sowohl auf die, aus der er stammte, als auch auf die, die er gegründet hatte, aber in diesem Augenblick sprach er nicht gern über die Welt, in die er morgen oder übermorgen wieder zurückkehren würde. Was halten Sie davon, Jungfer Anna, fragte er am nächsten Tag, als sie noch einmal miteinander spazieren gingen, diesmal am Ufer der Saale, auf der die Enten und Schwäne sich träge treiben ließen – es war einer dieser Sommertage, an denen einem alles unwirklich vorkam –, was halten Sie davon, nach Köthen zu kommen, als Kammermusikantin an unseren Hof?

Es gibt eine Vakanz?

Im Augenblick noch nicht, sagte er. Aber ich könnte dafür sorgen.

Aber ja, sagte sie begeistert, das wäre ... Sie brach den Satz ab, blieb stehen, schaute auf das im Sonnenlicht glitzernde Wasser und sagte dann entschieden: Nein. Das ist keine gute Idee.

Warum nicht?, fragte er bestürzt.

Kann's nicht sagen, sagte sie. Aber es wäre nicht gut. Es wäre ganz und gar nicht gut.

E R HÄTTE SICH AM LIEBSTEN seinem Fürsten anvertraut, als sie wieder in der Kutsche saßen und die Rückreise nach Köthen antraten. Er wusste kaum, wie er den Schmerz in seiner Brust beherrschen sollte, die Aufregung, die Verwirrung, die Wünsche, Phantasien und Wahnbilder. Er hatte der Jungfer seine Liebe gestanden, und sie hatte ihn ausgelacht. Oder nein, gelacht hatte sie nicht, aber gelächelt. Sie hatte ihn ausgelächelt, falls es so etwas gab, sie hatte gesagt, er sei wohl recht ungestüm, aber er solle sich nicht in etwas verrennen, das keine Aussicht auf Erfüllung habe. Er sei ein verheirateter Mann in guter Position, er habe vier Kinder und eine treusorgende Frau, da laufe man nicht einfach mit einer fremden Jungfer davon.

Sie sei keine fremde Jungfer, sagte er, sie sei ihm vertraut vorgekommen vom ersten Augenblick an, schon als er durch die große Flügeltür hindurch ihre Stimme gehört habe. Er habe sich sofort in ihre Stimme verliebt, und da die Stimme der Ausdruck der Seele sei, in ihre Seele. Sie sei, Gott möge ihm verzeihen, seine große Liebe und sein ganzes Leben, er würde alles für sie aufgeben und neu beginnen, er würde sogar mit ihr nach Italien reisen, wenn sie es wünschte, nach Rom oder nach Venedig – und sie hatte ihn nun wirklich ausgelacht und gesagt, er solle nicht so ein verworrenes Zeug daher reden, sie wolle gar nicht nach Italien, und er doch schon ganz und gar nicht, er möge lieber das Werk vollenden, von dem er mit so viel Begeisterung gesprochen habe, dieses Werk, über das er schon so lange nachgedacht habe und das zu schaffen er immer nicht die Zeit fände, weil ihn die täglichen Auftragsarbeiten davon ablenkten, die Kompositionen für das Orchester, die Reisen mit dem Fürsten, die Sorge für die Familie, die Orgelproben oder die Wünsche irgendwelcher hochgestellter Persönlichkeiten, wie etwa des Herzogs von Brandenburg, das seien sicherlich Aufgaben und Arbeiten, die von höchster Wichtigkeit wären, aber sein eigentliches Ziel sei doch, so habe sie es verstanden, das wohltemperierte Klavier, oder nicht?

Das wohltemperierte Klavier?, fragte er verwundert.

So heißt es doch. Oder habe ich etwas falsch verstanden?

Nein, nein, sagte er, ganz im Gegenteil! Nur das Wort ist neu. Ich hatte von Präludien und Fugen in der wohltemperierten Stimmung gesprochen, aber Sie haben jetzt den Titel für das Werk gefunden. Das Wohltemperierte Klavier, das ist es! Wieso bin ich nicht selbst darauf gekommen? Aber jetzt bin ich es ja, durch Sie, Jungfer Anna, jetzt habe ich den Titel für das Werk gefunden! Da sehen Sie, wie es mit uns steht. Wir gehören zusammen, Sie und ich. Wir sind für einander bestimmt!

Er glaubte fest daran, und auch sie hatte Tränen in den Augen gehabt, als sie sich verabschiedeten, und doch saß er jetzt hier in der Kutsche seinem Fürsten gegenüber, spürte das Holpern der Räder in seinem Rücken und bemerkte, wie sich alle Fasern seines Leibes, seiner Seele dagegen sträubten, zurück nach Köthen zu fahren, zurück in die Enge des Daseins mit der mutlos gewordenen Maria Barbara.

Er atmete tief durch, seufzte, schloss die Augen. Wenn sie nicht da wäre, dachte er, dachte es in ihm. Ich weiß, dass Jungfer Anna Magdalena mir folgen würde, ich weiß es bestimmt. Sie hat mich ausgelächelt, weil ich so schwärmerisch verliebt bin, aber sie hat mich dabei angesehen, als wünschte sie, ich wäre noch frei. Es ist doch erstaunlich, wie vernünftig eine Neunzehnjährige sein kann und wie unvernünftig ein verheirateter Mann von fünfunddreißig Jahren! Ist das nicht eine verkehrte Welt? Ich bin derjenige mit den verbotenen Wünschen, den sündhaften Träumen, denn sündhaft ist es ja wohl, was ich mir wünsche. Aber ich weiß mir nicht anders zu helfen, weil die Sehnsucht in meiner Brust so brennt. Es ist mir tatsächlich so, als hätte Amor seinen Pfeil abgeschossenen mit seinen weichen, fleischigen Kinderhänden. Aber will ich es denn anders? Lass sehen: Wenn mir jemand einen Trank anböte, einen Becher aus dem Fluss Lethe, der bewirkte, dass ich die Jungfer vergäße, würde ich daraus trinken? Nein, ich würde es nicht tun. Ich weiß, ich bin krank, aber ich will nicht gesunden. Ich leide unter dem Schmerz, aber ich will nicht auf ihn verzichten. Ich weiß, es ist ein Traum, aber ich will nicht erwachen. Was mache ich bloß, wenn ich zurückkomme? Was mache ich bloß?

Was ist mit Ihm?, fragte der Fürst. Er seufzt immerzu. Ist es der Rücken? Hat Er wieder Schmerzen?

Um der Wahrheit die Ehre zu geben, sagte Bach, es ist die Sehnsucht.

So, dachte er, jetzt habe ich mich verraten. Ich wollte es um jeden Preis vermeiden, aber ich konnte nicht mehr anders.

Ja, ja, die Sehnsucht!, sagte der Fürst und lachte gutmütig. Dann beugte er sich vor, gab Bach einen Klaps aufs Knie und sagte: Da hilft nur eines: Geduld. Nur ein paar Stunden noch, und Er ist wieder in Köthen bei seiner Eheliebsten.

41. Warum hast du mich verlassen?

E S WAR WILHELM FRIEDEMANN, der ihm die Tür öffnete. Er sah bleich aus, verstört, das Hemd hing ihm halb aus der Hose, die Haare standen wirr vom Kopf ab, die Augen waren rot umrändert.

Was ist los?, fragte Bach. Was ist passiert?

Mutter, stammelte Friedemann. Sie ist – da oben ....

Bach stürmte die steile Treppe hinauf, sah Friedalena Margaretha, die ihn mit einer Handbewegung zur Ruhe aufforderte, sah Philipp Emanuel mit dem kleinen Gottfried an der Hand und hörte wie Friedalena Margaretha ihm zuflüsterte: Sie hat auf dich gewartet, Schwager.

Er schob die nur einen Spalt weit geöffnete Tür auf und sah Maria Barbara im Bett liegen, das Gesicht bleich und spitz, der Mund leicht geöffnet, die Augen geschlossen, die Wangen eingefallen, Schweißperlen auf der Stirn.

Catharina Dorothea stand leise auf und machte den Stuhl frei, der neben dem Bett stand. Sie schläft, flüsterte sie.

Bach setzte sich und nahm Maria Barbaras Hand.

Ach, machte sie und öffnete die Augen, was ihr unendliche Mühe zu bereiten schien.

Ich bin ja da, flüsterte er, ich bin ja da. Du sollst leben, Maria, du darfst nicht sterben, du sollst leben, meine Geliebte.

Als er sich die Worte *meine Geliebte* sagen hörte, durchzuckte es ihn, als hätte ihn eine Natter gebissen.

Ach, sagte Maria Barbara noch einmal, ihre Stimme war grabestief, warum hast du mich verlassen?

Aber, wollte er sagen, ich bin doch bei dir, ich bin doch da, sieh nur, jetzt wird alles gut.

Er öffnete den Mund und holte Atem für die Worte, aber als es soweit war, brachte er sie nicht über die Lippen. *Ich bin ja bei dir, ich bin doch da.* Ja, er war da, aber sein Herz war bei der anderen. Vor ein paar Stunden noch hatte er gewünscht, er wäre frei. Und jetzt?

Mit einem Male riss Maria Barbara die Augen auf und kam – woher nahm sie die Kraft? – mit dem Oberkörper auf ihn zu, ihr Mund geöffnet, als wollte sie ihn küssen oder verfluchen. Sie blieb eine Ewigkeit in dieser Stellung, halb aufgerichtet, mit einem verstörten Ausdruck im Gesicht, dann fiel sie ermattet zurück auf das Kissen, ihr Auge brach, sie tat einen letzten tiefen Atemzug und verröchelte.

Bach stand auf, ging zum Fenster und öffnete es, um ihre Seele frei davonschweben zu lassen.

D IE BEERDIGUNG FAND AM 7. JULI STATT. Die Trauerfeier war mehr als würdig. Bach verpflichtete nicht nur die halbe Schule, wie es normal und angemessen gewesen wäre, sondern die ganze Schule, was natürlich teurer war, alle sollten die Lieder und Choräle zu Maria Barbaras Ehre und Angedenken singen, alle ohne Ausnahme, auch wenn es das Doppelte kostete.

Es half nur nicht. Er hörte nicht auf, sich Vorwürfe zu machen. Er konnte nicht vergessen, dass er sie fort gewünscht hatte, als er mit dem Fürsten in der Kutsche saß und die Entfernung von Weißenfels größer und die Nähe zu Köthen immer beklemmender geworden war. Er fragte sich, wie zuverlässig das Gedächtnis war, und ob das, woran er sich jetzt wie an einen Wunsch erinnerte, nicht nur die nachträgliche Auslegung einer unbestimmten Empfindung sei. Aber die Wahrheit war: Er *hatte* sich gewünscht, er wäre frei. Er hatte es sich gewünscht, und nun war es eingetreten. Gott hatte ihn beim Wort genommen. Es war, als wollte Gott ihm sagen: Siehst du, so ist es jetzt. Das hast du gewollt. Nun sieh zu, wie du damit fertig wirst.

Ihm gingen ihre letzten Worte nicht mehr aus dem Kopf, dieses *Bach, warum hast du mich verlassen?* Hatte sie das wirklich gesagt? Oder hatte er sich verhört? Vielleicht hatte sie gesagt: Bach, warum muss ich dich verlassen? Oder: Ach, warum muss ich euch verlassen? Oder sie hatte gar nichts gesagt, nur Ach oder Bach. Manchmal konnte er nicht unterscheiden zwischen dem, was da draußen zu hören war, und dem, was nur in seinem Kopf erklang. War denn das, was er vernahm, wenn er mit Feder und Tinte Noten aufs Papier kritzelte, wirklich? Er hörte es, aber er war der Einzige, der es hörte, niemand sonst, und säßen auch hundert andere mit ihm im selben Raum. Wie also war es mit Maria Barbaras letzten Worten? Hatten Friedalena und die Kinder sie auch gehört? Er dachte daran, sie zu fragen, aber er tat es nicht, aus Angst vor der Wahrheit.

42. Das Lob des Meisters

TRAUER UND SCHULD drückten ihn nieder im Juli, im August, im September. Erst die Einladung nach Hamburg ließ ihn wieder hoffen. Vielleicht musste er Köthen verlassen, vielleicht war das die Rettung?

Die Einladung kam von Erdmann Neumeister, dem Hauptpastor der Jacobikirche. Bach hatte in Weimar einige Kantaten mit Texten von ihm komponiert, war ihm aber nie persönlich begegnet.

Der Organist von St. Jacobi sei im September gestorben, schrieb Neumeister, und nun suche man einen würdigen Nachfolger. Acht Bewerber gebe es insgesamt, aber er werde alles in seiner Macht Stehende tun, damit Bach den Posten bekomme. Er möge nur Mitte November anreisen und eine Kantate mitbringen, um sie in St. Jacobi aufzuführen. Seine weithin berühmte Meisterschaft im Orgelspiel stelle er wohl besser an der großen Orgel der Katharinenkirche unter Beweis, an der noch immer der große Adam Reincken tätig sei. Und *entre nous:* Joachim Gerstenbüttel, der Johanneumskantor und Director musices aller fünf Hauptkirchen in Hamburg, sei auch schon 73 Jahre alt und nicht mehr bei bester Gesundheit ...

DIE JACOBIKIRCHE war bis auf den letzten Platz gefüllt. Bach hatte die Kantate *Ich hatte viel Bekümmernis* mitgebracht, Erdmann Neumeister hatte die Sänger und die Instrumentalisten besorgt, und Bach war sehr zufrieden mit ihnen. Die Sinfonia am Anfang eroberte auf Anhieb die Gemüter, so anrührend spielte der Oboist seinen Part, mit herzzerreißender Klage, begleitet von den Streichern und dem tief traurig und gemessen voranschreitenden Basso Continuo, den Bach am Orgelpositiv spielte. Die Arie *Seufzer, Tränen, Kummer, Not* wurde von einer Frau gesungen – in der Kirche von einer Frau! –, und ihr Jammer wurde durch die sie begleitende Oboe so verstärkt, dass nicht Wenigen die Tränen in die Augen traten. Ja, die Musik hatte eine gewaltige Macht über die Affekte! Auch die Seele im Duett mit Jesus wurde von der Sopranistin gesungen und nicht, wie noch in Weimar, von einem Knabensopran.

Als Bach die Worte der armen Seele jetzt wieder hörte, war ihm, als hätte er niemals zuvor ganz ermessen, was es bedeutete, wenn die Seele an Jesus gerichtet sang:

Diese Seele, die soll sterben und nicht leben,
und in ihrer Unglückshöhle ganz verderben
Ich muss stets in Kummer schweben
Nein, ach nein, du hassest mich ...

Nein, ach nein, du hassest mich – wie tief musste sich einer in seiner Unglückshöhle selber hassen, wie abgrundtief verzweifelt musste er sein, um unserem Herrn Jesus zu unterstellen, dass er ihn hasse? Jetzt, seit dem Tod von Maria Barbara, konnte Bach diese unheilbare Selbstverabscheuung verstehen.

Jesus aber antwortet: Ja, ach ja, ich liebe dich.

Vielleicht galt das ja auch für ihn, Bach?

A M TAG NACH DER AUFFÜHRUNG wanderte er allein durch die Straßen, wie damals, als er siebzehn war. Er kam an der Oper am Gänsemarkt vorbei, an der Alster, am Rathaus, an der Börse, er ging mit fröstelnd hochgezogenen Schultern zur Katharinenkirche, sah und roch das Zippelhaus und blieb vor dem Haus Bei den Mühren stehen, in dem er Sophie Agneta kennen gelernt hatte. Er dachte daran, wie sie für ihn gesungen hatte, und während er an sie dachte, kam ihm gleich wieder Anna Magdalena in den Sinn. Genau wie damals war es auch diesmal nicht einfach nur ein heiteres Glück.

Warum, oh Herr, machst Du alles so schwer?

Einige Tage später gab er das Orgelkonzert in der Katharinenkirche. Nachdem er sich mit einem Präludium warmgespielt hatte, begann er eine anderthalbstündige Improvisation über den Choral *An Wasserflüssen Babylon*. Hommage an Adam Reincken, Erinnerung an sein Vorspiel vor fast zwanzig Jahren, Seelentrost für ihn selbst. Ja, das war das große Geschenk, das Gott ihm mitgegeben hatte. Solange er spielte oder komponierte, war er in einer anderen Welt und wie erlöst. Erst wenn er aus jener Welt zurückkehrte, meldete sich auch der Schmerz zurück.

Adam Reincken, fast achtzig Jahre alt, beglückwünschte ihn nach dem Konzert und sagte für alle vernehmbar: Ich dachte, diese Kunst wäre gestorben, ich sehe aber, dass sie in Ihnen noch lebt. Bach sah an der Reaktion der Umstehenden, vor allem der jüngeren, dass sich das Lob in ihren Ohren beinahe in sein Gegenteil verkehrte: Bewundernswert, wie sich in Ihnen die Kunst des Bogenschießens bewahrt hat. Es gibt zwar inzwischen Pulver und Blei, aber ...

Es war nun einmal so: Die Zeit der Polyphonie ging zu Ende. Das Miteinander verschiedener Stimmen, die alle gleichwertig waren, galt dem Geschmack der Gegenwart nicht viel. Die Zukunft gehörte der galanten Musik oder dem, was man in alten Zeiten *secunda practica* genannt hatte, Melodie mit Begleitung. Aber er würde sich nicht davon beirren lassen. Er wollte beides, das Alte und das Neue, das Herkömmliche und das Zukünftige. Er wollte das Angestammte bewahren, ohne sein Herz und seine Ohren gegenüber dem Neuen zu verschließen.

Ich sehe aber, dass sie in Ihnen noch lebt – mochten die Jüngeren darüber denken, wie sie wollten, Bach spürte eine innige Freude und eine tiefe Genugtuung über das Lob des alten Meisters.

AM TAG VOR SEINER ABREISE war er mit Erdmann Neumeister allein zusammen. Neumeister war ein aufrechter Mann, gläubig, humorvoll und von tiefem Ernst. Unter seiner gepuderten Perücke sah man eine hohe Stirn, gütige Augen, eine spitze Nase und einen schmalen, aber nicht strengen Mund. Bach wohnte während seines Aufenthaltes bei ihm, und jetzt, an diesem letzten Abend, hatten sie das erste Mal länger Zeit, miteinander zu reden.

Während sie darauf warteten, dass das Essen aufgetragen wurde, zeigte Neumeister Bach ein Buch, das er kürzlich erworben hatte, mit kostbaren farbigen Drucken darin. Es war ein Buch mit Abbildungen von Kirchenfenstern, und besonders beeindruckt und berührt war Bach von den Bildern, die die Geschichte vom Antichrist wiedergaben, wie sie auf einem der großen Fenster in der Marienkirche zu Frankfurt an der Oder gestaltet war.

Der Antichrist, das sah man auf diesen Drucken deutlicher als jede mündliche Erzählung es hätte darstellen können, war nicht der Herrscher der Finsternis oder das grausige Tier aus der Tiefe, kein auf den ersten Blick abschreckendes Ungeheuer, sondern ein wohlgestalteter Mann in frommer Tracht – der Doppelgänger Christi! Und er glich Jesus Christus nicht nur in seinem Aussehen, er ahmte auch seine Taten nach! Die Glasmalereien in der Marienkirche und ebenso die Bildtafeln in dem Buch zeigten zum Beispiel Geburt und Beschneidung des Antichrist, der in diesem Stadium noch ein kleines Kind war, unschuldig, wie es schien. Es trug sogar, damit die Täuschung fast vollkommen war, einen Heiligenschein, der allerdings ganz oben von dem Buchstaben T durchbrochen war.

Eine andere der dargestellten Szenen erinnerte an den zwölfjährigen Jesus im Tempel: Umringt von einer Menschenmenge gibt sich der Antichrist als Messias aus und verführt die Menge durch die Kraft seiner Rede. Auf wieder einer anderen Bildtafel hielt er das Kreuz verkehrt herum und verhöhnte und verleugnete damit die Erlösungstat Christi. Und gleich darauf bekehrte, nein, verführte er die Fürsten der Welt und malte ihnen zum Zeichen ihrer Gefolgschaft das teuflische T auf die Stirn.

Auch die göttlichen Wunder ahmte der Antichrist nach. Er konnte in die Zukunft sehen, Tote wieder zum Leben erwecken, oder er ließ in Anlehnung an das Pfingstwunder Feuer vom Himmel regnen. Aber natürlich verführte er die Menschen auch mit prall gefüllten Geldbeuteln. Diejenigen aber, die all diesen Verführungskünsten durch Gold, Beredsamkeit oder Zauberei widerstanden, wurden kopfunter aufgehängt, auf dem Scheiterhaufen verbrannt, enthauptet oder mit Keulen erschlagen. Auf diese Weise erlangte der Antichrist schließlich die Herrschaft über die Welt.

Nach dem Essen kam Neumeister noch einmal auf Bachs Kantate zu sprechen, lobte die Musik und sagte, auch andere, mit denen er gesprochen habe, seien sehr davon beeindruckt gewesen, lobte auch die Texte der Kantate und hob besonders den Dialog – oder das Duett – von Jesus und der armen Seele hervor. Bach hatte durchaus nicht daran gedacht, den Pastor mit seinen Seelenqualen zu behelligen oder ihm gar eine Beichte abzulegen, aber jetzt konnte er nicht mehr anders. Bin selbst die arme Seele, platzte es aus ihm heraus. Und dann lief ihm der Mund über, und er erzählte dem Hauptpastor die ganze Geschichte. Von der Fahrt nach Karlsbad mit dem Fürsten. Von der Rückfahrt mit der Zwischenstation in Weißenfels. Von dem *coup de foudre*, der ihn getroffen hatte, als er die Stimme von Anna Magdalena hörte. Von den Tagen, die er mit ihr zusammen war, nicht ehebrecherisch im engeren

Sinne, das nicht, aber in seinen Phantasien und Wünschen eben doch. Und von der Rückfahrt in der Kutsche mit dem Fürsten und dem geheimen Wunsch, frei zu sein. Von seiner Ankunft in Köthen und Maria Barbaras Tod.

So hat Gott Ihm also Seinen Wunsch erfüllt, sagte Neumeister nachdenklich.

Ich hätte mich niemals verlieben dürfen, sagte Bach verzweifelt.

Es war zur Unzeit, sagte Neumeister, soviel ist sicher. Drei Tage zu früh. Oder, wenn wir das Trauerjahr hinzu rechnen, drei Tage und ein Jahr. Aber deswegen ist Er doch nicht schuld am Tode seiner Eheliebsten.

Kann nicht anders, sagte Bach und griff sich mit beiden Händen an die Schläfen, fühle mich schuldig.

Liegt nicht auch Hochmut darin?, fragte Neumeister und neigte den Kopf zur Seite. Manchmal fühlen wir uns schuldig, weil wir es nicht ertragen können, machtlos zu sein. Wir wollen Herr sein über unser Schicksal, wir wollen die Fäden in der Hand behalten. Aber wenn jemand die Fäden in der Hand hält, dann ist es Gott.

Oder der Teufel, sagte Bach.

Oder der Teufel, nickte Neumeister. Vielleicht sprechen wir ein Gebet?

43. Das Wohltemperirte Clavier

S CHON AUF DER RÜCKFAHRT war ihm nicht mehr ganz so schwer ums Herz. Die Selbstvorwürfe nahmen ab. Die Trauer um Maria Barbara blieb. Aber es war ihm jetzt wieder möglich, an Anna Magdalena zu denken, ohne sich dafür zu hassen.

Als aus Hamburg die Nachricht kam, ein Konkurrent sei bereit, viertausend Mark in Gold zu bezahlen, um den Posten an der Jacobikirche zu bekommen, war Bach eher erleichtert als empört. Kurz vor Weihnachten sagte er endgültig ab. Zu Neujahr schrieb er Anna Magdalena einen Brief, in dem er sie bat, als Kammermusikantin nach Köthen zu kommen.

Anfang Juni 1721 trat sie ihre Stelle an. Mitte Juni gingen sie gemeinsam zum Abendmahl in der St. Agnuskirche und zeigten damit aller Welt, dass sie zusammengehörten. Der Eintrag ins Kirchenbuch lautete: Maria Magdalena. Bach hielt es für Bosheit und wollte sich beschweren, aber Anna Magdalena hielt ihn zurück. Es sei nicht das erste Mal, dass man ihren Namen falsch verstehe, sagte sie. Und da seine verstorbene Eheliebste Maria Barbara geheißen habe, liege das Missverständnis wohl besonders nahe.

Am 3. Dezember heirateten sie. Es war eine Haustrauung im engsten Familienkreis mit einer kleinen Feier, die sich daran anschloss, kein Vergleich mit der großen Familienfeier, die damals in Dornheim stattgefunden hatte. Beide, Anna Magdalena ebenso wie Bach, achteten darauf, nicht allzu glücklich zu erscheinen, um die Gefühle der anderen nicht zu verletzen, die der vier Kinder und die von Friedalena Margaretha, Maria Barbaras Schwester, die auch weiterhin zum Haushalt gehören sollte. Nachts aber, oder wenn es ihnen sonstwie gelang, unbeobachtet zu sein, sei es, weil sie miteinander musizierten oder, gelegentlich, im Schlossgarten auf und ab spazierten, in solchen Augenblicken gestanden sie einander mit leuchtenden Augen ihr Glück und konnten es kaum fassen, dass Gott es ihnen erlaubt hatte, zueinander zu finden. Bach war jetzt, so kam es ihm vor, ans Ziel seiner Sehnsucht gelangt, der Sehnsucht, die ihn, seit er sich in Hamburg in die andere Sängerin verliebt hatte, niemals wieder ganz losgelassen hatte. Und dieses Gefühl *angekommen* zu sein, wie er es einmal nannte, betraf auch seine Arbeit an den Präludien und Fugen des Wohltemperierten Klaviers. Nach den Neujahrsfeierlichkeiten, für die er auch diesmal wieder die festliche Musik geschrieben hatte, setzte Bach die Arbeit an seinem *opus perfectum et absolutum* fort.

Das meiste hatte er schon geschrieben, beinahe alles, wenn man die erste Niederschrift schon für die Komposition halten wollte. Aber Komponieren hieß ja nicht nur hinschreiben, was einem gerade einfiel, oder notieren, was man improvisiert hatte – natürlich machte es ihm keine Mühe, eine drei- oder vierstimmige Fuge zu improvisieren –, Komponieren hieß auch korrigieren, überarbeiten, erneut über ein Stück nachdenken, es noch einmal verändern. So lange, bis man zu dem Ergebnis kam: Jetzt ist es so, wie es mir vorschwebte, jetzt ist es gut.

So begann er also mit den Überarbeitungen. Zum Beispiel mit der Umsetzung der Idee, dass die vierstimmige C-Dur-Fuge genau 24 Themen-Einsätze haben sollte, als Hinweis auf die 24 Tonarten, deren Kreis das Werk durchschreiten würde. Bach hatte seine Freude an solch versteckten Hinweisen, die ein anderer entdecken mochte oder nicht, so wie die Baumeister mittelalterlicher Häuser an verborgenen Stellen ihre Namen oder geheime Botschaften angebracht hatten.

Er ging das ganze Werk noch einmal durch, Stück für Stück, bis auch das sonatenartige h-Moll-Präludium vollendet war und nur noch das allerletzte fehlte, die h-Moll-Fuge. Zum

Zeichen dafür, dass die lange Reise durch die zwölf Grundtöne nun zu ihrem Abschluss gekommen war, sollte das Thema dieser letzten Fuge alle zwölf Töne enthalten, alle kamen mindestens einmal darin vor.

Es war kein rauschendes, festliches oder gar fröhliches Finale. Kein Rondo oder Allegro, wie es am Schluss der Konzerte kam, die er für den Herzog von Brandenburg komponiert hatte. Es war ein feierlicher, getragener Schluss, durchzogen von chromatisch absteigenden Seufzer-Motiven, versonnen, wehmütig und traurig. H-Moll war nun einmal keine Tonart wie G-Dur, in der man Fröhlichkeit und überschäumende Freude zum Ausdruck brachte. H-Moll war eine Tonart, die zu Einkehr und Besinnung anhielt, man konnte eine Messe darin komponieren, zum Tanzen taugte sie nicht. Das kühne, affektgeladene Thema, der vierstimmige Satz, die gewagten Dissonanzen, der feierliche Duktus – das alles sollte den Ernst und die Gewichtigkeit des ganzen Werkes besiegeln: Hier war etwas entstanden, das mehr war als Gelegenheitsmusik für ein Fest oder einen Kantatensonntag. Dies hier war das Elixier, das Konzentrat, die reine Essenz der Musik.

Mitte März war es vollbracht. Nur das allererste Stück, das Präludium in C-Dur, wollte er sich noch einmal vornehmen. Durch das Thema der h-Moll-Fuge war ihm noch eine Idee dazu gekommen.

Für sich genommen, war dieses Präludium eigentlich das einfachste, das man sich denken konnte, ein Arpeggio. In gebrochenen Akkorden zu präludieren war nichts Neues, und dieses Stück war kinderleicht zu spielen. Jeder Anfänger konnte das, Friedemann, in dessen Klavierbüchlein Bach es notiert hatte, beherrschte es schon lange. Aber da es am Beginn des ganzen Werkes stand, bekam es eine zusätzliche Bedeutung: Es war ein Hinweis auf das neue musikalische Denken.

Man hatte ja seit den Anfängen der Polyphonie die Harmonie fast nur aus der Linie heraus gedacht und Note gegen Note gesetzt, *punctum contra punctum*, um den harmonischen Zusammenhalt zu bewirken. Auch Bach hatte das getan und tat es immer noch. Aber ob man es nun wollte oder nicht, der Kontrapunkt stieß an seine Grenze, ging darüber hinaus und verwandelte sich in etwas Neues. Hatte man jahrhundertelang zuerst die Linien gedacht, sie zueinander in Beziehung gesetzt und daraus den Akkord abgeleitet, so dachte man jetzt zuerst die Akkorde und entwickelte aus ihnen heraus die einzelnen Stimmen. Es war, wenn man so wollte, nicht mehr als eine Akzentverschiebung, aber sie führte doch zu einer anderen Orientierung und zu neuen Zielen. Es galt jetzt, die Welt der Akkorde zu ergründen, sie alle aufzusuchen, umzuwandeln, sie hin und her zu wenden und ihre mannigfaltigen Beziehungen untereinander zu erforschen. Macht euch auf neue, ungewöhnliche Akkordfolgen gefasst! – das war die Botschaft, die dieses einfache Arpeggio zu Beginn des Werkes verkündete.

Jetzt aber wollte Bach noch ein weiteres Zeichen einfügen, das den Gang durch alle zwölf *Tone und Semitonia* andeutete: Jeder der zwölf Töne und Halbtöne sollte in diesem allerersten Stück wenigstens einmal vorkommen. Nicht schon im Thema, das wäre bei einem Arpeggio ja auch gar nicht möglich gewesen, aber doch im Verlauf des ganzen Präludiums. Um das zu erreichen, erweiterte er die frühere Fassung um acht neue Takte. Und schließlich achtete er darauf, dass die Melodiespitzen des Präludiums bereits das nachfolgende Fugenthema erkennen ließen. So enthielt dieses einfache Arpeggio nunmehr eine dreifache Botschaft: Den Hinweis auf das neue musikalische Denken, die Anspielung auf das Ganze des Wohltemperierten Klaviers und den Zusammenhang mit der nachfolgenden Fuge.

Ja, jetzt ist es gut, murmelte er vor sich hin, als er das so veränderte Präludium noch einmal auf dem Clavichord gespielt hatte, jetzt ist es, als ob die Sonne aufgeht – und in diesem Augenblick fiel ihm ein, dass es der 15. März war, der Jahrestag seines Auszugs aus Ohrdruf, der Tag, an dem er zusammen mit Georg Erdmann die Wanderung nach Lüneburg angetreten hatte. Damals hatte er dieses Arpeggio vor sich hin gepfiffen, nicht in der Form, in der es jetzt notiert war, aber doch in einer allerersten Fassung. So lange konnte es dauern, bis eine Idee gewachsen, gereift und zur Vollendung gekommen war. Zweiundzwanzig Jahre! Jetzt aber hatte er das geschaffen, wovon er damals nur undeutlich geträumt hatte: Ein Meisterwerk.

Noch am selben Abend nahm er sich das Titelblatt vor und schrieb in aller Bescheidenheit:

Das Wohltemperirte Clavier
oder
Praeludia und
Fugen durch alle Tone und Semitonia,
so wohl tertiam majorem oder Ut Re Mi anlan-
gend, als auch tertiam minorem oder Re
Mi Fa betreffend. Zum
Nutzen und Gebrauch der Lehrbegierigen
Musicalischen Jugend, als auch derer in diesem stu-
dio schon habil seyenden besonderem
Zeitvertreib auffgesetzet
und verfertiget von

…

Am Tag darauf brachte die Post einen Brief, in dem Georg Erdmann seinen Besuch ankündigte. Zu seinem Geburtstag. *Er hat ja wohl am 21. März Geburtstag, Bach, oder vielleicht doch am 1. April?*

44. Kanalisierte Töne

E RDMANN KAM MIT EIGENER KUTSCHE aus Danzig. Er war der Resident des Zaren in Danzig und auf der Durchreise nach Dresden, wo er eine Audienz bei August dem Starken hatte, der dem Zaren die polnische Krone verdankte.

Ob es wahr sei, dass der Zar in Holland das Zimmermannshandwerk erlernt habe, fragte Wilhelm Friedemann, als sie alle um den großen Tisch herum saßen und zu Abend aßen.

Ja, sagte Erdmann, auf seiner ersten Reise in den Westen sei der Zar tatsächlich inkognito gereist, habe sich Peter Michailow oder auch Piter Timmermann genannt und im holländischen Zaandam und in Oostenburg das Zimmermannshandwerk erlernt. Das sei jetzt allerdings schon ein Vierteljahrhundert her. Der Zar habe ein großes Interesse an Schiffen und an einer Kriegsflotte gehabt, die er dann ja auch habe bauen lassen. Überhaupt sei der Zar an allem interessiert, was im Westen an wissenschaftlichen und technischen Neuerungen hervorgebracht werde, wie auch an fortschrittlicher Verwaltung und Lebensweise, bis hin zur Kleidung und der Haartracht. Die Sache mit der Bartsteuer sei ja allgemein bekannt.

Bartsteuer?, fragte Friedemann ungläubig. Ein Witz?

Komisch ja, sagte Erdmann, aber kein Witz. Die Russen hätten doch so endlos lange Bärte, aus Tradition und aus religiöser Überzeugung, und der Zar habe einen solchen Hass gegen diese Bärte, dass er drauf und dran gewesen sei, ein Bartverbot im ganzen Reich zu erlassen. Das aber hätte unweigerlich einen Volksaufstand hervorgerufen, angeführt von den Raskolniki, den altgläubigen Eiferern. Daher habe er dem Zaren geraten, die Bärte nicht zu verbieten, sondern zu besteuern, und, nun ja, seitdem sehe man so manches gut rasierte Kinn in Russland.

Die Jungen, vor allem Friedemann, bestürmten den hohen Gast noch mit weiteren Fragen: darüber, ob der Zar wirklich ein Mann von so riesenhaftem Wuchs sei, wie berichtet werde; darüber, ob er tatsächlich seinen eigenen Sohn zum Tode verurteilt habe; aber auch, was Erdmann noch auf seinen Reisen in Frankreich, England und Italien erlebt habe, und Erdmann gab bereitwillig Auskunft.

Nach dem Essen zogen die beiden Freunde sich ins Musikzimmer zurück, um zu rauchen, Rotwein zu trinken und noch ein bisschen zu plaudern.

Er habe übrigens gerade ein Werk vollendet, das ihm viel bedeute, sagte Bach.

Nämlich?

Ist nicht ganz einfach zu erklären.

Versuch's trotzdem.

Nun also: Ob Erdmann sich noch an die Schulstunde in Lüneburg erinnere, in der er den Quintenzirkel an die Tafel gekritzelt habe?

Drei Tage Karzer, sagte Erdmann und lachte.

Und jetzt kommt's, sagte Bach. Er habe nämlich vor einigen Jahren von einer Stimmung erfahren, mit welcher der Quintenzirkel geschlossen und somit die vollkommene Ordnung eingerichtet werden könne. Theoretisch jedenfalls. Der praktische Beweis hätte noch ausgestanden. Den habe er jetzt geliefert. Mit seinem Werk.

Potz Blitz, sagte Erdmann. Da gratuliere er. Jedoch auf die Gefahr hin, für *imbécil* oder begriffsstutzig gehalten zu werden: Er habe immer geglaubt, das pythagoreische Komma sei eine physikalische und sogar mathematische Naturgegebenheit. Eine Naturzwickmühle, sozusagen. Ob es denn auf einmal möglich sei, die Naturgesetze zu verändern?

Nein, sagte Bach, das stehe allein in Gottes Hand.

Und selbst da sei er skeptisch, sagte Erdmann. Wie also sollte es jetzt möglich sein, den Quintenzirkel zu schließen?

Bach erklärte es ihm.

Interessant, sagte Erdmann und nickte einige Male bedächtig mit dem Kopf. Höchst interessant. Verstehe ich dich richtig, mein Freund, dass alle Quinten temperiert werden, alle gleichermaßen?

Bach nickte.

Und alle Terzen auch?

Die sogar noch mehr, sagte Bach.

Mit anderen Worten: Alle Töne werden temperiert?

Nicht alle, sagte Bach. Der Grundton bleibt. Stimme ich das Klavier in C, dann bleibt das C unverändert, durch sämtliche Oktaven hindurch.

Aber die elf anderen Töne werden temperiert?

Genauso ist es.

Durch alle Oktaven hindurch.

Anders geht's ja nicht.

Mit anderen Worten: Sie werden unrein, verfälscht? Denn *temperiert* ist ja wohl nur ein Euphemismus für verfälscht. Hab ich recht?

Nun ja, sagte Bach zögernd. So streng hatte er die Sache bisher nicht gesehen, wenigstens nicht mit diesem richterlichen Unterton. Rein – unrein, verfälscht – unverfälscht, ja gut. Es war tatsächlich eine Naturzwickmühle. Wenn man alles spielen wollte, dann musste man eben Kompromisse machen. Aber Erdmann war nun einmal Jurist, und Juristen sahen die Welt gern schwarz-weiß.

Und damit ist die Welt vollkommen?, fragte Erdmann.

Damit sei das Klavier wohl temperiert, antwortete Bach. Denn damit könne man durch alle Tone und Semitonia wandern, ohne das Instrument auch nur ein einziges Mal umzustimmen. Es sei das perfekte System. Ihm sei allerdings gar nicht daran gelegen, die Sache an die große Glocke zu hängen, damit schaffe man sich nur Feinde. Aber selbstverständlich gehöre der gleichschwebenden Stimmung die Zukunft. Wenn erst einmal ganz praktisch der Beweis geliefert sei, dass man in dieser Stimmung durch alle Tonarten modulieren und somit die Ausdrucksmöglichkeiten der Musik beträchtlich erweitern könne, dann werde alle Welt danach verlangen. Es sei ihm nämlich, fügte Bach hinzu, und es sprudelte jetzt nur so aus ihm heraus, weil er so lange gleichsam in mönchischer Einsamkeit an seinem Werk herumexperimentiert hatte, es sei ihm nicht allein darum gegangen, um jeden Preis durch alle Tonarten zu galoppieren, sondern die weit verzweigten und verzwickten Wege zu entdecken, auf denen man ohne Gewalt und ohne den Hörer zu brüskieren, auch noch die entlegensten harmonischen Orte aufsuchen könne. Und, soviel könne er prophezeien, alle ernstzunehmenden Musiker nach ihm würden diese Entdeckungsarbeit fortsetzen. Sie würden den Tonraum ausforschen bis in jede Ecke und in jeden Winkel, sie würden die Akkorde hin und her wenden, sie erweitern und den Mut zu neuen Dissonanzen finden, sie würden neue harmonische Gesetze entdecken und immer neue Klangmöglichkeiten zulassen, bis am Ende alles gesagt, alles erprobt, alles gespielt und alles gehört worden sei, und dann, ja dann würden sie diesen Raum verlassen und sich hinaus zu gänzlich neuen Welten wagen, zu einer Welt vielleicht, in der nicht mehr die Tonika der König und die Dominante und Subdominante seine Minister seien, sondern alle Töne gleichberechtigt nebeneinander stünden. Vielleicht sogar so, dass jeder Ton, wenn er einmal erklungen sei, erst wieder das Recht bekomme, ein weiteres Mal zu erklingen, wenn alle anderen an der Reihe gewesen seien, damit keiner über die anderen dominiere. Das müsste Erdmann doch eigentlich gefallen, oder nicht?

Doch, doch, sagte Erdmann zögernd.

Aber das sei natürlich Zukunftsmusik, sagte Bach, die Musik einer fernen Zukunft. Die der nahen Zukunft aber sei das Wohltemperierte Klavier. Am liebsten würde er dem Freund jetzt eine Kostprobe seiner Arbeit geben, aber ...

Nur zu, sagte Erdmann.

Ich möchte dich nicht langweilen, sagte Bach.

Das wird schon nicht passieren.

Nun gut. Bach setzte sich ans Clavichord, spielte das Präludium in Fis-Dur, begann dann mit der Fuge und brach mitten im Spiel ab.

Erdmann saß ihm gegenüber auf seinem Lehnstuhl und blickte düster vor sich hin. In Bachs Geist wurde die Erinnerung an das Dornheimer Fiasko wieder lebendig. Er sah die leergefegte Kirche vor sich. Was ist los?, fragte er.

Wir sind auf dem Weg in eine künstliche Welt, sagte Erdmann.

Bach zog die Brauen zusammen und runzelte die Stirn. Er hatte keine Ahnung, was Erdmann meinte.

Wir stampfen eine Stadt aus dem Erdboden, aus den Sümpfen der Newa, von heute auf morgen, St. Petersburg.

Ach so, die Russen.

Wir bauen Manufakturen, Werften, Tuchfabriken mit tausenden von Arbeitern, die sich nach einem einzigen Plan bewegen wie Räder in einem Uhrwerk. Wir begradigen die Flüsse und durchziehen das Land mit Kanälen, so dass kein Unterschied mehr sein wird zwischen Fluss und Kanal. Wir erleuchten die Städte mit Fackeln und Laternen und machen die Nacht zum Tage. Wir tragen mit unseren neuen Uhren die Zeit von Ort zu Ort, bis niemand mehr zur Sonne und den Gestirnen schaut, sondern alle nur auf die Zeiger der Uhr. Erkennst du nicht die Zeichen, Bach? Wir sind dabei eine künstliche Welt zu schaffen, eine seelenlose, mechanische Welt. Eine Welt, in der es nur noch Ursache und Wirkung gibt, Ursache und Wirkung. Ich habe auf meinen Reisen die Naturphilosophen der Royal Society kennen gelernt und die Naturphilosophen der französischen Akademie, ich bin Halley begegnet, Newton, Flamsteed und wie sie alle heißen. Sie nehmen alles auseinander, alles Lebendige und alles Tote, und setzen es neu wieder zusammen. Sie sezieren Tiere bei lebendigem Leibe, schneiden Leichen auf und suchen den Lebensstoff, mit dem sie neue Wesen erschaffen könnten. Ihr Ziel ist es, eine vollkommen beherrschbare, von Menschenhand gemachte Welt zu schaffen, und um dieses Ziel zu erreichen, versuchen sie alles Mögliche, Bach, alles, was möglich ist. Wenn etwas nicht in ihre Ordnung passt, dann negieren sie es, sortieren es aus oder zerstören es. Am Ende werden sie auch den Menschen zerstören und sich einen neuen Menschen erschaffen, einen, der keinen freien Willen mehr hat, sondern nur noch nach Ursache und Wirkung funktioniert, der Mensch als Maschine. Und niemand wird etwas dagegen ausrichten können, Bach, ich nicht, du nicht, die Fürsten nicht und die Priester auch nicht. Ich bin kein Träumer, Bach, ich rebelliere nicht dagegen, ich sehe nur, was kommt. Aber ich hatte immer gehofft, die Kunst, die Dichtung, die Musik, würde unsere Zuflucht bleiben, der Garten Eden, in dem der Mensch sich auch in ferner Zeit noch an seinen Ursprung erinnert, das Reservat, das ihm erlaubt, mit der Harmonie der Welt in Einklang zu bleiben, wenigstens einmal am Tag, wenigstens einmal in der Woche, wenigstens einmal im Monat, wenigstens einmal im Jahr, zu Weihnachten, zu Ostern, oder wann immer es ihm vergönnt ist, eine wahrhaftige Musik zu hören. Aber jetzt ...

Er ließ den Satz offen und verstummte.

Bach starrte ihn an. Was hatten seine Kunst und sein Wissen mit dieser Schreckensvision von einer mechanischen Menschheit zu tun?

Du begreifst es nicht, sagte Erdmann.

Nein, sagte Bach. Ich begreife es nicht.

Wie soll ich es dir erklären, sagte Erdmann mehr zu sich selbst als zu Bach. Und dann, nach einer Pause: Erinnerst du dich noch an die Verzweiflung, die dich gepackt hatte, damals in Lüneburg, als dein Lehrer Georg Böhm mit deinem Orgelspiel unzufrieden war, weil es so perfekt war, so perfekt, so virtuos – aber etwas fehlte? Du erinnerst dich?

Bach erinnerte sich.

Und dann kam der Tag, da Böhm dir von Boethius erzählte, von den drei Ebenen der Musik, die ihrerseits so etwas wie einen mystischen Dreiklang bilden. Musik, das war die Erkenntnis, die dich so tief erschütterte, dass du mir unter Tränen davon berichtetest, Musik hat den Auftrag, die Seele des Menschen in Harmonie zu bringen, Harmonie mit sich selbst, Harmonie mit seinen Mitmenschen und Harmonie mit dem Universum. Ich werde eine himmlische Musik machen, Erdmann, so hast du geredet, ich werde in meiner Musik den Himmel auf Erden offenbaren, denn die Musik ist die Jakobsleiter, die nach oben führt.

Bach schaute Erdmann fragend an. Es hatte sich doch nichts geändert. Das *war* das Ziel der Musik, das war sein Ziel. Was sprach dagegen?

Musica instrumentalis – musica humana, sagte Erdmann, nachdem er die Gläser erneut mit Rotwein gefüllt und sich mit einem Kienspan eine neue Meerschaumpfeife angezündet hatte, kein Musiker, fast möchte ich sagen, kein Mensch bestreitet den Zusammenhang. Habt ihr nicht eine ausgeklügelte Affektenlehre geschaffen, ihr Musiker, ein Instrumentarium, mit dem ihr die Affekte eurer Zuhörer beeinflussen könnt, wie Hypnotiseure oder Magier? Spielt ihr eine aufsteigende Melodie, so wird der Mensch frohgemut und heiter, lasst ihr die Töne chromatisch herabsteigen, macht ihr ihn seufzen, spielt ihr einen Triller, so hüpft ihm das Herz, spielt ihr einen Tanz, so kribbelt es ihm in den Beinen. Ihr könnt in den Seelen der Menschen Stimmungen, Empfindungen, Gefühle erzeugen, wie es euch gefällt. Habe ich recht?

Bach nickte. Es war nicht ganz so einfach, aber im Prinzip war es so.

Die Musik, fuhr Erdmann fort, beherrscht die Seele des Menschen, sie formt sie, leitet sie, führt sie zur Wahrheit oder ins Verderben. Der Musiker ist ein Magier, und seine Magie kann heilsam oder zerstörerisch sein, weiße oder schwarze Magie. Was für eine Magie ist deine? Ich bin weit gereist, Bach, ich bin auch in Russland viel herumgekommen, in diesem riesigen Reich, in dem so viele verschiedene Völker leben. Es gibt in weit entlegenen Gegenden des Zarenreiches Stämme, deren Medizinmänner oder Schamanen, wie sie auch genannt werden, Krankheiten heilen, indem sie die Melodie dieser Krankheit herausfinden, ihre Tonfolge, ihren Klang. Und wenn sie diese Melodie erraten haben und sie singen und spielen, dann fährt der Dämon der Krankheit aus dem Körper heraus, und der Kranke wird gesund. Mit Musik bringst du Heil oder auch Unheil. Musik ist eine Himmelsmacht, ja, aber auch in der Hölle wird musiziert. Ich sage das, obwohl ich nicht an die Hölle glaube, Bach, weder an den Himmel noch an die Hölle.

Habe meine Musik, begann Bach, immer zur Ehre Gottes ...

Lass mich meinen Gedanken zu Ende bringen, sagte Erdmann scharf.

Pythagoras hatte die Sphärenklänge vernommen und erkannt, dass sie mit den natürlichen Tönen übereinstimmen. Boethius hatte das Ideal aufgestellt, dass die irdische Musik mit der des Himmels zusammenklingen möge. Und Johann Kepler hat, obwohl die Kristallsphären des Altertums für ihn nicht mehr galten, die irdischen Harmonien am Himmel wieder entdeckt. War es nicht so?

Ja, so war es.

Wenn nun aber, fuhr Erdmann fort, die Akkorde auf dem Klavier nicht mehr ihrem reinen Verhältnis entsprechen, wenn die Töne temperiert sind, und zwar alle!, dann ist der Zusammenhang mit den Harmonien des Himmels für immer zerrissen.

Aber, begann Bach und wollte einwenden, dass immer temperiert worden sei, in jedem System, seit Beginn der Polyphonie.

Nein, kein Aber!, unterbrach ihn Erdmann. Du hast ein vollkommenes System, Bach, aber was ist das für eine Vollkommenheit? Du nennst es Temperatur, ich nenne es Vergewaltigung der Natur. Du nennst es Temperatur, ich nenne es Verfälschung. Du nennst es Temperatur, ich nenne es Lüge. Und die Lüge betrifft nicht nur das Instrument, sondern auch die Seelen der Menschen. Denn wenn es in der Musik keine Reinheit mehr gibt, wie soll dann die Reinheit in der Seele des Menschen überleben? Wenn du das Klavier temperierst, dann wirst du auch die Menschen temperieren, Bach.

Genau dasselbe hatte Werckmeister auch gesagt. Nur dass er ein anderes Vorzeichen davor gesetzt hatte. Das harmonische Fortschreiten durch den Quintenzirkel, so Werckmeister damals wörtlich, könne ein Vorbild dafür sein, *wie alle frommen und wohl temperierten Menschen mit Gott in stetswährender gleicher und ewiger Harmonia leben und jubilieren werden.*

Sollten wir nicht froh sein, wenn die Menschen weniger roh und kriegerisch würden, sagte Bach, wenn sie besonnener wären, weniger jähzornig, weniger gewalttätig?

Vielleicht, sagte Erdmann und dachte eine Weile nach. Nur fürchte ich, sagte er leise, dass ihre Rohheit und Gewalttätigkeit dann an anderer Stelle mit noch stärkerer Macht zum Ausbruch kommt. Der wohltemperierte Soldat ist nur die bessere Tötungsmaschine. Aber es geht ja nicht nur um die Rohheit der Affekte oder um ihre Mäßigung. Es geht um Wahrheit.

Wie soll der Mensch noch zwischen rein und unrein, zwischen Recht und Unrecht, zwischen Wahrheit und Lüge unterscheiden, wenn es Reinheit und Wahrheit nicht mehr gibt?

Ach, zum Teufel, sagte Bach. Die Quinten werden doch nur ein kleines bisschen temperiert, ein Zwölftel Commatis, was ist das schon? Die meisten Menschen hören nicht einmal den Unterschied.

Du bist der Magier, Bach, sagte Erdmann. Der Magier, der ihre Seelen *ein kleines bisschen* verstimmt. Und ich frage dich: Ist das, was *ein kleines bisschen unwahr* ist, noch wahr? Nein, Reinheit und Wahrheit werden verschwinden, weil es in deinem System nicht einmal mehr das Bemühen darum gibt. Gewiss, dein System ist nicht das erste, in dem Töne temperiert werden. Aber du bist derjenige, der von vornherein jeglichen Anspruch auf Reinheit aufgibt. Zum Teufel damit – das ist deine Haltung!

Bach erinnerte sich mit einem Male an eine Szene mit Anna Magdalena. Sie war zu ihm in seine Komponierstube gekommen, um noch einmal eine Arie zu proben, die sie am Abend bei einer Soirée im Schloss singen wollte. Er hatte sie begleitet, und plötzlich hatte sie ihren Gesang unterbrochen und gesagt: Das Klavier ist verstimmt. – Es ist nicht verstimmt, hatte er gesagt, es ist wohl temperiert. Ich weiß ja, Liebster, hatte sie gesagt, man kann damit alles spielen, alle Tonarten, und das ist großartig, aber man kann dazu nicht singen.

Du sagst, fuhr Erdmann fort, dein System sei rund, weil du den Quintenzirkel schließt. Du sagst, dein System sei vollkommen, weil du alles damit spielen kannst. Aber dein System macht nur deshalb alles möglich, weil es die Tatsachen leugnet, die Tatsache zum Beispiel, dass der Dreiklang über dem Grundton sich aus den Obertönen zusammensetzt. Die ersten Obertöne von C – wem sage ich das? – sind E und G, und zwar ein reines E und ein reines G. Wenn du aber auf dem Klavier das E und das G temperierst, dann hast du die Terz und die Quint von den natürlichen Obertönen abgekoppelt und den Zusammenhang zerrissen. Mit einem Wort: Du kannst so schön und kunstvoll komponieren, wie du willst, es wird immer nur eine künstliche Schönheit sein, so künstlich wie der Garten von Versailles oder der Große Garten in Dresden mit seinen gezirkelten Wegen und seinen gestutzten Bäumen. Du kannst so schön komponieren, wie du willst, es ist und bleibt alles Machwerk, wider die Natur.

Das ist nicht wahr, flüsterte Bach.

Oh doch, sagte Erdmann, und ich glaube, du weißt es auch.

Aber du selbst hast doch damals behauptet, rief Bach verzweifelt aus, dass eine Welt, in der der Quintenzirkel nicht geschlossen wird, eine unvollkommene Welt ist. *Gott hat die Welt unvollkommen geschaffen.* Das waren deine Worte. Und daher haben wir die Aufgabe sie zu vervollkommnen.

Erdmann stand auf. Er nahm seine Perücke ab, als wäre sie ein Hut, und kratzte sich den kahlen Kopf. Dann setzte er sie wieder auf. Es ist spät, sagte er mit Blick auf seine silberne Taschenuhr. Ich muss gehen. Ich muss morgen früh bei Sonnenaufgang los.

Heißt das, du gehst im Zorn?

Im Zorn?, fragte Erdmann. Warum?

Wegen des Wohltemperierten Klaviers.

Aber nein, sagte Erdmann. Nein, nein. Warum sollte ich dir zürnen? Du machst es, ich mache es, wir alle machen es. Vielleicht sind die Zeitläufte so. Vielleicht ist es so, dass niemand mehr anders kann. Vielleicht wird die ganze Welt neu gestimmt. Ich hatte gehofft, die Kunst sei die Ausnahme. Aber wer bin ich, dass ich dir zürnen könnte? Ich bin im Dienste des Zaren ja auch so einer, ich baue mit an derselben Welt wie du. Wir kanalisieren die Flüsse, du kanalisierst die Töne. Wo ist der Unterschied?

45. Die Nacht

E R SCHLUG DIE AUGEN AUF und starrte auf die Balken an
der Zimmerdecke. Der Mond warf ein bläulich-fahles
Licht durchs Fenster.

Er wollte aufstehen, aus dem Bett heraus, in die Komponierstube, ein wenig Musik machen, irgendetwas spielen, um
die Gespenster zu vertreiben, die ihn im Traum heimgesucht
hatten, aber er konnte sich nicht rühren. Die Beine gehorchten nicht, die Arme nicht, nicht ein einziger Finger.

Was ist los mit mir?

Er spürte immer noch den Druck auf seiner Brust. Jemand
hatte ihm im Traum einen Stiefel darauf gesetzt und ihn niedergedrückt. Es fühlte sich an, als presste der Stiefel ihn immer
noch, die Brust war wie eingeschnürt, das Atmen fiel ihm schwer.

Ich kriege keine Luft.

Er lauschte auf Anna Magdalenas Atem. Der ging gleichmäßig und ruhig. Beim Ausatmen gab sie einen leisen, pfeifenden Ton von sich, ein hohes Gis. Er wollte sie wecken und
darum bitten, ihm beim Aufstehen zu helfen, er öffnete den
Mund, um Anna zu sagen, Anna Magdalena, hilf mir bitte,
ich kann mich nicht bewegen, ich kriege keine Luft, aber er
brachte keinen Ton heraus.

Er fror und schwitzte zugleich. Er wollte sich an die Stirn
fassen, um zu prüfen, ob sie heiß war, aber er konnte den
Arm nicht heben. Er konnte nur hier liegen, die Balken an der
Zimmerdecke anstarren und warten, bis der Anfall vorbei war.

Es war ja nur ein Anfall. Es würde vorübergehen. Im Kopf
war alles ganz klar. Er konnte zählen: Eins, zwei, drei, vier.
Grundton, Oktave, Quint und wieder Oktave. Gottvater,
Sohn, Heiliger Geist und die Engel. Eins plus zwei plus drei
plus vier macht zehn. Zehn Finger, zehn Zehen, zehn Gebote.

Lieber Gott, mach, dass ich nicht gelähmt bin.

Er schloss die Augen und versuchte, sich wieder in den Traum zurückzuversetzen. Wer war es, der ihm den Stiefel auf die Brust gesetzt hatte? Und wie war es dazu gekommen? Sein Gefühl sagte ihm, irgendetwas sei in dem Traum passiert, das zu seiner Lähmung geführt hatte. Er hatte die Vorstellung, er müsse in den Traum zurück und dafür sorgen, dass er einen anderen Verlauf nahm, mit einem anderen Ausgang. So wie man sich manchmal vorstellte, dass man in die Vergangenheit reisen und dort irgendetwas anders machen könnte, so dass es nicht zu dem kam, was war, sondern zu einer anderen Gegenwart. Was, wenn er damals in Hamburg geblieben wäre, anstatt nach Ohrdruf zurückzuwandern? Was, wenn er nicht nach Arnstadt zurückgegangen, sondern in Lübeck geblieben wäre. Dann hätte er Maria Barbara nicht geheiratet, Friedemann und die anderen wären nicht auf der Welt, er wäre in Weimar nicht ins Gefängnis gekommen und hätte niemals dieses Werk komponiert.

Nur von dieser Welt.

Erdmann hatte es nicht so gesagt, aber er hatte es gemeint. *Dein Werk ist nur von dieser Welt.*

Bilder aus seinem Traum stiegen in ihm hoch, Bilder von geflügelten Kutschen, die ihre Bahnen über den Himmel zogen, Bilder von schnurgeraden Straßen, auf denen Kutschen wie von Geisterhand gezogen dahin rasten, ohne Kutscher, ohne Kutschbock, ohne Pferde. Er selbst hatte in einer dieser Kutschen gesessen und sich gefragt, wie es möglich war, dass sie fuhr. Plötzlich war die Straße zu einer Wasserstraße geworden, zu einem Kanal, schnurgerade auch der, und die Kutsche glitt lautlos auf dem Wasser dahin wie ein Geisterschiff. Er erinnerte sich jetzt auch an den Schrecken, der ihn ergriffen hatte, als die Kutsche zu sinken begann, immer weiter, immer tiefer, bis das Wasser über ihm zusammenschlug. Aber das Wasser drang nicht in die Kutsche ein, sie hatte offenbar eine gläserne Haut, sie setzte ihren Weg ungehindert unter der Wasseroberfläche fort. Es war, als säße er im Bauch eines Fisches wie Jona im Bauch des Wals.

Jona hatte sich dem Befehl Gottes widersetzt und war nicht nach Ninive gegangen. Deswegen hatte Gott den Sturm geschickt, und ein großer Fisch hatte Jona verschluckt. Jona aber überlebte im Bauch des Fisches, und er betete zu Gott, und Gott erhörte sein Gebet. Nach drei Tagen und drei Nächten spie der Wal Jona an Land. Und Jona ging nach Ninive.

Ich bin in die falsche Richtung gegangen, dachte Bach und schlug die Augen auf.

Der Mond war inzwischen weitergewandert und beleuchtete nur noch einen Winkel des Zimmers. Anna Magdalena atmete immer noch ruhig, aber das hohe Gis war verstummt.

Bach machte erneut einen Versuch, sich zu bewegen. Vergeblich.

Der Druck auf seiner Brust nahm zu. Es war, als ob der Stiefel sein Gewicht verdoppelt hätte. Bach schloss die Augen wieder und versuchte erneut, in seinen Traum hinabzutauchen.

Es war alles nur in seinem Kopf. Er lag gelähmt im Bett, war den Launen seiner Phantasie ausgeliefert, und wunderte sich nicht, als er jetzt auch noch die Stimme seines Vaters hörte: Ein jedes Wesen auf dieser Erde hat seine eigene Signatur, sagte die Stimme, jede Pflanze, jedes Tier, jeder Mensch. Und diese Signatur ist Klang und Hall. Wie aber willst du mit deiner künstlichen Stimmung den Zugang dazu finden?

Und vor allem, Lieber, sagte Anna Magdalena mit Bedauern in der Stimme, man kann dazu nicht singen!

Und was ist mit dem Unterschied der Tonarten?, fragte Georg Walther. Wenn die Tonabstände in allen Tonarten gleich sind, dann verlieren die Tonarten jede Besonderheit.

Ich habe mit meinem Werk den Beweis erbracht, versuchte

Bach zu sagen, dass immer noch jede Tonart ihren eigenen Charakter hat, ich habe mit meinem Werk ...

Die Töne kanalisiert, fuhr Erdmann dazwischen.

Die Signatur der Dinge verfehlt, sagte sein Vater.

Die Unterschiede der Tonarten eingeebnet, sagte Georg Walther.

Die Harmonie der Welt zerstört, sagte Böhm.

Die Reinheit des Gesangs verdorben, sagte Sophie Agneta, die sich im selben Atemzug in Anna Magdalena verwandelte.

Sie sprachen alle auf einmal, alle zugleich, sie wiederholten ihre Sätze, fingen an, sie zu singen, alle zusammen und alle durcheinander, in einer polyphonen Kakophonie, die lauter wurde und immer lauter, bis sie von einer Donnerstimme unterbrochen wurde.

Gott ist die Eins!

Werckmeister stand da, kerzengerade, in seinem schwarzen Rock, die rechte Hand zum Himmel gestreckt. Der Sohn ist die Zwei, der Heilige Geist aber ist die Drei. Drei zu zwei ist das Verhältnis der Quinte, die Quinte aber weicht am Ende des Zirkels um ein Komma von der Oktave ab. Und warum? Weil Lucifer sich an die Stelle des Heiligen Geistes gesetzt hat und allzu hoch hinausgefahren ist! Wie aber ist zu helfen? Wahrlich, ich sage Euch: Indem wir den Lucifer bändigen und alle Quinten um ein Zwölftel Commatis herunter schweben lassen. Höret und staunet: Die wohltemperierte Stimmung ist das Alpha und das Omega des wahren Christentums.

Triumphierend stand er da. Ein Herrscher über die Stimmung der Welt. Die anderen schauten verängstigt zu ihm auf, zu seinen feurigen Augen und auf den zum Himmel hochgereckten Arm.

Nur Anna Magdalena blickte nicht nach oben.

Bach folgte ihrem Blick, seine Augen wanderten von Werckmeisters schwarzem Rock hinunter zu seiner ebenso schwarzen

Hose und zu seinen ledernen Stiefeln. Nein, nur der rechte Fuß steckte in einem Stiefel. Bachs Blick verharrte ungläubig auf dem linken Fuß. Aber als er endlich den Blick noch einmal hob, erkannte er, wie von einem glühenden Eisen eingebrannt, das T auf Werckmeisters Stirn.

A NNA MAGDALENA SASS AN SEINEM BETT, hielt die Hand an seine Stirn. Das Fieber geht zurück, sagte sie. Morgen bist du wieder gesund.

Wie lange habe ich geschlafen?

Drei Tage und drei Nächte.

Drei Tage?, sagte er verwundert und richtete sich auf.

Und drei Nächte, wiederholte sie. Wir waren alle sehr besorgt um dich. Manchmal hast du dagelegen wie gelähmt, dann wieder warst du unruhig, hast den Kopf hin und her geworfen, als hättest du die schlimmsten Albträume.

Die hatte ich, sagte er.

Was hast du geträumt?

Ach, sagte er, alles Mögliche.

Er stand auf, schwankte, musste sich wieder hinsetzen, stand erneut auf, ließ sich von Anna Magdalena in den Morgenrock helfen und schleppte sich in seine Komponierstube, wo das Manuskript des Wohltemperierten Klaviers auf dem Schreibpult lag. Er nahm die losen Blätter und ging damit hinüber ins Wohnzimmer, in dem das Feuer im Kamin brannte. Er setzte sich in einen Sessel, das Manuskript auf den Knien, und spürte den Sog der Flammen.

46. H-C-A-B

D IE ST. AGNUSKIRCHE war nur ein paar Schritte von seinem Haus entfernt. Er setzte sich in eine der hinteren Bänke und faltete die Hände. Niemand außer ihm war in der Kirche, sie waren ganz allein, Gott und er. Aber so sehr er Gott auch anflehte, zu ihm zu sprechen und ihm den rechten Weg zu zeigen, Gott blieb stumm. Schließlich hielt er es nicht mehr aus. Er rutschte aus der Bank heraus, stieß die schwere Kirchentür auf und floh hinaus ins Freie, hinüber in den Schlosspark, vorbei an den gestutzten Bäumen, die hier ebenso ordentlich in Reih und Glied standen wie im Großen Garten in Dresden.

Wir leben in einem Zeitalter der Zurechtstutzung, Bach, das ist die Wahrheit.

Er roch den Duft des Frühlings und dachte an die frühen Jahre, an seinen Auszug aus Ohrdruf, seine Wanderung nach Lüneburg, seine Hoffnungen, seine Wünsche, seinen Traum von einer Musik, die Himmel und Erde in einer vollendeten Harmonie zusammenklingen ließ. Es war ja nicht so, dass der Mensch von vornherein und ohne eigenes Tun in dieser Harmonie lebte. Der Mensch war frei, zum Guten wie zum Bösen. Er hatte auch die Freiheit, die Brücke zum Himmel für immer zu zerstören. Wenn erst die gleichschwebende Stimmung in der Welt wäre und die Herrschaft über alle Instrumente errungen hätte, dann würde die Musik nicht mehr hinaufführen zum Licht der Wahrheit, dann wäre sie nur noch von dieser Welt.

Er kam ans Ende des Gartens, blieb stehen, wusste nicht wohin mit sich, kehrte in düstere Grübeleien versunken wieder zurück, über den Schlosshof, durch das Tor, und wandte sich nach rechts, um nach Hause zu gehen, wo Anna Magdalena ihn mit sorgenvollem Blick erwarten würde. Als er zur

St. Agnuskirche kam, zog es ihn noch einmal hinein. Wenn Gott ihm doch den Weg zeigte! Zu Jona hatte er gesprochen, geh nach Ninive!, und Jona hatte ihm den Gehorsam verweigert. Er, Bach, würde den Gehorsam nicht verweigern, wenn Gott nur zu ihm spräche. Aber Gott verweigerte die Auskunft. Vielleicht war das die Strafe. Gott strafte ihn mit Nichtachtung, weil er so hochmütig gewesen war, ein bloßes Machwerk für sein *opus perfectum et absolutum* zu halten, ein Werk, das nicht in den Himmel hinaufführte, sondern nur von dieser Welt war.

Nur von dieser Welt – diese Worte gingen ihm nicht aus dem Kopf. Er saß wieder in einer der hinteren Bänke, vielleicht in derselben wie vorhin, er hatte nicht darauf geachtet, und diese Worte ließen ihn nicht in Ruhe, sie hatten sich in seinem Kopf festgesetzt wie eine Melodie, die man nicht mehr loswurde, ob man sie mochte oder nicht. Und zugleich mit diesem immer wiederkehrenden *Nur von dieser Welt* hörte er eine zweite Stimme, die, wie ihm jetzt schien, von Anfang an im Hintergrund da gewesen war und die erste *punctum contra punctum* begleitet hatte, die nun aber die Führung übernahm.

Er hob den Blick, sah das Kreuz über dem Altar, sah den gepeinigten Gottessohn, den sie zugleich erhöht und erniedrigt hatten, und hörte, wie er zu seinen Anklägern sagte: Ihr seid von dem, was unten ist, ich bin von dem, was oben ist, Ihr seid von dieser Welt, *ich bin nicht von dieser Welt*.

Das Evangelium, aus dem diese Worte stammten, war ihm immer das liebste gewesen, vermutlich, weil er selbst Johannes hieß wie so viele in seiner Familie, Johann Christoph, Johann Jakob, Johann Lorenz, Johann Ambrosius; vielleicht aber auch, weil es darin hieß: Am Anfang war das Wort. Denn das Wort, das wusste er von seinem Vater, war Klang und Hall. Und deswegen, mein Sohn, könnte es mit ebensolcher Wahrheit heißen: Am Anfang war der Klang.

Und noch während ihm dies alles durch den Kopf ging, wusste er, dass Gott doch zu ihm gesprochen hatte.

EINEN TAG LANG WAR ER EUPHORISCH, dann kamen die Bedenken. Wenn er eine Johannes-Passion komponieren wollte, dann brauchte er einen Textdichter, einen Poeten. Er selbst war keiner, das Verseschmieden lag ihm nicht. Ihm kam der Gedanke, das Brockes-Oratorium zu vertonen wie Händel, Telemann und die anderen. Aber wollte er denn ein frei gedichtetes Passions-Oratorium? Nein, seine Passion sollte Predigt und Gottesdienst sein, und deswegen brauchte er gar keinen Dichter! Er würde die Passionsgeschichte aus dem Johannes-Evangelium nehmen, Wort für Wort. Es gab darin den Erzähler, es gab die Stimmen von Jesus, Petrus, Pilatus oder Judas. Und es gab die Stimme des Volkes, das erst Hosianna gerufen hatte und jetzt Kreuziget schrie. Es war alles da! Aber natürlich würde es eine Passion *auff der Operen Art* werden, wie Buxtehude gesagt hätte, daran war ja nichts auszusetzen. Wie grundverkehrt war es doch, die Oper als den Feind des Gottesdienstes zu sehen! War es nicht die Oper, die die Mittel hervorgebracht oder doch vermehrt und verfeinert hatte, mit denen man die Herzen der Menschen rühren und sie zum Lachen und Weinen, zum Miterleben und Miterleiden bringen konnte? Wenn etwas dazu geeignet war, den Leidensweg unseres Herrn für die Gemeinde der Gläubigen zur lebendigen Gegenwart werden zu lassen, dann eine Passion, die sich der Mittel der Oper bediente, mit Arien, Rezitativen, Turbachören und Chorälen.

Er würde den Bibeltext nehmen und ihn mit Arien und Chorälen erweitern, das war der Weg. Die Choräle musste er nur heraussuchen, die Texte für die Arien würden sich finden. Vielleicht könnte er ein paar Anleihen bei der Brockes-Passion machen? Nun, man würde sehen. Erst einmal anfangen. Man konnte ja nicht alles auf einmal im Kopf haben. Man hatte die Idee des Ganzen im Kopf, aber das hieß ja nicht, dass man schon jedes einzelne Wort und jede einzelne Note wusste. Wir waren nun einmal Wesen, die in der Zeit lebten und das, was uns vorschwebte, nach und nach entfalten mussten, wie die Blumen ihre Blüte aus der Knospe. Man musste sich auf den Weg machen, um zu dem zu kommen, was in gewisser Weise schon von Anfang an da war.

Und so begann er mit der Arbeit an der Johannes-Passion.

> *Herr, unser Herrscher,*
> *dessen Ruhm in allen Landen herrlich ist!*
> *Zeig uns durch deine Passion,*
> *dass du, der wahre Gottessohn,*
> *zu aller Zeit,*
> *auch in der größten Niedrigkeit*
> *verherrlicht worden bist.*

Es war ein mächtiger, fanfarenartiger Beginn, den Bach für den Eingangschor komponierte, mit der dreifachen Anrufung des Herrn als symbolische Vergegenwärtigung der Trinität, so wie er es schon damals in der Ratswechselkantate für Mühlhausen gemacht hatte. Die Musik der Instrumente aber zeigte beides zugleich, Leiden und Herrlichkeit: Flöten und Oboen, unterstützt vom basso continuo der Orgel, charakterisierten den Passionsgedanken, und im Kontrast dazu symbolisierten und vergegenwärtigten die brodelnden Sechzehntel der Streicher mit ihrer aufsteigenden Bewegung die Auferstehung und das Leben.

Du, der wahre Gottessohn.

Und nicht der Antichrist.

Er schrieb die Passion in fiebernder Hast, die Einfälle kamen schneller, als seine Feder ihm folgen konnte, er hielt den

Bereich der Tonarten klein, begann mit g-Moll, das auch die Haupttonart blieb, beim Tod des Herrn wählte er h-Moll, die Tonart, die Klage und Trauer bedeutete, den Grabgesang am Schluss verdunkelte er nach c-Moll, und erst mit dem Schlusschoral brachte er die erlösende Aufhellung nach Es-Dur. In den letzten beiden Zeilen des Schlusschorals aber, die da lauteten:

Herr Jesu Christ, erhöre mich, erhöre mich
Ich will dich preisen ewiglich!

... in diesen Zeilen brachte er sein Bekenntnis unter, das demütige und zugleich freudige Eingeständnis seiner Umkehr, die Signatur des gewandelten Bach. Auf die Worte *erhöre mich* im viert- und fünftletzten Takt setzte er in der Bassstimme die Noten

H - C - A - B .

47. Vater und Sohn

VATER?
Ja?

Sie saßen zusammen in der Kutsche, die sie von Leipzig zurück nach Köthen brachte. Bach hatte in der Thomaskirche ein Orgelkonzert gegeben, und es war so gut wie entschieden, dass er die Stelle als Thomaskantor in Leipzig bekommen würde. Nur der Vertrag fehlte noch.

Vater?

Ja, Friedemann, was ist?

Als Sie so alt waren wie ich jetzt, wo waren Sie da?

Lass sehen. Du bist jetzt zwölf ...

Werde bald dreizehn, sagte Friedemann.

Ich war bei Johann Christoph. In Ohrdruf. Hab von ihm das Orgelspiel gelernt.

War er ein guter Lehrer?

Ja, das war er.

Waren Sie damals besser als ich?

Besser?

An der Orgel. Am Cembalo. In der Komposition. Als Musicus.

Weiß nicht, sagte Bach. Kann es schlecht vergleichen. Glaube aber, du bist freier in der Improvisation. Virtuoser im Spiel. Mutiger. Hast freilich auch den besseren Lehrer, fügte er mit einem Lächeln hinzu.

Den besten, sagte Friedemann. Das ist es ja, was mir das Herz so schwer macht. Habe ich jemals die Chance, das zu erreichen, was Sie erreicht haben? Habe ich jemals die Chance, meinen Meister zu übertreffen?

Ach, du liebe Zeit. Was sollte er darauf antworten? Ja, du hast eine Chance? Oder nein, du hast sowieso keine? Oder: Du stellst die falsche Frage, mein Sohn, es geht nicht um besser oder schlechter, um größer oder kleiner, es geht darum, dass du deinen Weg findest, den Weg, den Gott für dich bestimmt hat? Woher sollte er wissen, was aus Friedemann wurde? Oder aus dem anderen, Carl Philipp Emanuel? Sie waren beide nicht weniger begabt als er selbst, und noch standen ihnen alle Möglichkeiten offen. Es lag an ihnen, was sie aus ihrem Talent machten. Ausdauer brauchten sie, Beharrlichkeit, Fleiß und Mut. Den Mut, der Stimme der Wahrheit zu folgen, auch gegen äußere Widrigkeiten.

Du wirst deinen Weg gehen, sagte er. Du bist begabt wie kaum ein anderer.

Manchmal denke ich, es ist alles schon getan, sagte Friedemann. Als ob das Feld bestellt sei und nichts mehr zu tun übrig bleibe. Als ob …

Er ließ den Satz offen und schaute aus dem Fenster.

Auch Bach blickte hinaus, zur anderen Seite. Es war ein freundlicher Tag, obwohl es sehr kalt war. Zum Glück hatte es seit Tagen nicht mehr geschneit, so dass die Pferde keine Mühe hatten voranzukommen. Seltsam, er hatte erst auf dieser gemeinsamen Reise erfahren, wie sehr Friedemann mit sich selbst und mit ihm, seinem Vater und Lehrer, zu kämpfen hatte. Irgendwann würde der Junge versuchen müssen, ihn vom Thron zu stoßen. So war das nun einmal mit Vater und Sohn. Es sei denn, der Vater starb früh, und man wuchs ohne ihn auf und versuchte ein Leben lang, ihm gerecht zu werden oder seinen Auftrag zu erfüllen, ohne je genau zu wissen, ob das, was man tat, auch das war, was der Vater von einem erwartet hätte. Dass er jetzt aus Köthen fort und nach Leipzig ging, um wieder Kantaten zu komponieren und die Johannes-Passion aufzuführen – was würde sein Vater dazu sagen?

Die Kutsche hielt an, der Kutscher stieg vom Kutschbock herab und verschwand hinter einem Gebüsch. Bach und Friedemann nutzten die Gelegenheit, um sich ebenfalls Baum oder Gebüsch zu suchen. Ein Reiter trabte vorbei und rief ihnen irgendeinen Scherz zu.

Ich will dir von meinem Vater erzählen, sagte Bach, als sie wieder in der Kutsche saßen, von Großvater Ambrosius. Du hast ihn nie kennen gelernt, und auch ich habe ihn nur kurze Zeit gekannt. Weißt du, dass ich immer noch ein Isenacus bin, ein Bürger Eisenachs? Ich werde niemals ein Leipziger werden, niemals, so wenig wie ich ein Bürger von Arnstadt, Mühlhausen, Weimar oder Köthen geworden bin. Ich bleibe ein Isenacus, so wie es mein Vater war – und Onkel Johann Christoph.

Mein Onkel Johann Christoph?, sagte Friedemann.

Nein, sagte Bach, ich meine meinen Onkel Johann Christoph, Organist an der St. Georgenkirche in Eisenach. Er war mein leuchtendes Vorbild, ich hätte ihm ewig zusehen und zuhören können, wie er dort oben auf der Empore an der Orgel saß und niemals weniger als vier Stimmen nebeneinander her laufen ließ. Er war ein Virtuose, ein Meister, ich hätte gern bei ihm gelernt, aber ich musste ja weg aus Eisenach.

Warum?

Weil mein Vater starb. Erst war meine Mutter gestorben, da war ich neun Jahre alt ...

Genau wie ich, sagte Friedemann.

Ach ja, sagte Bach und dachte mit Wehmut und noch immer mit einem Rest von Schuldgefühl an Maria Barbara. Seine Gedanken verweilten bei ihr, bis Friedemann ihn wieder in die Gegenwart zurückholte.

Woran ist er gestorben?

Wer?

Ihr Vater. Mein Großvater.

Ja, woran?, sagte Bach und versank erneut in Nachdenken. Weißt du, sagte er dann, mein Vater war mir nicht weniger

Vorbild als mein Onkel, er war es vielleicht sogar noch mehr. Er war nicht ein solcher Virtuose, er musste als Stadtpfeifer ja die verschiedensten Instrumente beherrschen, die Geige, die Laute, die Flöten, das Cembalo und, nicht zu vergessen, die Trompete. Jeden Tag um zehn Uhr morgens und um fünf Uhr abends blies er zusammen mit vier anderen Musikern vom Balkon des Rathauses die Turmstückchen herab. Ich höre noch heute den klaren, hellen, strahlenden Klang seiner Trompete, wie sie von oben aus den Lüften die ganze Stadt mit Leben erfüllte. Zu seinen Aufgaben gehörte es aber auch, in der St. Georgenkirche mitzuspielen, an Sonn- und Feiertagen vor und nach der Predigt und an nachmittäglichen Vespergottesdiensten, je nach Anweisung des Kantors. Deswegen war es besonders ungerecht, wenn Onkel Johann Christoph, der dort Organist war, behauptete, die Musik meines Vaters habe nicht denselben Wert wie die seine. Sie sei eben nur weltliche Musik und führe nicht hinauf zu Gott. Der Onkel sagte es aber eigentlich nur im Scherz, weil er wusste, dass es meinen Vater ärgerte. Mein Vater war nämlich der Ansicht, Gott zeige sich nicht nur in den steinernen Gotteshäusern, die wir Menschen für ihn errichten, sondern überall in der Welt, vor allem draußen, außerhalb der Mauern, in den Bäumen, den Sträuchern, den Blumen und Gräsern, in den Vögeln, den Rehen, den Hasen und Füchsen, in allem was kreucht und fleucht, blüht und vergeht. Er glaubte nicht, dass die Tiere nur Automaten seien, er glaubte, dass sie eine lebendige Seele haben, und dass jede Seele eine eigene Signatur hat, eine eigene Melodie, in der sich ihr ganz besonderes Wesen offenbart. Sein größter Wunsch war es, alle diese Melodien zu sammeln, zu entschlüsseln und eine Art Wörterbuch anzulegen, ein Signaturenbuch, in dem jedes Wesen mit seiner je eigenen Melodie verzeichnet wäre. Und es war nicht nur ein Wunsch, es war auch das, womit er sich beschäftigte, wenn die tausend Aufgaben des Tages ihm ein bisschen Zeit dafür ließen. Natürlich begann er mit den Stimmen der Vögel, denn die Vögel singen ihre Melodie ja auch für uns normale Sterbliche hörbar heraus. Aber er konnte auch die Melodie einer Rose wiedergeben oder die eines Vergissmeinnicht, die Melodie einer Eiche oder einer Buche. Das Traurige war nur, dass er allein es war, der diese Melodien vernahm, die anderen hörten sie nicht und verlachten ihn dafür. Es war so ähnlich wie mit Pythagoras, der als einziger die Sphärenmusik hören konnte, nur dass es bei meinem Vater eben nicht die Musik des Himmels war, sondern die der irdischen Wesen.

Was wollte er mit diesem Signaturenbuch?

Er suchte die Wahrheit, sagte Bach. Er wollte das Buch der Natur entziffern. Er glaubte nicht, dass man dem Geheimnis der Natur auf die Spur kommt, wenn man sie vor Gericht zerrt und auf die Folter spannt, wie es die Naturphilosophen mit ihren Experimenten machen. Er glaubte, dass man nur zur Weltweisheit kommt, wenn man der Natur ihre Melodie ablauscht, nicht beherrschend, sondern dienend, nicht durch Zwang, sondern durch Nachahmung.

Was ist aus seinem Buch geworden, fragte Friedemann. Aus dem Signaturenbuch?

Verschwunden, sagte Bach. Wahrscheinlich haben sie es einfach weggeworfen, als er gestorben war. Niemand hat seine Suche nach der Melodie der Schöpfung geachtet. Er war für sie ein ganz normaler Stadtpfeifer, mehr nicht. Nicht genug, um ihm das Leben zu retten.

Das Leben zu retten?

Bachs Blick wanderte wieder in die Ferne. Es war eine versunkene Welt, dieses Eisenach, und doch eine Welt, die immer noch in ihm lebendig war, wie ein Traum, der den ganzen Tag nachwirkt, weil er für alles die Tonart und den Modus festgelegt hat, Dur oder Moll.

Vater?

Ja, sagte Bach und gab sich einen Ruck, ich glaube immer noch, dass er hätte gerettet werden können.

Wie das?

Mein Vater hatte gerade ein zweites Mal geheiratet, da bekam er eine Art Anfall oder eine plötzliche Herzschwäche oder – ich weiß nicht genau, was es war. Ich war auch nicht dabei, als er umfiel, ich kam erst hinzu, als meine Stiefmutter um Hilfe rief. Mein Vater lag auf dem Boden, atmete schwer. Ich schrie: Vater! Sie: Hol den Medicus, schnell! Ich lief los, zum Haus des Arztes, es war nicht weit. Ich klopfte wie wild an die Tür, seine Frau kam heraus und sagte, der Doktor sei beim Bürgermeister, der Bürgermeister habe ihn gerufen, weil er sich in den Finger geschnitten habe und ihm unwohl geworden sei. Er könne nämlich kein Blut sehen, wenigstens sein eigenes nicht, wenn er andere bluten lasse, mache es ihm weniger aus – sie wollte gar nicht aufhören zu schwatzen, aber ich rannte fort, es regnete in Strömen, ich kam durchnässt zum Haus des Bürgermeisters. Die Schwester des Bürgermeisters machte auf. Wir brauchen den Medicus, rief ich, schnell! – Warum?, fragte sie. – Mein Vater ist auf den Rücken gefallen, er stirbt, wenn er nicht eine Medizin bekommt! – Der Bürgermeister liegt auch auf dem Rücken, sagte sie, ihm ist unwohl, der Medicus hält seine Hand. – Aber mein Vater stirbt, schrie ich verzweifelt.

Von meinem Geschrei herbeigerufen, kam der Medicus selbst an die Tür und fragte, was los sei. Ich berichtete ihm atemlos, was ich wusste und was ich fürchtete. Er muss mit mir kommen, flehte ich und ergriff seine Hand, um ihn mit mir fortzuziehen. – Kann nicht weg, sagte der Medicus. Der Bürgermeister braucht mich. – Aber mein Vater braucht Ihn dringender, rief ich. Der Bürgermeister hat sich nur in den Finger geschnitten, bei meinem Vater geht es um Leben und

Tod! – Wer bist du, Lausebengel?, fragte der Medicus. Und wer ist überhaupt dein Vater? – Bach, sagte ich. Mein Vater ist der Stadtpfeifer Johann Ambrosius Bach. Ich sagte das mit Stolz, als wäre es jetzt keine Frage mehr, dass jedermann alles stehen und liegen lassen müsste, um meinem Vater zu helfen. – Stadtpfeifer, sagte der Medicus. So, so. Dann zog er ein Fläschchen aus seiner Rocktasche hervor und sagte: Hier, halt ihm das unter die Nase, das wird helfen. Und nun muss ich mich wieder um den Bürgermeister kümmern, der zahlt mehr.

Der zahlt mehr?, fragte Friedemann ungläubig. Das hat er gesagt?

Vielleicht hat er es auch nicht gesagt, sagte Bach, gemeint hat er es auf jeden Fall.

Und dann?

Ich lief zurück durch den Regen so schnell ich konnte, ich rannte an meiner Stiefmutter vorbei zu meinem Vater, der immer noch mit rasselndem Atem auf dem Rücken lag, nur ein Kissen hatten sie ihm unter den Kopf geschoben. Ich hielt ihm das Riechfläschchen unter die Nase und betete zu Gott, dass es dem Vater besser gehen möge. Es ging ihm auch besser, wie es schien. Er atmete etwas freier. Er wollte etwas sagen und bedeutete mir mit der Hand, mein Ohr an seinen Mund zu legen. Ich tat es. Dann hörte ich, wie er mit schwacher Stimme eine Folge von vier Tönen sang, die Signatur von Ver-giss-mein-nicht.

Vier Töne?, fragte Friedemann. Welche?

Du kennst sie, sagte Bach. Jeder von uns Bachen kennt sie.

Ach, sagte Friedemann nach einer kurzen Pause. Wirklich? Das hat er gesungen?

Ja, sagte Bach. Das hat er gesungen.

Und dann?

Dann ist er gestorben.

48. Matthäus-Passion

K ARFREITAG, 11. APRIL 1727. Die Thomaskirche war voll
von Gläubigen aus allen Ständen. Die Honoratioren der
Stadt saßen auf ihren angestammten Plätzen, das einfache
Volk musste stehen und trat von einem Fuß auf den anderen,
weil es noch kalt war in der Kirche, frühlingshaft kalt. Es war
Nachmittag, Vespergottesdienst.

Bach und Henrici hatten den Text der Passion drucken lassen, er war auch gekauft worden, aber beileibe nicht von allen.
Wozu auch, wenn sie nicht lesen konnten? Telemann hätte
vielleicht gesagt, es kommt mir nur derjenige in die Kirche,
der den gedruckten Text bezahlt hat. So hatte er es gehalten,
als er vor ein paar Jahren seine Brockes-Passion in Frankfurt
aufgeführt hatte. Aber Telemann war Telemann und Frankfurt
war Frankfurt, Bach hätte hier in Leipzig sowieso nicht die
Macht gehabt, das durchzusetzen. Außerdem – man zahlte
doch nicht für den Gottesdienst, und die Passion *war* Gottesdienst. Und diesmal – das wussten sie noch nicht, die sie
ihren nebligen Atem in die kalte Kirche hauchten und ihre
Mäntel fester zurrten –, diesmal würde es ihnen noch mehr
zu Herzen gehen als vor zwei Jahren. In der Johannes-Passion
war Jesus der Herr und Herrscher gewesen, der von Anfang
an als Held und Lichtgestalt die Passion durchschreitet, als
könnte ihm nichts Irdisches etwas anhaben, keine Anklage,
keine Verspottung, keine Demütigung, kein Schmerz. Diesmal aber war Christus das Lamm, das geopfert wurde, für uns,
für unsere Sünden, und sie würden alle um ihn weinen, um
ihn und um ihre armen Seelen.

Die beiden Chöre standen bereit, Friedemann und Philipp
Emanuel unter ihnen, jeder Chor hatte vier Stimmen, jede
Stimme war mit drei Thomasschülern oder Studenten besetzt,

so standen hier zwölf und dort noch einmal zwölf Choristen und warteten auf den Einsatz. Die Solisten hielten sich noch im Hintergrund, sie würden vortreten, wenn sie an der Reihe wären. Die Instrumentalisten saßen auf den Stühlen vor den Notenpulten, die Celli, die Oboen, die Flöten, die Geigen, die Violen. Bach hatte sich ein Cembalo in das Halbrund des Chors stellen lassen, damit er von dort aus dirigieren konnte. An der großen Orgel, die vor allem die Choräle begleiten sollte, saß Johann Gottlieb Görner, der Organist von St. Nicolai.

Da Jesus an dem Kreuze stund.

Der Pastor stimmte das Gemeindelied an, sie sangen es alle, auch Bach sang mit. Als der Pastor seinen Platz in der ersten Bankreihe eingenommen hatte, vergewisserte sich Bach mit einem Blick in die Runde, dass alle an ihren Plätzen waren, alle bereit. Dann atmete er einmal tief durch und gab das Zeichen zum Einsatz.

E S GAB KEINEN BEIFALL AM ENDE, das war im Gottesdienst nicht der Brauch. Manche kamen mit Tränen in den Augen zu Bach und drückten ihm stumm die Hand. Auch die Eltern und Freunde der Mitwirkenden, die jetzt darauf warteten, dass diese ihre Noten und Instrumente einpackten und sich zum Gehen bereit machten, hatten rotgeweinte Augen, aber jetzt lachten sie erleichtert, befreit. Es waren freilich auch kritische Töne zu hören, besonders aus den Reihen der Honoratioren. Zu opernhaft, hieß es. Zu lang, wurde auch gesagt. Zu dissonant. Das Wort *fremde Thone*, das Bach aus Arnstadt kannte, flog ihm auch diesmal wieder zu. Er achtete nicht darauf. Er ging herum und lobte die Schüler, lobte die Solisten und die Instrumentalisten, umarmte Friedemann und Philipp Emanuel, die ihre Sache gut gemacht hatten, lobte überhaupt viel, was nicht immer seine Art war. Als er sich endlich umdrehte, um Anna Magdalena zu suchen, sah er zu seinem großen Erstaunen jemanden, den er partout nicht erwartet hätte.

Du hier?

Konnte mir die große Oper doch nicht entgehen lassen.

Hoffe, sie hat den Ungläubigen nicht gelangweilt, sagte Bach.

Durchaus nicht, sagte Erdmann. Sie ist mir sogar sehr ans Herz gegangen. Man könnte fast bekehrt werden, wenn man dergleichen hört. Aber bekehrt wozu? Zu Gottes Wort? Oder zu Bachs Musik? Habe jedenfalls nie etwas Ergreifenderes gehört. Nicht einmal in London in der Oper.

Frage mich, ob das ein großes Lob ist, sagte Bach.

Das höchste, sagte Erdmann. Und, nebenbei bemerkt, ich glaubte, eine gewisse Arie wiederzuerkennen. Handelte von Liebe, Abschied und Davonrudern.

Ich will dir mein Herze schenken, sagte Bach lächelnd. Henrici hat's für mich etwas umgedichtet. Aber die Melodie ist dieselbe.

Und noch etwas ist mir aufgefallen, sagte Erdmann. Es gab da ein paar ungewöhnliche Tonarten, wenn ich mich nicht verhört habe. Fis-Dur vielleicht sogar?

Eli, eli, lama asabthani, sagte Bach, da ging es hinunter bis b-Moll. Und bei den Worten *Mein Gott, warum hast du mich verlassen?* sogar bis es-Moll. Tiefer hinab im Quintenzirkel geht's nicht.

Bewundere deinen Mut.

Wäre nicht dahin gekommen ohne das Wohltemperierte Klavier, sagte Bach. Das Teufelswerk, wie Du es genannt hast.

Das waren nicht meine Worte, sagte Erdmann. Du weißt, ich glaube nicht an den Kerl. Aber – wenn er einen Beitrag dazu geleistet hat, ein so göttliches Werk zu schaffen wie deine Matthäus-Passion, dann denke ich noch einmal darüber nach.

Anna Magdalena kam herbei, begrüßte Erdmann und sagte,

sie werde jetzt mit den Kindern nach Hause gehen. Ihr wollt vermutlich noch zu den Boses? Ich hörte, es gibt dort etwas zu essen.

Werde dort erwartet, sagte Bach. Und zu Erdmann gewandt: Kommst du mit?

Gern, sagte Erdmann. Habe einen Bärenhunger. Könnte auf der Stelle ein ganzes Lamm verzehren.

Bach hob die Augenbrauen und schaute ihn von unten herauf an.

Könnte, sagte Erdmann mit entschuldigender Geste. Weiß schon, dass heute der Tag ist, an dem die Lämmer Schonfrist haben.

Bis auf das Lamm Gottes, sagte Bach.

Ja, bis auf das.

Sie gingen hinaus ins Freie und hinüber zum Haus der Familie Bose. Die Straße war gut gepflastert und hell beleuchtet. Das hatte durchaus seine Vorteile, auch wenn das künstliche Licht der Laternen die Sterne am Himmel verblassen ließ.

Fiktion und Fakten

Ich bin immer wieder gefragt worden, wie viel und was genau in meinem Roman Fiktion ist und was auf historischen Tatsachen beruht. Daher habe ich für jedes Kapitel Antworten auf Fragen notiert, die bei der Lektüre aufgekommen sein mögen.

Kapitel 1: Der Aufbruch
F: Wie alt war Bachs Bruder Johann Christoph im Jahre 1700?
JJ: Fast 29 Jahre alt, also 14 Jahre älter als Bach. Nachdem die Eltern gestorben waren, nahm Johann Christoph, damals bereits Organist in Ohrdruf, den Kleinen zu sich und brachte ihm das Orgelspiel bei.

F: Wie weit ist es von Ohrdruf nach Lüneburg?
JJ: Ungefähr 400 km.

F: Woher wissen Sie, welchen Weg Bach nach Lüneburg gewandert ist?
JJ: Aus Hermann Kocks Broschüre *20.000 km auf der Spur des Johann Sebastian Bach.*

F: Wie lange brauchte Bach für die Wanderung von Ohrdruf nach Lüneburg?
JJ: Circa vierzehn Tage.

F: Warum erklingt in Bachs Innerem ein C-Dur-Akkord?
JJ: C-Dur gilt als die Tonart des Sonnenaufgangs. Außerdem: Mit dem Arpeggio in C-Dur beginnt das Wohltemperierte Klavier.

F: Gab es den Freund Georg Erdmann wirklich?
JJ: Ja, es ist historisch verbürgt, dass Bach zusammen mit Georg Erdmann nach Lüneburg wanderte. Auch, dass sie am 15. März 1700 losgewandert sind.

F: Dass Erdmann von Newton als »Neuton« spricht, ist doch ein Witz, oder?
JJ: Ja, aber die Schreibweise war ursprünglich auch im Englischen so. Ich habe es so bei Jonathan Swift, *Gulliver's Travels*, in einer Fußnote gelesen.

F: Hatte Erdmann tatsächlich einen Onkel in Langensalza?
JJ: Den Onkel habe ich erfunden.

F: Bachs Vater war Stadtpfeifer in Eisenach. Was ist ein Stadtpfeifer?
JJ: Der Direktor der Ratsmusik. Ambrosius Bach hatte drei Lehrlinge und einen Gesellen und musste täglich zweimal mit seinem Ensemble die so genannten Turmstückchen vom Balkon des Rathauses »abblasen«. Außerdem wirkten sie im Gottesdienst mit und spielten gegen Extrahonorar auf Hochzeiten und Beerdigungen.

F: Bach hört an einer Stelle in diesem Kapitel den fernen Ruf eines Kuckucks, der mal eine kleine und mal eine große Terz hervorbringt. Bezeichnet man als »Kuckucksterz« nicht nur die kleine Terz?
JJ: Ja, so ist es. Aber das heißt nicht, dass der real existierende Kuckuck sich danach richtet. Es gibt einen Aufsatz von Rudolf Bilz, *Die Kuckucks-Terz*. Darin geht es um diese Terz, die Bilz als einen gesungenen Abwehrmechanismus gegen Verlassenheitsängste interpretiert. Daher »Abschied und Verlust«.

Kapitel 2: Endlicher Rechtstag
F: War es wirklich so, dass die Kutschen ihre Achsen auswechseln mussten, wenn sie von einem in ein anderes Fürstentum kamen?
JJ: So steht es in der Biographie *Der berühmte Herr Leibniz* von Eike Christian Hirsch.

F: Und wie war das mit dem neuen Kalender?
JJ: Im Jahr 1700 wurde der Kalender – wie schon hundert Jahre zuvor in den katholischen – auch in den protestantischen Ländern vom julianischen auf den gregorianischen umgestellt. Für

die Anpassung war es nötig, elf Tage aus dem Jahr zu streichen. Auf den 18. Februar folgte der 1. März.

F: Ist die Sache mit dem »Mondschein-Manuskript« historisch verbürgt?
JJ: Die Quelle dafür ist der so genannte Nekrolog von C. P. E. Bach und J. F. Agricola.

F: Woher haben Sie die Lieder, die Bach und Erdmann in der Gastwirtschaft singen?
JJ: Von der Internetseite www.volksliederarchiv.de. Es sind Lieder aus dem 17. Jahrhundert.

F: Wurden zu Bachs Zeiten tatsächlich noch Frauen als Hexen verbrannt? War das nicht damals längst vorbei?
JJ: Leider noch nicht, auch wenn der Höhepunkt dieser Verfolgungen Mitte des 17. Jahrhunderts überschritten war. Die letzte Hexenverbrennung im Harz fand vermutlich im Jahre 1720 auf dem Richteberg in Derenburg statt, ca. 15 Kilometer von Wernigerode entfernt.

F: War Martin Luther tatsächlich ein Befürworter von Hexenverbrennungen?
JJ: Ja. Der Tuchhändler gibt Luther fast wörtlich wieder.

F: Und die Geschichte mit der Mutter von Johann Kepler?
JJ: Ist leider auch nicht erfunden.

Kapitel 3: Der Philosoph
F: Hatten Erdmann und Bach tatsächlich eine Begegnung mit Leibniz?
JJ: Eine Quelle dazu gibt es nicht. Aber da Erdmann ein philosophischer Kopf war, kann er den Wunsch danach durchaus gehabt haben. Und wenn Bach und er durch Wernigerode gewandert sind, dann auch durch Wolfenbüttel, wo Gottfried Wilhelm Leibniz als Bibliothekar tätig war.

*F: Die Rechenmaschine und die Idee der »Universal-Charakteristik«
gab es?*
JJ: Ja.

*F: Warum ist Leibniz, wie sich am Ende der Episode herausstellt,
nicht der echte Leibniz, sondern sein Sekretär Reinerding?*
JJ: Weil ich, nachdem ich das Kapitel geschrieben hatte, erfuhr,
dass Leibniz an den Tagen, in denen Bach und Erdmann in Wolfenbüttel gewesen sein konnten, nicht dort war. Nach dem alten
Kalender wäre er aber am 24. oder 25. März in Wolfenbüttel gewesen, daher die Rede vom »Kalenderirrtum«.
    Mein Bestreben war es, in diesem Roman keine historischen
Fakten zu fälschen. Alle Phantasie sollte sich auf Möglichkeiten
im Rahmen des historisch Verbürgten beschränken. (Was nicht
bedeutet, dass ich nicht hier und da geringfügige Ausnahmen
gemacht hätte.)

Kapitel 4: Lateinschule
*F: Was ist an der Geschichte dran, dass Pythagoras auf die musika-
lischen Proportionen aufmerksam wurde, als er an einer Schmiede
vorbeikam?*
JJ: Vermutlich wenig. Aber sie ist eine über die Jahrtausende überlieferte Anekdote. Die entscheidende Entdeckung von Pythagoras
war, dass die Verhältnisse von Oktave, Quinte, Quarte, Terz, Sekunde *ganzzahlige* Verhältnisse sind. Das ist nicht trivial. Denn
dadurch sind die Töne und ihre harmonischen Verhältnisse zueinander ein sehr kleiner, begrenzter Ausschnitt aus dem chaoti-
schen Rauschen.

F: Noch ein Wort zum pythagoreischen Komma?
JJ: Dass reine Quintenstimmung und reine Oktavstimmung nicht
zusammengehen, lässt sich auch mathematisch zeigen. Das ist, wie
es in Kapitel 44 heißt, eine »Naturzwickmühle«.

*F: Bach zeichnet den Quintenzirkel an die Tafel – gab es so eine
Darstellung des Quintenzirkels damals schon?*

JJ: Eine ähnliche Darstellung des Quintenzirkels findet sich im Jahre 1711 in Johann David Heinichens *Neu erfundene und gründliche Anweisung ... zu vollkommener Erlernung des General-Basses*. Heinichen selbst bezieht sich aber auf den Universalgelehrten Athanasius Kircher (1601–1680).

Kapitel 5: Der Löw von Eisenach

F: Hat Bach tatsächlich versucht, ein Schüler des Johann Jacob Löw zu werden?

JJ: Gut möglich. In Christoph Wolffs Bach-Biographie ist in einer Fußnote zu lesen: »Löwe, der sich selbst ›Löw von Eysenach‹ nannte, wurde in Wien geboren, wo sein aus Eisenach stammender Vater Diplomat war.«

F: War Bach wirklich Schüler von Georg Böhm?

JJ: Lange Zeit war das nicht sicher. Inzwischen gilt es als verbürgt.

Kapitel 6: Die drei Musiken

F: Wer waren Pythagoras, Boethius und Kepler?

JJ: Pythagoras lebte von 570 bis 510 v. Chr. Er wurde auf Samos geboren und wanderte als Vierzigjähriger nach Süditalien aus, wo er eine religiös-philosophische Schule gründete.

Boethius, ein römischer Philosoph, Patrizier und Staatsmann, wurde um 480 n. Chr. in Oberitalien geboren und starb zwischen 524 und 526, hingerichtet als Verschwörer.

Johann Kepler (1571–1630) war Mathematiker und Astronom, u. a. der Entdecker der nach ihm benannten Gesetze über die Bewegungen der Planeten. Keplers Ziel aber war es gewesen, die Weltharmonik zu entdecken. Das Zitat, das Böhm vorliest, stammt aus Keplers *Weltharmonik*.

Kapitel 7: Adam Reincken

F: Wer war Adam Reincken?

JJ: Johann Adam Reincken war Organist an der Katharinenkirche und der Lehrer von Böhm. Dass Bach mit Böhm zu ihm nach Hamburg fuhr, gilt als gesichert. Reincken war Mitbegründer der Hamburger Oper am Gänsemarkt und gehörte zu ihrem Direktorium.

F: Was war das Zippelhaus?
JJ: Zippelhaus (Zippel = Zwiebel, von *cipolla*) nannte man im Volksmund den Bardowicker Gemüsespeicher. Überliefert ist, dass Bach in Arnstadt mit dem Schüler Geyersbach aneinander geriet, weil er diesen einen »Zippelfagottisten« genannt hatte.

Kapitel 8: Die krumme Operen Schlange
F: Ein Wort zur Oper am Gänsemarkt...
JJ: Das 1678 gegründete »Opern-Theatrum« am Gänsemarkt war die erste bürgerlich-städtische Oper in Deutschland. Opern wurden hier in deutscher Sprache aufgeführt. Anders als in den höfischen Opern hatte jeder Zutritt, der das Eintrittsgeld bezahlte. Kapellmeister an der Hamburger Oper war zu dieser Zeit Reinhard Keiser (1674–1739), der später zu ihrem Direktor avancierte. Keiser gehörte zu den Musikern, die Bach schätzte.

F: Nach der Opernaufführung gehen Bach, Böhm und Reincken ins Kaffeehaus. Wie lange gab es das Kaffeehaus in Hamburg schon?
JJ: Seit 1677. Kaffeehäuser waren eine neue Errungenschaft der großen Städte und ebenfalls Orte, in denen sich eine neue, bürgerliche Öffentlichkeit konstituierte.

F: Wer waren die Kontrahenten beim Disput im Kaffeehaus?
JJ: Johann Mattheson und Joachim Gerstenbüttel.
Joachim Gerstenbüttel (1647–1721) war von 1675 bis zu seinem Tode Johanneumskantor in Hamburg. Seine Nachfolger waren Telemann und danach C. P. E. Bach.
Johann Mattheson (1681–1764) spielte mehrere Instrumente, sang an der Hamburger Oper und komponierte Opern. 1718 wurde er Musikdirektor des Hamburger Doms, später – nicht zuletzt, weil er zunehmend taub wurde – verfasste er einflussreiche musiktheoretische Werke. »Alles muss gehörig singen«: Unter dieser Schlagzeile versammelt Mattheson 1739 im *Vollkommenen Capell-*

meister die Gelehrsamkeit des barocken Musikers, der in Rhetorik ebenso firm sein müsse wie in der fundamentalen Mathematik seiner Zeit. Die Haltung des *galant homme* wurde im frühen 18. Jahrhundert zum Idealbild. Mattheson forderte, dass die Melodie in den Vordergrund treten und der Mensch als hörendes und spielendes Subjekt in den Mittelpunkt rücken sollte.

F: Gab es die Sängerin Sophie Agneta Petersen wirklich?
JJ: Nein, sie ist eine erfundene Figur.

Kapitel 9: Die Muse
F: Gibt es irgendwelche Hinweise darauf, dass Bach eine Oper komponiert hat oder haben könnte?
JJ: Zum Thema »Bach als Opernkomponist« noch einmal das Zitat von Nikolaus Harnoncourt, das ich dem Roman vorangestellt habe:
»Hätten ihn die Lebensumstände an einen großen katholischen Hof oder in eine unabhängige bürgerliche Stellung gebracht, und er hätte eine solche Entwicklung sicherlich begrüßt, wäre er unbedingt zum größten Opernkomponisten seiner Zeit geworden.«
Eine Oper von J. S. Bach ist jedoch nicht überliefert.

Kapitel 10: Circe
F: Gibt es das Libretto für diese Oper?
JJ: Nein, das Exposé habe ich erfunden. Es ist jedoch möglich, dass es ähnliche Bearbeitungen des Stoffes gibt.

F: Dass Bach in Hamburg bei seinem Vetter Johann Ernst übernachtete, ist verbürgt?
JJ: Verbürgt ist nur, dass Johann Ernst damals ein halbes Jahr in Hamburg war, um sich im Orgelspiel zu verbessern.

Kapitel 11: Auf die Affekte kommt's an
F: Was hat es mit der Affektenlehre auf sich?
JJ: Die Affektenlehre war ein wichtiges Element der Barockmusik. Die Komponisten benutzten tatsächlich Tabellen, in denen ver-

schiedenen Affekten bestimmte musikalische Figuren zugeordnet waren. Die Meinungen gehen darüber auseinander, ob diese musikalischen Figuren die Affekte nur hervorriefen, wenn die Hörer mit der Symbolik vertraut waren, oder auch dann, wenn die Hörer nicht wussten, was die musikalischen Figuren bedeuteten. Mit anderen Worten: Ob es einen direkten physikalischen Einfluss der Musik auf die Affekte gab oder nur einen über die Symbolsprache der »Klangrede« (ein Begriff, den Mattheson geprägt hat).

Kapitel 12: Ich will dir mein Herze schenken

F: Bachs Zusammentreffen mit den Musikern im Kaffeehaus soll offenbar an moderne Jamsessions von Jazzmusikern erinnern. Warum?
JJ: Weil man damals viel mehr improvisierend zusammengespielt hat als heute in der so genannten klassischen Musik.

F: Stammt die Arie »Ich will dir mein Herze schenken« nicht aus der Matthäus-Passion?
JJ: Ja, wir begegnen ihr mit leicht verändertem Text wieder in der Matthäus-Passion. Man nennt diese Wiederverwendung einer Musik mit verändertem Text: Parodie. Das Parodieverfahren ist von Bach und seinen Zeitgenossen häufig angewendet worden. *Ich will dir mein Herze schenken* war tatsächlich ein weltliches Liebeslied, das Bach/Henrici mit verändertem Text in die Matthäus-Passion aufgenommen haben.

Kapitel 13: Lakai

F: Wann ist Bach von Lüneburg aus zurück nach Ohrdruf gewandert?
JJ: Man weiß es nicht genau. »Zwischen Ostern und dem Jahresende 1702«, schreibt Malte Korff in *Johann Sebastian Bach* (Reihe dtv portrait), »klafft eine biographische Lücke«.

F: Dann ist es wohl auch nicht verbürgt, dass Bach einige Zeit in Mühlhausen beim Orgelbauer Wender gearbeitet hat?
JJ: Nein. Meine Überlegung war: Bach ist durch Mühlhausen zurück gewandert. Der Organist dort war Georg Ahle, dessen Nachfolger Bach später wurde, und dort hatte Johann Friedrich

Wender seine Werkstatt. Die erste Orgel, zu deren Prüfung Bach aufgefordert wurde, war die Wender-Orgel in der Neuen Kirche von Arnstadt. Wieso ist man in Arnstadt auf die Idee gekommen, den 18jährigen Johann Sebastian Bach zur Prüfung der Orgel einzuladen? Vielleicht weil Wender ihn empfahl?

F: Hat Bachs Freund Erdmann wirklich in Halle studiert und dort Händel und Telemann kennen gelernt?
JJ: Möglich, aber nicht verbürgt.

Kapitel 14: Die Reise nach Fis-Dur
F: Weiß man, wie die Wender-Orgel in Arnstadt gestimmt war?
JJ: Ja. Die Wender-Orgel in Arnstadt war schon nicht mehr mitteltönig gestimmt, wie fast alle Orgeln zu jener Zeit, aber auch nicht wohltemperiert. Zumindest vier Tonarten (und die dazu gehörigen Moll-Tonarten) konnte man überhaupt nicht darauf spielen. Das tiefe Cis (kein Schreibfehler!), so Gottfried Preller, der Organist der Kirche, bei einer Orgelführung im Jahre 2008, habe man gar nicht erst gebaut, weil es ja doch nicht gebraucht wurde.

F: Wie unterscheiden sich pythagoreische, mitteltönige und wohltemperierte Stimmung?
JJ: Ganz grob charakterisierend kann man sagen: Pythagoreische Stimmung: Reine Quinten, unreine Terzen. Mitteltönige Stimmung: Reine Terzen, unreine Quinten. Wohltemperierte (verstanden als gleichstufige) Stimmung: Alle Intervalle, ausgenommen die Oktave, werden unrein. Zum Begriff »wohltemperiert« siehe auch die Anmerkungen zu den Kapiteln 20 und 22.

F: Was bedeutet der Begriff »rein« in Bezug auf die Stimmung?
JJ: Ein Intervall ist dann rein, wenn es so sauber klingt, dass es nicht mehr flirrt oder, wie der Fachmann sagt, »nicht mehr schwebt«. Oktaven sind immer rein. »Rein« bedeutet aber auch: der Obertonreihe entsprechend.

F: Hatte Bach wirklich so eine Scheu vor weiten Reisen?

JJ: Jedenfalls hat er nie welche gemacht. Der Biograph Martin Geck: »Seiner musikalischen Urszene ist Bach sein Leben lang treu und zugleich dem thüringisch-sächsischen Raum definitiv verhaftet geblieben; Reisen haben ihn nicht weiter als nach Lübeck und Berlin im Norden, Karlsbad im Süden und Kassel im Westen geführt.« (»Leben und Werk«, rororo, S. 48)

F: Hat Bach sich auf seinen Spaziergängen in die Umgebung von Arnstadt tatsächlich so an der Volksmusik erfreut?
JJ: Ich kann es mir nicht anders vorstellen, habe ihm allerdings einige Worte in den Mund gelegt, die aus einer autobiographischen Skizze von Telemann stammen.

Kapitel 15: Nach Süden!
F: Kamen die drei Cousinen wirklich 1704 nach Arnstadt?
JJ: Ja. Die Frau des Bürgermeisters war ihre Tante.

F: Ist die nächtliche Auseinandersetzung mit dem Schüler Geyersbach eine Erfindung?
JJ: Nein. Zu den wenigen biographischen Einzelheiten, die man über Bach weiß, gehört diese Affäre. Sie ist in den Protokollen des Konsistoriums dokumentiert.

F: Erdmanns Brief ist aber sicherlich erfunden?
JJ: Ja. Aber vergessen wir nicht: Bach und Erdmann haben einander Briefe geschrieben, dafür spricht der überlieferte Brief von Bach an Erdmann aus dem Jahr 1730.

Kapitel 16: Abendmusiken
F: In den Bach-Biographien ist immer nur von einer Buxtehude-Tochter die Rede. Gab es wirklich drei?
JJ: Ja. Buxtehude lebte, als Bach nach Lübeck kam, noch mit seinen drei Töchtern zusammen. Siehe die große Buxtehude-Biographie von Kerala Snyder.

F: Und die Witwe Brinckmann?

JJ: Die habe ich erfunden.

F: Hat Bach tatsächlich bei den Abendmusiken mitgespielt?
JJ: Wahrscheinlich. Die Darstellung der Abendmusiken folgt einer zeitgenössischen Quelle, die in der Buxtehude-Biographie von Kerala Snyder zitiert wird.

Kapitel 17: Angela
F: Ist Werckmeister tatsächlich damals nach Lübeck gekommen?
JJ: Möglich, aber nicht sicher. Buxtehude war mit Andreas Werckmeister befreundet. Er schrieb sogar ein Widmungsgedicht für Werckmeisters Buch *Harmonologia Musica.*

F: Dorothea Catrin erzählt von einem Besuch Händels und Matthesons in Lübeck. Wann waren die beiden dort?
JJ: Im August 1703, also gut zwei Jahre vor Bachs Aufenthalt dort.

Kapitel 18: Mare Balticum
F: Weiß man, ob Bach mit den beiden alten Herren an der Ostsee gewesen ist?
JJ: Es gibt darüber keine Quellen. Aber soviel ist sicher: Wenn Bach nicht von Lübeck aus am Meer gewesen ist, dann hat er es nie gesehen.

F: Ist es plausibel, dass Werckmeister sich weigert, von seiner neuen Stimmung zu sprechen?
JJ: In seinem 1707 postum erschienenen Buch *Musicalische Paradoxal-Discourse* bekennt Werckmeister, dass er zwar schon »früher darauf gedacht«, aber noch nicht den Mut gehabt habe, eine gleichschwebende Stimmung vorzuschlagen, weil die Anfeindungen zu groß gewesen seien. S. 111: »Ey, was haben mich etliche Ignoranten verfolget, was habe ich leiden müssen!«

F: Rauscht das Meer wirklich in G?

JJ: Ich fürchte, man hört aus dem Rauschen heraus, was man hören will. Immerhin: Die Regensonate von Brahms ist in G-Dur komponiert. Die Suite Nr. 3 von Händels Wassermusik auch.

Kapitel 19: Dorothea Catrin

F: Ist es historisch verbürgt, dass Bach sich um die Nachfolge von Buxtehude beworben hat?

JJ: Es gibt dafür keine Quelle. Die Biographen nehmen es an, weil Buxtehude zwei Jahre zuvor Mattheson und Händel die Nachfolge angeboten haben soll, die aber wegen der Heiratsbedingung ablehnten. So hat es Mattheson in seinem Buch *Grundlage einer Ehren-Pforte* von 1740 dargestellt.

F: Hat Buxtehude am Ende einen Nachfolger gefunden, der seine älteste Tochter heiratete?

JJ: Ja. Und die anderen Töchter durften tatsächlich erst heiraten, nachdem die älteste unter der Haube war.

Kapitel 20: Die neue Stimmung

F: Es gibt verschiedene Stimmungen, die Werckmeister »wohltemperiert« genannt hat. Hat er tatsächlich auch eine gleichschwebende Temperatur vorgeschlagen?

JJ: In Werckmeisters postum erschienenen Werk *Musicalische Paradoxal-Discourse heißt es:* »Wir schreiten weiter und wißen, wenn die Temperatur also eingerichtet wird, daß alle Quinten 1/12 Commat: die Tert: maj:2/3 die min:3/4 Comm schweben und ein accurates Ohr dieselbe auch zum Stande zu bringen und zu stimmen weiß, so dann gewiß eine wohl temperirte Harmonia durch den gantzen Circul und durch alle Claves sich finden wird. Welches dann ein Vorbild seyn kan, wie alle fromme und wohl temperirte Menschen mit Gott in stetswährender gleicher und ewiger Harmonia leben und jubiliren werden.« (S. 110)

Und wenige Sätze weiter noch einmal: »Hierbey werden sich wohl einige verwundern, daß ich allhier eine Temperatur, da alle quinten 1/12 Commatis, die Tertiae maj:2/3 die min:3/4 und also

alle Consonantien in gleicher Schwebung stehen, statuire...«
(S. III)

Aus diesem Buch stammen auch die vielen wörtlichen Zitate, aus denen ich die Rede komponiert habe, in der Werckmeister die neue Stimmung religiös begründet.

Kapitel 21: Frembde Thone

F: Dass Bach sich am 21. Februar vor dem Konsistorium in Arnstadt verantworten musste, ist wieder historisch verbürgt?

JJ: Ja. Es ging um seine verspätete Rückkehr aus Lübeck sowie um die »wunderlichen variationes« und die »frembden Thone« (also Tonarten).

Kapitel 22: Die Empore

F: Sie schreiben auf S. 170, die Orgel in Arnstadt sei nicht wohltemperiert gestimmt gewesen. Bei anderen Autoren steht, sie sei durchaus wohltemperiert gestimmt gewesen, nur nicht gleichschwebend.

JJ: Es gibt eine Reihe von Musikwissenschaftlern, die viele und sicherlich sehr gute Gründe dafür angeben, dass Bach sein Clavichord zwar wohltemperiert, aber nicht gleichstufig gestimmt habe. Meist beruft man sich darauf, dass Andreas Werckmeister verschiedene wohltemperierte Stimmungen vorgeschlagen habe und ignoriert nach Möglichkeit Werckmeisters posthum erschienenes Werk *Musicalische Pardoxal-Discourse* (siehe Anm. zu Kapitel 20). Das aber war Werckmeisters letztes Wort, daher gebrauche ich den Begriff »wohltemperiert« für die gleichschwebende Stimmung, und so war die Wender-Orgel in Arnstadt ganz sicher nicht gestimmt.

Generell sei noch einmal gesagt: Niemand weiß mit letzter Sicherheit zu sagen, wie Bach sein Instrument gestimmt hat. Aber sicher ist, dass sein Wohltemperiertes Klavier entscheidend mit dazu beigetragen hat, der heute allgemein üblichen gleichstufigen Stimmung den Weg zu bahnen.

Kapitel 23: Konsistorium

F: Bach muss sich wieder vor dem Konsistorium verantworten. Diesmal dafür, dass er »eine frembde Jungfer auf das Chor gebeten« habe. Wer war diese fremde Jungfer? Was sagen die Biographen?

JJ: Die Biographen sind vor allem darum bemüht, Bachs guten Ruf zu schützen. Die meisten behaupten: Es kann sich bei der fremden Jungfer nur um Maria Barbara gehandelt haben; denn die hat er ja schließlich geheiratet. Allerdings war Maria Barbara in Arnstadt zu dieser Zeit durchaus nicht »fremd«. Sie war die Nichte der Frau des Bürgermeisters und lebte mit ihren beiden Schwestern bereits seit zwei Jahren in der Stadt. Christoph Wolff vermutet kühn, es müsse sich um eine von auswärts gekommene Sängerin gehandelt haben. Aber wenn, so beeilt er sich zu beteuern, dann hat Bach sie natürlich im Rahmen einer offiziellen Aufführung auf die Empore gebeten. Nur – wo war dann der Skandal? Und: hätten die Arnstädter damals wirklich eine Sängerin in der Kirche geduldet? Das war doch verpönt!

F: Der Brand in Mühlhausen ist historisch verbürgt?

JJ: Ja. Sogar die Geschichte mit dem Pulverhändler.

Kapitel 24: Hochzeit

F: Die Kantate »Oh holder Tag, erwünschte Zeit«, die Johann Christoph komponiert und einstudiert hat – stammt die nicht sogar von Bach selbst?

JJ: Ja, es ist eine Bach-Kantate (BWV 210). Aber man weiß nicht, von wem der Text stammt. Meine Version: Der Text stammt von Johann Christoph, und J. S. Bach hat später seine eigene Musik dazu komponiert.

F: Haben die Bachs auf ihren Familienfeiern tatsächlich so schlüpfrige Quodlibets gesungen?

JJ: So wird berichtet, ja.

Kapitel 25: Wunderliche Variationen

F: Die Improvisation, die Bach seinen Verwandten vorspielt. Gibt es die?

JJ: Nein. Aber es war tatsächlich Werckmeisters Idee, dass man in einem einzigen musikalischen Stück durch den ganzen Zirkel modulieren könne, *wenn nur diese Veränderung fein langsam und gradatim getroffen würde* (*Harmonologia Musica*, § 54). Bach macht es bei dieser Vorführung zu ungestüm und nicht »gradatim« genug.

Kapitel 26: Ratswechselkantate

F: Der Konflikt zwischen dem Superintendenten Frohne und Pastor Eilmar von der Marienkirche in Mühlhausen ist verbürgt?

JJ: Ja. Bach freundete sich mit Pastor Eilmar an, der ihm auch Texte für einige Kantaten schrieb. Nicht zuletzt für die Ratswechselkantate *Gott ist mein König* (BWV 71)

Kapitel 27: Weimar

F: Ist das Kündigungsschreiben von Bach erhalten?

JJ: Ja. Das Schreiben an die Stadtväter von Mühlhausen gehört zu den wenigen uns überlieferten schriftlichen Zeugnissen von Bach.

Kapitel 28: Jauchzet! Frohlocket!

F: Jauchzet! Frohlocket?

JJ: Das ist natürlich ein Zitat aus der Kantate *Jauchzet! Frohlocket! Auf, preiset die Tage* aus dem Weihnachts-Oratorium (BWV 248).

F: Was hat es mit dem Erdmann-Brief auf sich?

JJ: Der Erdmann-Brief ist – wie alle Briefe in diesem Roman – fiktiv. Nicht aber der Inhalt. Marchand, der uns in Kapitel 31 wieder begegnen wird, war 1711 noch Organist des Königs, und die Sache mit den Spatzen in der Oper kann man im *Spectator* vom 6. März 1711 nachlesen. Auch dass die Stimmgabel gerade zu dieser Zeit von John Shore erfunden wurde, entspricht den Tatsachen.

Kapitel 29: Die Jagdkantate

F: Stammt die Titelzeile der Jagdkantate wirklich vom Herzog?

JJ: Ich hab's mir so vorgestellt. Die Jagdkantate *Was mir behagt, ist nur die muntre Jagd* (BWV 208) wurde zweimal aufgeführt. Einmal, wie in diesem Kapitel, zur Feier des Geburtstags von Fürst Christian von Sachsen-Weißenfels, der auf den 23. Februar 1713 fiel (die Feier dauerte einige Tage oder Wochen). Ein zweites Mal im Jahre 1717 für Herzog Ernst August von Weimar. Diese Aufführung war insofern von besonderer Bedeutung, als unter den Gästen auch Fürst Leopold von Anhalt-Köthen war, der Bach daraufhin engagierte.

F: Ist es nicht an den Haaren herbeigezogen, dass der Marschall Bach um Mithilfe für die Ausarbeitung des richtigen Fingersatzes zum Gebrauch des Gewehrs bittet?
JJ: Nicht so sehr, wie man denkt. Dem Marschall geht es hier um die Ökonomie der Bewegungen und darum ging es Bach als Klavierspieler und -lehrer auch. Zur Ökonomisierung der Körper vgl. Michel Foucault *Überwachen und Strafen*.

F: Händels Vater war tatsächlich Leibarzt des verstorbenen Fürsten von Weißenfels?
JJ: Ja. Und Händels älterer Halbbruder war Kammerdiener des Fürsten.

Kapitel 30: Schwarze Vögel
F: Bachs Cousin Johann Gottfried Walther hat das Ziel, das erste deutsche Musiklexikon herauszugeben. Ist es ihm gelungen?
JJ: Ja. Sein *Musicalisches Lexicon oder Musicalische Bibliothec* kam 1732 heraus. Nach Michel Foucault *(Die Ordnung der Dinge)* ist das Zeitalter, in dem wir uns hier bewegen, beherrscht von dem Streben nach »Ordnung und Maß«. Auf allen geistigen Feldern wird das Wissen gesammelt und in Systeme gebracht. Das Wohltemperierte Klavier ist auch beherrscht von diesem Streben nach Ordnung und Maß.

Kapitel 31: Der Wettstreit
F: Wie weit ist es von Weimar nach Dresden?

JJ: Hermann Kock errechnet je nach Strecke 204–243 km. Die Kutsche wird also zwei bis drei Tage gebraucht haben.

F: Wann fand der Wettstreit statt? Gibt es dafür ein genaues Datum?
JJ: Nein. Es kann aber, so Christoph Wolff, erst im Oktober gewesen sein, weil im September Landestrauer herrschte.

F: Ist der weltberühmte »Organist des Königs« tatsächlich wegen der wohltemperierten Stimmung dem Wettspiel mit Bach ausgewichen?
JJ: Diese These habe ich von dem Bach-Biographen Klaus Eidam.

F: Wer war Johann David Heinichen, der Bach den Großen Garten zeigt?
JJ: Johann David Heinichen (geboren 1683) war zwei Jahre älter als Bach. Er reiste nach Italien, komponierte in Venedig eine Oper, lernte in Rom Fürst Leopold von Anhalt-Köthen kennen und wurde schließlich kurfürstlich-sächsischer und königlich-polnischer Kapellmeister in Dresden.

Kapitel 32: Senesino
F: Hat Bach tatsächlich diese Opernaufführung besucht?
JJ: Einen Beleg dafür gibt es nicht. Aber zeitlich kommt es hin: Die Opernaufführung von *Giove in Argo* von Antonio Lotti mit dem Kastraten Senesino in der Rolle des Jupiter fand am 25. Oktober 1717 in der Redoute des Zwingers statt.

Kapitel 33: Das Manuskript
F: Wie war die Sache mit dem Honorar für den kampflosen Sieg über Marchand?
JJ: Rätselhaft. Der Nekrolog berichtet davon. Ich habe mich gefragt, wieso Bach sich mit der »Untreue des gewissen Bedienten« so einfach abfand. 500 Taler waren zwei Jahresgehälter! Bei anderen Gelegenheiten erwies Bach sich als weit weniger großzügig. Hatte er die Geschichte womöglich selbst erfunden?

Kapitel 34: Der Untertan
F: Gibt es ein Protokoll dieser Unterredung Bachs mit dem Herzog?
JJ: Nein. Aber so ähnlich muss es sich zugetragen haben. Immerhin brachte Bach tatsächlich die Zeit vom 6. November bis 2. Dezember 1717 auf der Landrichterstube zu.

Kapitel 35: Landrichterstube
F: Landrichterstube – das klingt doch eher gemütlich?
JJ: War es aber nicht. Die Informationen zur Landrichterstube stammen von Klaus Eidam, *Das wahre Leben des Johann Sebastian Bach*, S. 123.

F: Erbarme dich, mein Gott, um meiner Zähren willen – stammt das nicht …
JJ: … aus der Matthäus-Passion, ja. Die war zu diesem Zeitpunkt noch nicht komponiert, aber sie beginnt bereits, sich in Bach zu komponieren.

Kapitel 36: Der Hofmarschall
F: Hat Bach das Wohltemperierte Klavier wirklich im Gefängnis begonnen?
JJ: Es gibt die Vermutung. Im *Historisch-Biographischen Lexicon der Tonkünstler* (Leipzig 1790) heißt es, Bach hätte das Wohltemperierte Klavier »an einem Orte geschrieben, wo ihm Unmuth, lange Weile und Mangel an jeder Art von musikalischen Instrumenten diesen Zeitvertrieb abnöthigte«.

Kapitel 37: Köthen
F: Bei seinem Besuch in Leipzig erfährt Bach von dem Duell, das zwischen Mattheson und Händel stattfand. Gab es das?
JJ: Mattheson berichtet davon in der *Musikalischen Ehrenpforte*.

F: Die Grand Tour des Fürsten – Fiktion oder Faktum?
JJ: Faktum. Der Fürst ließ von einem Lakaien ein Reisetagebuch schreiben. Was der Fürst von der Reise erzählt, habe ich fast alles diesem Tagebuch entnommen.

F: Wie war das eigentlich mit der Freundschaft zwischen Bach und Telemann? Wann haben die beiden sich kennen gelernt? Wie kam es zu der Patenschaft Georg Philipp Telemanns für Carl Philipp Emanuel Bach?

JJ: Wie so oft lautet die Antwort: Man weiß es nicht.

Kapitel 38: Händel

F: Hat es diese Fahrt nach Halle tatsächlich gegeben?

JJ: Die Biographen berichten davon. Auch davon, dass Händel bereits abgereist war. Friedrich Wilhelm Marpurg stellt nach dem Tod von Bach die Frage: »Hat nicht ein großer Händel alle Gelegenheit vermieden, sich mit dem seligen Bach ... zusammenzufinden und sich mit ihm einzulassen? (...) Um so viel mehr schmerzte es J. S. B., daß er Händeln, diesen wirklich großen Mann, den er besonders hochachtete, nicht persönlich hatte kennen lernen.« (zit. bei Christoph Wolff, S. 228)

Kapitel 39: Das Werk

F: Woher haben Sie all das Wissen über die Musik wie hier über das Wohltemperierte Klavier?

JJ: Vor allem aus den Büchern von Hermann Keller und Siglind Bruhn.

F: Gab es in diesen Büchern auch Hinweise auf Bachs Überlegungen darüber, wie er die Präludien und Fugen des Wohltemperierten Klaviers anordnen würde?

JJ: Nein. Es gab Gründe für Bach, das Wohltemperierte Klavier so zu gestalten, aber es stand ja nicht von vornherein fest. Bach hat mit seiner chromatischen Anordnung eine sehr eigenwillige und durchaus nicht selbstverständliche Wahl getroffen. Er hätte z. B. auch den Quintenzirkel abschreiten können wie Schostakowitsch oder Franz Liszt in seinen *Etudes d'execution transcendante*.

Kapitel 40: Der Pfeil

F: Führte der Weg von Karlsbad nach Köthen wirklich über Weißenfels?

JJ: Hermann Kock zufolge immerhin auf einer der möglichen Routen. Der gesamte Weg war dann 271 km lang. Von Weißenfels nach Köthen waren es noch 59 km, also eine Tagesreise.

F: Hat Bach die 18jährige Anna Magdalena Wilcke tatsächlich schon im Juli 1720 kennen gelernt, als Maria Barbara noch lebte?
JJ: Es ist zumindest nicht ausgeschlossen. Martin Geck vermutet, es sei Bach gewesen, der Anna Magdalena als Sängerin von Weißenfels nach Köthen holte.

Kapitel 41: Warum hast du mich verlassen?
F: In den Biographien ist zu lesen, Maria Barbara sei, als Bach nach Köthen zurückkkam, schon tot und begraben gewesen.
JJ: So steht es im Nekrolog.

F: Und warum halten Sie sich nicht an diese historische Wahrheit?
JJ: Weil ich sie nicht für wahr halte. Dass man dem Nekrolog nicht aufs Wort glauben kann, zeigt sich z. B. bei der Frage, wann Bachs Bruder Christoph starb. Was aber die Version betrifft, dass Maria Barbara bei Bachs Rückkehr aus Karlsbad schon tot und begraben gewesen sei, so bezeichnet Günter Hoppe in einem Aufsatz *Zur Haustrauung Johann Sebastian und Anna Magdalenas und zur »Nottaufe« Christiana Sophia Henrietta Bachs* (Cöthener Bach Hefte 12, Köthen, 2004) diese Version als »Legende«.
Seine Begründung: Das Begräbnis von Maria Barbara am 7. Juli 1720 war relativ aufwendig. Bezahlt wurde »vor die gantze Schule«, d. h. für deren vollen musikalischen Einsatz. Angemessen, so Hoppe, wäre gewesen »vor die halbe Schule« zu zahlen. Warum ein solcher finanzieller Aufwand? Hoppe: »Hatte Bach sich ›Seelenleichtigkeit‹ vorzuwerfen? Machte er sich, aufkommender Gerüchte wegen, nun Vorwürfe?«
Darüber hinaus ließe sich noch argumentieren: Wer sollte diese großzügige Maßnahme angeordnet haben, wenn sowohl Bach als auch Fürst Leopold nicht da waren?
Hinzu kommt: Fürst Leopold (mit Hofmeister Nostitz, Bach und dem Chirurgen Melsophius im Gefolge), muss bald nach

dem 16. Juni 1720 die Rückkehr von Karlsbad aus angetreten haben, das belegen die Zahlungen. Hoppe: »Man saß wohl, mißlich für einen Reichsfürsten, auf dem Trocknen. Die Reise stand, wie Melsophius' Mitnahme bezeugt, wohl auch schon stärker unter dem Unstern der Krankheit Leopolds. Erst der Nekrolog brachte die Legende auf, wonach Bach seine Maria Barbara, obwohl er sie gesund verließ, schon begraben vorfand.«

Mit einem Wort: Meine Version, nach der Bach Maria Barbara noch lebend antrifft, lässt sich genauso gut, wenn nicht sogar besser begründen als die Standardversion, die in den Biographien zu lesen ist.

Kapitel 42: Das Lob des Meisters
F: Die Bewerbung in Hamburg ist historisch verbürgt?
JJ: Ja.

F: Gab es damals ein Buch mit der Darstellung des Antichrist-Fensters aus der Frankfurter Marienkirche?
JJ: Es gab auf jeden Fall Bücher, in denen die Antichrist-Legende bildlich dargestellt wurde. Ich folge in meiner Darstellung der Kunsthistorikerin Eva Fitz.

Kapitel 43: Das Wohltemperirte Clavier
F: Ist es wirklich wahr, dass der Eintrag im Kirchenbuch lautet: Maria Magdalena?
JJ: Ich hätte mir niemals erlaubt, eine so platte Pointe zu platzieren, wenn es nicht wirklich passiert wäre.

F: Das, was Sie über das Wohltemperierte Klavier schreiben ...?
JJ: Wie gesagt: Hermann Keller, Siglind Bruhn und andere. Was ich mir selbst verdanke, ist die andere Perspektive: Nicht rückwärtsgewandt interpretierend, wie es Wissenschaftler und Biographen machen, sondern mit der umgekehrten Fragestellung: Was wollte Bach, und was hat er getan, um sein Ziel zu erreichen? Den Gedanken z. B., dass Bach die frühe Version des C-Dur-Präludiums deswegen um acht Takte erweitert hat, damit alle zwölf

Töne in diesem Präludium vorkommen, habe ich nirgendwo so gelesen. Aber vielleicht steht es doch irgendwo, wer kennt schon alles, was über Bach geschrieben wurde.

F: Ist es sicher, dass Bach das Wohltemperierte Klavier am 15. März 1722 beendet hat?
JJ: Nein. Das Titelblatt trägt nur die Jahreszahl: 1722.

Kapitel 44: Kanalisierte Töne
F: War Erdmann zu dieser Zeit wirklich der Resident des Zaren in Danzig?
JJ: Ja. Aber, um es gleich vorwegzunehmen: Sein Besuch bei Bach zu dieser Zeit ist nicht dokumentiert. Überhaupt weiß man über Erdmann wenig. Noch weniger als über Bach.

F: Ist die Bartsteuer eine Erfindung von Ihnen?
JJ: Um Gottes Willen, nein: Die ist eine Erfindung von Peter dem Großen oder von einem seiner Berater. Der könnte z. B. Erdmann gewesen sein.

F: Dass Andreas Werckmeister schon von »wohl temperierten Menschen« redet, ist vermutlich Zitat?
JJ: Ja. Aus den *Musicalischen Paradoxal-Discoursen* (vgl. Anm. zu Kapitel 20).

Kapitel 45: Die Nacht
F: Das T auf Werckmeisters Stirn ...
JJ: ... ist natürlich in traumartig veränderter Form das T im »Heiligen«-Schein des Antichristen, dessen Geschichte Bach am Ende von Kapitel 42 in einem Buch bildlich dargestellt findet.

Kapitel 46: H-C-A-B
F: Weiß man eigentlich etwas über den Selbstzweifel, in den Bach nach Ihrer Darstellung gerät, als er das Wohltemperierte Klavier vollendet hat?

JJ: Nein. Wenigstens nicht in dem Sinne, dass es einen Tagebucheintrag oder einen Brief oder dergleichen gäbe. Aber zwei Fakten sprechen dafür: Erstens, dass Bach die Johannes-Passion auf Köthener Papier geschrieben hat. Und zweitens, dass am Ende der Johannes-Passion dieses Motiv vorkommt, die Umkehrung seines Namens, das H-C-A-B – das Zeichen seiner Umkehr.

Kapitel 47: Vater und Sohn

F: Bachs Vater glaubte, dass jede Seele eine eigene Signatur habe – erinnert das nicht sehr an den christlichen Mystiker Jakob Böhme?
JJ: Ja, das soll es auch.

F: Ist eine solche Geisteshaltung von Bachs Vater Ambrosius überliefert?
JJ: Nicht direkt. Aber lebt nicht etwas davon in Bach fort?

F: Die Geschichte vom Tod des Vaters, die Bach erzählt, ist vermutlich auch erfunden.
JJ: Ja. Der Sinn der Sache war es zu zeigen, wie wenig geachtet Musiker zu Bachs Zeit waren. Es gab Stars wie Telemann und Händel, Heinichen und Hasse, aber der normale Stadtmusiker stand nicht besonders weit oben in der Hierarchie. Selbst Dietrich Buxtehude gehörte in der Lübecker Hierarchie nur zur vierten Bürgerklasse. Der vierten von sechs.

Kapitel 48: Matthäus-Passion

F: Waren die Chöre damals tatsächlich so klein? Nur vierundzwanzig Sänger insgesamt?
JJ: Ja.

F: Warum haben Sie die Darstellung der Matthäus-Passion ausgelassen?
JJ: Weil sie entweder schlecht oder ein eigener Roman geworden wäre.

F: Ist es verbürgt, dass Erdmann der Aufführung beiwohnte?

JJ: Nein. Aber die beiden standen noch immer in Kontakt miteinander.

F: Bach übernimmt eine weltliche Arie – »Ich will Dir mein Herze schenken« – mit in die Passion. Ist das nicht ziemlich unwahrscheinlich?
JJ: Nein, im Gegenteil. Siehe die Anmerkung zu Kapitel 12.

F: Ist es wirklich so, dass Bach die Matthäus-Passion nicht so hätte komponieren können, wenn er nicht zuvor die experimentellen Erfahrungen mit dem Wohltemperierten Klavier gemacht hätte?
JJ: In der Biographie von Christoph Wolff kann man es so lesen.

F: Und die Kritik am Opernhaften der Passion?
JJ: Ist mit der viel zitierten Anekdote überliefert, dass nach der Aufführung eine Dame gesagt habe: »Behüte Gott! Ist es doch, als ob man in einer Opera Comédie wäre.«

F: Eine Frage zum Schluss: Warum beenden Sie den Roman hier, anstatt das weitere Leben von Bach zu erzählen?
JJ: Weil das Thema des Romans die Stimmung ist. Mit der Vollendung des Wohltemperierten Klaviers ist die neue Stimmung in der Welt. Von seinem Zweifel daran befreit sich Bach am Ende mit der Matthäus-Passion.

Alexander Verlag Berlin
TheaterFilmLiteratur seit 1983

Jonathan Cott
Telefongespräche mit Glenn Gould

Den Kern des Buches bilden drei mehrstündige
Telefoninterviews, die der Journalist Jonathan
Cott mit dem eigenwilligen Pianisten 1974 für
die Zeitschrift *Rolling Stone* führte.

»Wer diese Seiten gelesen hat, begreift, dass
das Exzentrische an Gould vor allem daran liegt,
dass er sich selbst genug war. Dass er sich nicht
scherte um Werktreue, sondern um *seinen* Bach,
seinen Mozart.« taz

Bestellen Sie unseren Newsletter!
Das gesamte Programm finden Sie unter
www.alexander-verlag.com